戰爭與分界

「總力戰」下臺灣・韓國的主體重塑與文化政治

柳書琴 主編
韓國臺灣比較文化研究會 著

作者簡介

韓國研究小組

金艾琳(Kim, Yerim)

現職：韓國、聖公會大學東亞研究院HK教授

　　延世大學國語國文學博士。出版之著作有 *Modern Episthme and Aesthetic Consciousness in the end of 1930's*（2004）, *Literature-Scapes and Cultural circumstance*（2007）。合著則有 *Culture-Scape in the Cold war Asia*（2008）, *The Acceptance of Western Culture in Colonized Chosun*（2008）。學術論文爲"The Cultural Politics of Developental Nationalism and Middle Class Home Fantasy in the late of 1960s"（2007）, "The Transformation of Asian Regionalism and the Construction of Anti-Communist Identity"（2007）, " 'The Greater East Asia' as Simulacre and the 'Culture' ideology in the End of 1930's"（2008）,"Changing Nationality, Tansnational Subject and Border-Crossing Cultual Capital"（2009）。其他論文有"The cultural politics of ''generation' in 1960s"（2009）, "Convulson and Decalcomania"（2009）等。

E-mail：yerimk@hanmail.net

金杭(Kim, Hang)
現職：韓國、高麗大學民族文化研究院HK研究教授

出版著作有*Speaking Mouth and Eating Mouth*（2009）。出版譯著
On Overcoming Modernity（Wataru Hiromatsu, 2003），*Yukio Mishima vs.
Todai Zenkyoto*（2006），*State of Exception*（Giorgio Agamben, 2009）
等。論文" 'Nationalism as a Decision' and 'Asia as a Method' "（2009）
等。

E-mail：Ssanai73@gmail.com

白文任(Baek, Mooni)
現職：韓國、延世大學國語國文學科副教授

2002年獲延世大學國語國文學博士學位，學位論文爲〈韓國恐怖
片研究：以女鬼的敘事基盤爲重點〉。著作有〈Zoom-out：韓國電影
的政治學〉（2001）、〈春香的女兒：韓國婦女的半邊系譜學〉
（2001）、〈形言：文學和電影的遠近法〉（2004）、〈「月下」的女哭
聲：由女鬼看韓國恐怖片史〉（2008）。合著有〈文學中的法西斯主
義〉（2001）、〈迷惑和混沌的時代：1950年代韓國電影〉（2003）、
〈共同警備區JSA〉（2002）、〈薄荷糖〉（2003）、〈文藝復興人金承
鈺〉（2006）、〈韓國電影的美學和歷史想像力〉（2006)等。主要論文
爲"Melodrama and the Aesthetics of Han (恨)"(2005), "Home Revisited-
Colonialism and Technology of Early Korean Cinema"(2007)、〈殖民地
影院的默片觀覽心態〉（2009）。

E-mail：scheinbar@yonsei.ac.kr

蘇榮炫（So, Younghyun）

現職：韓國、延世大學國學研究院HK研究教授

出版著作有《文學青年的誕生》（Prun History，2008）、《漂泊青年全盛時代》（Prun History, 2008）、《韓國婦女文學研究的現況和前途》（合著；Somyongchulpan, 2008）。研究論文有"Modern Print Media and Moral-culture discourse Culture discourse Careerism: A Study on the Formation of Subject"(2006), "Anarchism and Cultural Geography in 1920's "(2008)、〈韓—日文化翻譯和青年文化的關係設置〉(2009)。評論則有〈後現代敘事詩〉(2006)、〈越境的He/Story，後現代獨白〉(2007)、〈青年文學的系譜〉(2008)、〈關於評論的形質變更或隨筆化〉(2009)、〈Post-Humanist 想像力〉(2009)。

E-mail：yhso70@hanmail.net

車承棋（Cha, Seungki）

現職：韓國、聖公會大學東亞研究院HK研究教授

出版著作有 Rethinking the Modern（合著;Yuksabipyung, 2006), Understanding Tradition and the Modern during the Japanese Colonial Period（合著; Hyean, 2009), Critical Points of Anti-Modern Imaginations (Prun History, 2009) 等。出版譯著爲：Gary Saul Morson · Caryl Emerson, Mikhail Bakhtin: Creation of a Prosaics（合譯；Book World, 2006)、酒井直樹(Sakai Naoki)，西谷修(Nishitani Osamu)《世界史的解體》（合譯；Yuksabipyung, 2009)等。研究論文有 "Rebirth of Tradition in Modern Literature"(2006), "Abstract and Excess: Imperial/Colonial Chains of Thought and Discursive Politics in the Second

Sino-Japanese War"(2008),"A Critique of Technological Reason in the Period of War Footing"(2008), " 'The Century of Fact', Contingency, Ethics of Collaboration "(2008), "Wavering Empire, the Cultural Politics of De-colonization"(2009)等。

E-mail：neuzeit@hanmail.net

臺灣研究小組

柳書琴(Liu, Shuchin)

現職：臺灣、國立清華大學臺灣文學研究所副教授

　　國立清華大學中國文學系博士，日本東京大學、橫濱國立大學短期研究。著有《荊棘之道：臺灣旅日青年的文學活動與文化抗爭》（聯經，2009）；編有《後殖民的東亞在地化思考》（國家臺灣文學館，2006）、《台灣文學與跨文化流動》（行政院文建會，2007）、《帝國裡的「地方文化」：皇民化時期臺灣文化狀況》（播種者，2008）等書。單篇論文有〈傳統文人及其衍生世代：台灣漢文通俗文藝的發展與延異〉、〈通俗作爲一種位置：《三六九小報》與1930年代的台灣讀書市場〉、〈生物學統治與流域生態：「南社」創社前之地域文化資本累積〉、〈「滿洲他者」寓言網絡中的新朝鮮人形象〉等。曾獲得國科會吳大猷先生紀念獎、清華大學新進人員研究獎、巫永福文學評論獎。

E-mail：scliu@mx.nthu.edu.tw

王惠珍（Wang, Huichen）

現職：臺灣、國立清華大學臺灣文學研究所助理教授

　　2005年3月自日本關西大學大學院中國文學專攻博士課程畢業，取得博士學位。曾任教於靜宜大學臺灣文學系，目前任教於國立清華大學臺灣文學所。專攻東亞殖民地文學、中國現代文學、日據時期臺灣文學等。著有學位論文〈龍瑛宗研究〉、專書論文〈殖民地作家的文化素養問題：以龍瑛宗為例〉，《後殖民的東亞在地化思考：臺灣文學場域》（國立臺灣文學館，2006），以及單篇論文〈第一回大東亞文學者大會的虛與實：以龍瑛宗的文藝活動為例〉（《臺灣學誌》創刊號，2010.03）、〈台灣日語作家的殖民地記憶：以龍瑛宗文學為例〉（韓國仁荷大學，「殖民地時代東亞語言‧文學‧宗教」學術研討會，2009）、〈戰前台灣知識分子閱讀私史：以台灣日語作家為中心〉（北京：清華大學，「現代中日文學：文化關係史」研討會，2009）等。

E-mail：hcwang@mx.nthu.edu.tw

陳偉智（Chen, Weichi）

現職：美國、紐約大學歷史學博士候選人

　　美國紐約大學（New York University）歷史學博士候選人，專攻臺灣近代史、殖民主義與帝國主義比較研究、歷史人類學、歷史與社會理論。著有〈顏智在台灣：1920年代台灣反殖民運動的國際主義契機〉、〈自然史、人類學與台灣近代種族知識的建構：一個全球概念的地方歷史分析〉，《臺灣史研究》16:4（2009）、〈「患ったのは時代の病」：鶏籠生とその周辺〉，松浦恆雄等編《越境するテクス

卜 東アジア文化‧文学の新しい試み》（研文，2008）、〈黑貓黑狗〉，《台灣女性史入門》（京都：人文書院，2008）。"The History of An Alien-Nation, or the Alienation of History?：The Controversy over History Textbook Reform in Taiwan in the 90s", Asia-Pacific Forum 28(2005)、〈地方史的可能性〉，《宜蘭文獻雜誌》61(2003)、〈知識與權力：伊能嘉矩與臺灣原住民研究〉，《當代》135(1998)、〈田代安定與《台東殖民地預查報文》：殖民主義、知識建構與東部台灣的再現政治〉，《東台灣研究》3(1998)。

E-mail：tanuiti@ntu.edu.tw

石婉舜（Shih, Wanshun）
現職：臺灣、國立清華大學臺灣文學研究所助理教授

　　臺北藝術大學戲劇學博士。曾參與1980年代臺灣小劇場運動、從事新聞採訪、政黨工作等。專攻領域為臺灣劇場史、現代戲劇。著有學位論文〈搬演「台灣」：日治時期台灣的劇場、現代化與主體型構(1895-1945)〉（臺北藝術大學戲劇學系博士論文，2010）、專書《林摶秋》（行政院文建會，2003）、以及單篇論文〈川上音二郎的《奧瑟羅》與台灣：「正劇」主張、實地調查與舞台再現〉、〈「黑暗時期」顯影：「皇民化運動」下的台灣戲劇(1936.9-1940.11)〉、〈東京劇壇的首位台灣劇作家：林摶秋與新宿「紅磨坊」〉、〈「臺灣新演劇運動の黎明」の到來：1943年厚生演劇研究會の設立と公演〉等。曾獲中央研究院「人文社會科學博士候選人培育計畫」獎助(2008)、文學臺灣基金會「K氏台灣青年人文獎」(2005)、行政院新聞局優良電影劇本獎(2005)等。

E-mail：bakkhai@hotmail.com

三澤真美惠（Misawa, Mamie）

現職：日本大學文理學部中國語中國文化學科副教授

　　日本大阪府出生。慶應大學文學部畢業。從事出版社及電影評論等工作後，赴臺灣留學。臺灣大學歷史學研究所碩士畢業，自日本、東京大學大學院總合文化研究科博士課程取得博士學位。曾任早稻田大學演劇博物館21世紀COE事業客員研究助理，後任現職。專門領域爲臺灣近現代史、華語圈電影史。學位論文〈植民地期台湾人による映画活動の軌跡：交渉と越境のポリティクス〉，中文專著爲《殖民地下的「銀幕」：台灣總督府電影政策之研究(1895-1942)》（前衛，2002），代表性日文論文有〈南京政府期国民党の映画統制──宣伝部、宣伝委員会の映画宣伝事業を中心として〉，東アジア近代史學會《東アジア近代史》7(2004.03)、〈日本植民地統治下の台湾人による非営利の映画上映活動〉，歷史學研究會編集《歷史学研究》802(東京：青木書店，2005)等。

E-mail：sanze@me.com

文字編輯暨校對

黃懿慧

　　臺灣、國立清華大學臺灣文學所碩士。現職爲臺灣、國立清華大學臺灣文學研究所專任助理。

蔡佩均

　　現為臺灣、國立成功大學臺灣文學系博士生、靜宜大學通識教育中心兼任講師。曾擔任臺灣、國立清華大學臺灣文學研究所專任助理。

中文版序

臺灣研究的新視野

陳萬益

　　《戰爭與分界：「總力戰」下臺灣・韓國的主體重塑與文化政治》由韓國臺灣比較文化研究會的學者，經過兩年的交流合作，集結十篇論文，討論日本帝國後期，在「總力戰體制」下之臺灣與朝鮮殖民地之社會變遷。中文版由柳書琴主編，韓文版由金艾琳主編，於2010年至2011年間分別由臺、韓出版，明確標識著臺、韓學者在自我主體建構之餘，共同朝向「結成關係」的意願和努力；各篇論文均在嚴謹的研究回顧與展望之下，以嶄新的視野，超越「壓迫／抵抗」、「民族抹殺」的史觀，為21世紀後殖民研究的臺灣與朝鮮的戰爭期文化史，貢獻了極為珍貴的學術成果，令人鼓舞，令人期待。

　　臺灣在1990年代，因為政治解嚴與社會的本土化脈動，提供了被壓制的臺灣研究相當的空間：戰後僅能以地方史在學院體制保留「微細一線香」的臺灣史研究，是唯一較具學術規範與成就的領域，其餘不論是語言、文學、美術、音樂、族群等等領域，都是在禁斷半個世紀之後，才成為學者關注的教研對象，也因此成為一時的顯學。反觀此一時期的學術發展，史料的發掘整理出版以及歷史的俯瞰與勾勒，建立臺灣的主體，自然成為主要趨勢。而2000年以後，隨著政黨輪替，臺灣研究受到政府鼓勵而蓬勃發展，隨著相關系所的建制，學術的持續深化，以及國際性的跨學科、跨領域、跨文化研究的衝擊，臺灣研究也由孤立的主體性的強調，進而尋求國際性的對話。

　　清華大學臺灣文學所於2002年設立，至今不到10年的時間，這期間在師資與課程面向上，努力將臺灣文學的各個領域，包括：原住民文學、民間文學、臺灣古典文學、日治時期臺灣文學以及戰後臺灣文學，較全面性地展開之外；面對跨文化流動的歷史與研究的必要性，從2004年開始，本所老師就積極參與「東亞現代中文文學學者國際論壇」，與韓、日、中、新加坡及香港等地學者交流；邀請各國學者來訪或講學。師生的研究課題，也由臺灣文學的主體研究，兼及中國、偽滿洲國、香港、淪陷區文學文化的研究與比較研究。

　　柳書琴是本所教師中於跨文化研究卓有成就者，其日治時期臺灣文學文化的研究，已獲學界高度肯定。近來她對後殖民的東亞在地化思考的相關編著，以及對偽滿洲國、中國淪陷區文學文化的比較研究，以至於對帝國時期東北亞的關注，成為這次她與韓國學界的第一次合作的動因，不僅學術成果令人矚目，本書「合作紀要與會議重點」已經將韓、臺兩方的論文重點、特色及互為取鏡的觀點加以陳述，兩年來雙方的合作與互動模式，在書中也具體地呈現，其優良範式，將作為本所以及學界國際合作的參考。

　　1990年代，我曾在韓國的國際學術會議上，呼籲兩國學者在20世紀共同的被殖民和反共歷史上展開學術對話，但是，由於政治、社會以至於語言和文化的疏離，我們彼此毫無對話的基礎。這一次，由柳書琴、金艾琳及研究會的其他學者在「將韓國與臺灣的歷史置於同一舞臺」的宗旨下，展開了堅實的對話，毫無疑問的，它已經為臺灣文學文化的學術化開展出新的進境。

中文版編者序

柳書琴

　　本書韓文版《作爲「門檻」的戰爭：殖民地總力戰與韓國‧臺灣的文化構造》，已於2010年7月由韓國首爾的Greenbee出版社出版。從跨國研究組織結成、會議召開到論文翻譯、譯校、出版，事項繁多。兩年來，擔任「韓國研究小組」召集人的聖公會大學金艾琳教授，樂於承擔，悉心規劃，在此首先要感謝她與我並肩迎接了許多挑戰。此外，所有率直、熱情並以精采論文投入本團隊的韓國、日本、臺灣的學者們，也讓我油然充滿敬意。

　　此刻，我們將把《戰爭與分界：「總力戰」下臺灣‧韓國的主體重塑與文化政治》的合作成果，獻給中文讀者們指正。帝國主義的擴張以及帝國主義之間的競逐和征戰，引發了巨大的歷史推力。受到德國影響的日本帝國「總力戰」，不同於過去的傳統戰爭，也不同於已成爲今日戰爭基本型態的總體戰（Total War），故而在此次的共同研究中我們特意採取了此一歷史現場上的詞彙。作爲19世紀後期到20世紀前期一連串帝國主義擴張行爲之巔峰產物，它在1937年到1945年間正式成形。誠如標題所示，它導致的地理疆界、殖民統治權力界線、社會生活以及後殖民意識之變動，乃是「韓國臺灣比較文化研究會」所有成員的共同關懷。我們嘗試探問的是：中日戰爭到太平洋戰爭時期，總力戰對被強制捲入其中的不同區位殖民地民族臺灣人、朝鮮人之世界圖景、歷史意識、民族認同、社會結構、日常生活，帶來了哪

些衝擊？帝國與殖民地之間權力層位的變化，如何以各種有形或無形的力量，影響統治界線與認同想像的位移？面對戰爭帶來的整體變遷，殖民地民眾如何調適、重建其「非常期」下的主體、社會關係、精神意識與日常生活？回應新現實，殖民地知識階層與一般民眾，表露了哪些不同於前期統治階段的憂慮、欲望，他們又如何掙扎、如何浮沉、如何行動？

我們發現，當帝國與殖民地被不可抗拒的總力戰體制拉進一個彼此更為貼近、更為相似的「皇民化」同一性結構之際，廁身帝國內部的被殖民民族，已然面臨到不得不在過往主張的「差異性」與「特殊性」戰略之外，尋求其他有利位置或後殖民戰略的時期。從總力戰開始前到實施後，前仆後繼的全方位變動，在政治、經濟、社會、日常生活，乃至思想、情感與欲望的領域擴延開來。戰時下、變動、新體制、時局，正是這時代漫天飛舞的代名詞。透過臺、韓本土領域文化活動與文化結構的分析，我們一方面盼望從殖民地相互參照的共時性視野，指出在帝國誘導力、壓力或兩股力量的縫隙間，殖民地透過新的統治力學構造爭取出來的，一些別開生面的戰時殖民地文化政治及其成果。另一方面，在避免以均質化視野化約帝國／殖民地二元關係的前提下，也將針對處於戰時時空力學與殖民權力交叉作用的變動之網中，發生在被殖民者同一民族內部，因階級、年齡、性別、群體移居、個人越界之差異，所產生的各種社會認同、意識型態、生活與行動的分化或龜裂現象，提出更多說明。

任何工作的成辦，都是一群人同心耕耘的結果。從會議召開到中文版推出，本計畫能在臺開花結果，首先要歸功於行政院國科會、清華大學人社院的補助。其次，聯經出版公司的肯定，發行人林載爵教授的支持，使本書研究目的能夠獲得彰顯。再者，清華大學臺灣文學研究所陳萬益所長的鼓勵、王惠珍教授的協辦、陳素主助理的行政協

助，提供了有力後盾。計畫助理黃懿慧、蔡佩均，兩年來在學者聯繫、會務運作、稿件初編、校對、譯稿溝通各方面，盡心盡力的堅持與付出；以及「臺灣研究小組」學者們親身投入反覆往來的譯稿校勘之中，確保了本書的品質。此外，在兩研究團隊間搭起對話平臺的韓臺中日多國學者、翻譯家及學人，李永燮、李貞順、李珠海、李海鷹、焦艷、陳娃湲、裴英姬、山內文登、姜廷沃、李文卿、李善禎等，尤其功不可沒。最後，蔡文斌、石廷宇、郭靜如、陳運陞、吳昱慧、溫惠玉、陳正維、張育薰、徐淑賢、陳碧秀、陳玟蓁、彭玉萍等，參與會務或校對的臺文所研究生們，以及繪製封面底圖的國立嘉義大學視覺藝術學系張芸甄同學，也都是本書的幕後英雄。

　　謹此感謝各方奧援，並誠摯地以我們這一群人的集體心血，獻給所有關心臺灣及東亞過去、現在和未來的人們。祈願我們所共有的這世界，更加和平而美好。

目　次

合作紀要與會議重點(一)

臺灣與朝鮮如何設法相遇？：

殖民地文學的比較研究

柳書琴

一、有朋自遠方來：計畫緣起

　　「韓臺殖民地文化國際學術工作坊」順利組織，圓滿完成合作事項，主要歸功「韓國研究基金會(Korea Research Foundation Grant)」的慷慨奧援。本工作坊以韓國聖公會大學東亞研究機構(IEAS)為發起單位，臺灣清華大學臺灣文學研究所為合作窗口，成立「韓國臺灣比較文化研究會」共同籌劃運作；以日本殖民統治時期臺韓戰時文化經驗比較為研究主題，進行國際共同研究及出版計畫。整體計畫於2008年8月正式運作，主要工作及成果為：一、論文撰寫；二、雙邊召集人首爾工作會議；三、「韓國研究小組」、「臺灣研究小組」分組會議及論文修改；四、論文互譯及跨組閱讀；五、殖民地時期韓國、臺灣基礎書目交互閱讀；六、跨國工作坊全體學者論文發表會：「總力戰的文化事情：殖民地後期韓國與臺灣比較研究」；七、論文修改及翻譯；八、2010年至2011年間韓臺兩地專書出版。有關本書宗旨與內容編排，請參見金艾琳教授〈合作紀要與會議重點(二)〉和筆者的〈中文版編者序〉。在此，擬回顧會議進行及討論狀況，同時介紹韓國研究小組成果。

　　「總力戰的文化事情：殖民地後期韓國與臺灣比較研究」跨國會

議，以全體學者論文初稿發表、雙邊研討及比較議題交流為目標，為整體計畫高峰。90年代中期後，韓臺戰爭期全面性考察開啓，迄今仍為熱門議題。過去這些研究多側重於韓日、臺日雙邊思考，為促進問題意識之多角化，目前進一步強化臺韓經驗的對照比較。本會議將滿洲事變、中日戰爭到太平洋戰爭，三次戰爭期間的政治環境、民族關係、地域問題、文化生產現象，視為一個連續且瞬息萬變的效應過程加以關心，並將焦點集中於1937-45年之總動員體制施行期。會議於2009年7月24-26日在清華大學召開，包括主體會議及圓桌會議兩部分，並播放韓臺戰時紀錄片，全體學者也針對論文翻譯及出版進行工作會議。參與學者包含論文發表者十名，及擔任會務準備、論文翻譯及口譯之教授若干名。臺灣中央研究院臺灣史研究所韓籍學者陳姃湲教授擔當口譯，促進會議交流；聖公會大學東亞研究機構金秀玹、韓國影像檔案館鄭琮樺等學者，則為會務溝通及討論的具象化，提供重要協助。

二、他山之石，可以攻錯：韓國研究小組

　　中日戰爭爆發後，「國家總動員法」(1938)開啓的陸軍特別志願兵制度、國民精神總動員運動、國民總力運動、徵兵制度等措施，及同期施行的皇民化運動，對朝鮮人主體建構與脫殖民思考產生哪些影響，為韓方論文及圓桌會議焦點。

　　中日戰爭是一場不在朝鮮發生、也非對朝鮮發動的戰爭，卻空前深廣地影響了朝鮮內外部結構。韓國學者一致舉出中日戰爭對韓國歷史產生的重大影響，以及皇民化與戰爭動員政策具有的「民族抹殺」與「後殖民新可能」之兩面性意義。如同金艾琳所言：戰爭本身成了決定被殖民主體生活和思想方式的結構，主體所有的自我權和社會關係都透過對戰爭或戰場的傾斜來實行。為因應長期化戰事，帝國開始

操作「適當運用被殖民群體」的技術，包括「為利用被殖民者而賦予他們義務，以及為賦予義務而必須賦予的權利」。非但朝鮮言論傾向出現變化，對自身及他民族(特別是日本、中國)的認知也異於先前。車承棋認為，皇民化的提出使得戰爭動員衍生出「動員以外」的發展，朝鮮人的後殖民想像，從「抵抗」朝向「內化體制藉此爭取制度性平等」的方面轉進。金杭也指出，「戰爭是個大災難」，然而在戰時統制下，人類思維依然享有自由。韓國小組站在非文字的影像部類、非民族／階級框架的學術史場域，非意識型態的欲望領域，或者非知識分子的民眾史、日常史等角度，追問在「殖民地—帝國體制」朝「總力戰體制」轉變的過程中，殖民地朝鮮人何以願意重生、如何重生為「帝國主體」呢？

金艾琳以文化政治觀點，指出「引導特定群體奔向戰場」這種生命政治之管理、動員與配置技術，乃以「戰場經驗」與「戰爭景觀」的文化生產與傳播加以實踐。殖民主操縱朝鮮人無參戰資格之落伍焦慮，透過擁有話語權的朝鮮上層知識階層把前線戰場資訊不斷傳播進來，形成「戰爭景觀社會」，強化大陸進軍及志願兵政策的影響力，同時構築普及社會所有成員的戰時道德和規範體系。在朝鮮人這一方，則以在日滿支東亞協同體中「創造自身生存根基」為目的，支持帝國對高舉民族主義的中國作戰，並以「後民族主義」的新立場開始了朝鮮集體認同的重構。迥異於1930年代的「民族總體轉向」，即在這種背景下生成。

車承棋指出「生命政治」，乃是將生命驅趕到戰時動員體制內，使殖民地人民淪為「被擄獲的生命」，由帝國加以管理、利用、再生產的一種政治。他廣泛從厚生事業、日鮮通婚、生活儀禮，說明殖民者如何透過多樣性生命政治運作，縮短殖民地與宗主國位階，賦予動機，引導後殖民欲望朝體制內發展。然而，朝鮮人基於「無差別的皇

民化」欲望作出的配合或忠誠，亦有其主體目的。那麼，帝國與殖民地雙方如何在「獲取皇民，強化帝國支配」同時避免後殖民欲望「沖垮殖民地—帝國的權力堤壩」；以及「變成皇民，滅除殖民地標籤」卻不造成「民族抹殺」之間，進退取捨呢？他發現，調節後殖民欲望而成立的「公民煉金術」，具有「總力戰統合(皇民化)—帝國與殖民地平權(公民化)」的悖論關係。「生命政治」和「後殖民欲望」失衡的極限——即「成為公民＝作為日本人而死」。

　　蘇榮炫從欲望政治視角，以普通民眾為對象，關心戰爭巨變下的日常生活與個體欲望。她指出，1940年代前後戰時經濟景氣、個體生活窘迫的相互矛盾情境；「進軍支那」、「內鮮一體」等地域秩序和權力位階變化的刺激；以及投機心理等因素，使朝鮮人出現了「盲目追求變化」的渴望。總力聯盟文化部的朝鮮國民文化建設方案，意圖引導無方向性的個人欲望朝集體欲望發展或加以抑制，塑造「戰時體制的機器人」。然而不論是追求變化或接受塑造，殖民者與受殖者對於變化的解讀與接受，往往是異質的。在「經濟—日常與文化出現縫隙」的年代，殖民地民眾欲望的竄動，其隱晦而複雜的狀況以及背後含藏的主體意義，已非知識階層印刷媒體能夠描繪讀解，也無法以階級或民族問題進行定義，它進入了個人性、甚至是反諷現代精神的層次。

　　白文任企圖揭示，軍事人力動員在面臨朝鮮文化慣習的保守力量以及說服女性支持男性從軍等課題時，如何以「第二皇軍＝真正的男人＝成為日本人」引導男性意願，同時以複製版「軍國之母」與「銃後之妻」進行女性心理攻防。隨著1940年「朝鮮映畫令」頒布及1942年「朝映」成立，被視為「文化戰的子彈」的宣傳電影，已成為軍國話語生產的主要場域。然而，透過電影裡日鮮男性平等話語之虛實，朝鮮女性角色象徵意義的被動性、分歧性與含混性，她指出「志願兵

男性」的定義過程，因情節中性別話語的失衡、影像／音聲的非對位處理，以及演員日語能力不足等因素，導致話語傳遞失焦或延異。「帝國觀點男性從軍話語的過剩」以及「殖民地女性話語的曖昧不足」，使得以性別話語爲基礎的「帝國軍人＝日本人」之帝國戰爭話語體系，出現了意義的空缺與破綻。朝鮮女性語言、音聲未切合指定意義體系的展演，導致不得不依賴影像解讀的變因，反而因此在「複製帝國言論」的朝鮮男性話語之外，意外釋放出戰時文化產物中「內鮮一體」話語無法掩飾的矛盾。

金杭從朴鐘鴻透過高山樗牛—西田幾多郎—三木清而接觸海德格思想的路徑，勾勒朴身處「擺脫西方科學中心主義與理性啓蒙主義，以實質生活體驗與本能爲基礎」的日本思想界磁場。在此他汲取海德格哲學養分，應用於戰爭體制下的哲學思考，發展出「危機之時也正是哲學應竭盡其使命之時」的危機哲學。他選擇「我們」這一日常用語，取代民族、階級來指稱朝鮮人，也藉此重新詮釋非常態時空下「朝鮮文化遺產」的繼承與創造意義。朴提出「我們—我—存在」，據此對「轉換期」世界秩序重建，提出自己的哲學對策。藉由這一哲學轉向，他提出超越馬克思主義和民族主義等現代秩序的另類創造倫理。這篇論文不僅指出一種不受限於「總力戰／危機／轉換期」的哲學思想，更間接呈現了其相異於「近代超克」座談會東京學派哲學家、文學評論家小林秀雄之珍貴價值。

三、圓桌會議：臺灣與朝鮮如何設法相遇？

藉由朝鮮人後殖民欲望的梳理，探究中日戰爭下促使朝鮮人認同政治轉向的統治背景，分析誘導被殖民者欲望的帝國技術及利用、反利用這些欲望與不安的雙邊結構，從中釐清朝鮮與帝國史交纏而生的諸種變化，及對朝鮮主體建構的影響，可說是韓國學者的共同目標。

　　相較於戰前為「無國家民族」、戰後遭受「分斷體制」的朝鮮，臺灣既非以民族全體進入殖民情境，也不曾以國家形式進入後殖民情境。因此，中日戰爭既是壓力也是契機，抵抗模式消解的同時亦釋放出其它可能性的看法，在解釋臺灣情況時則有待討論。臺灣小組致力揭示的正是處於「脫民族」、「超國家」形態下，更為弱勢與曲折的被殖民者之生存戰略及歷史創造模式。臺北、哈爾濱殖民都市書寫在帝國地緣政治與地方空間秩序變動中展現的批判性地方主義；帝國圖書傾銷、戰時「支那」出版熱對臺灣知識分子文化資本累積與知識建構的影響；流動電影人何非光在表演、語言、意識型態、藝術創造方面所發揮的帝國／殖民地、國家／民族跨越性與仲介性；皇民化時期承攬官方布袋戲改造工程、盡力於地方文化傳承與現代轉化的黃得時；將太平洋戰爭視為一個超越民族主義、帝國主義，亦超越現代的「新文化創造」契機的吳新榮，都一一展現了在統制與覆蓋、變動與流動中，尋找時代裂罅的企圖。

　　圓桌會議中，中日戰爭對殖民當局與不同階層、性別的殖民地人民形成哪些迫切課題？如何調整／適應體制？體制運行的雙邊條件及心理基礎、政策的效應與逆效應為何？帝國象徵體系與文化生產如何關聯？戰爭體制怎樣滲入人們生活、心理與意識，對後殖民歷史帶來哪些影響，繼續受到熱烈討論。學者們一致同意，親日、協力、民族抹殺等分析詞彙，無法充分解釋這時代的複雜性。

　　金艾琳指出，不宜用「民族」或「地方」等單純模式概括分析；具象性的日常生活史和風俗史等，是針對亞洲及地域研究的較好策略。她希望致力探討不同於意識型態的亞洲經驗或記憶共同體的亞洲。金杭提出，1945年後留在日本的朝、臺人被剝奪日本國籍，靖國神社卻有數萬靈位。1978年韓國要求歸還祖先靈位，日方認為死者係以日本人身分過世，故不予歸還。實則朝鮮人並非「以日本人身分死

亡」，而是「死了才成爲日本人」。站在已建立主權國家的狀態回溯
沒有主權國家的時代，是戰後朝鮮殖民地研究的最大困難；從「戰爭
責任」進行的殖民地研究也有其局限性。一旦問題放在戰爭責任，便
只能處理日朝、日中等主權國家問題，何非光、慰安婦等問題則無法
被處理。他認爲，學者應承擔國家之外更大範圍的責任，爲國家無法
承擔的法律責任尋找出口。透過臺灣小組的研究，他發現臺灣未發展
到國家，但甚至超越了國家，臺灣經驗對責任思考富含更多可能性。
王惠珍回應指出，雖然法律層次的日中、日朝戰爭問題已獲處理，然
而日臺問題被附屬於中國問題之下，因此並未解決。白文任也表示，
臺灣人的認同較朝鮮更爲複雜，未來可共同研究之處頗多。

　　石婉舜表示，總動員體制是普及於日本帝國及其殖民地的現象，
透過本計畫彼此發現了許多異同點。三澤肯定韓方跳脫意識型態中心
的優秀分析，同時指出臺灣小組在地方性、地域連帶與地域流動方面
的貢獻。她認爲脫離國家框架不失爲一種策略但過於理想化，畢竟學
者很難脫離國民的身分，因此她採取的是「以很難脫離國民國家之框
架爲現實條件，以此盡日本學者一份責任」的立場。

　　車承棋提到韓、臺研究者接觸機會不多，計畫將結束之際他最關
切的是「臺灣和朝鮮有沒有遇見過？」、「以後有沒有可能遇
見？」。殖民地時期臺朝相遇不得不透由日本，目前則需要通過中
國，彼此歷史理解的管道究竟何在？陳姃湲分享在臺研究實際經驗指
出，一般認爲臺、朝擁有某些共同經驗，事實上兩者交流甚少，彼此
的認知亦多爲帝國體系營造下的產物。臺、朝、滿缺乏可以直接交流
的空間，更缺乏知識分子的直接交流。那麼，該如何進行交流研究
呢？她認爲，指出帝國放射狀結構如何剝奪殖民地之間交流的可能
性，在幾近於無的交流中探討哪一部分是帝國尚未掌控的，是首先可
以努力的。

　　柳書琴指出臺韓比較的張力與必要性。她表示，後殖民欲望操作
亦是臺灣戰時動員技術的重要一環。熱烈響應的高砂志願兵或陳火泉
小說〈道〉，皆可發現與朝鮮類似現象。但太平洋戰爭爆發，與祖國
作戰的矛盾感消減後，臺灣與帝國「同床異夢」的條件才浮現。然而
1943年決戰情勢惡化，「成為日本人＝死」的事實紛至沓來，粉碎了
「皇民幻想」空間。相對於朝鮮在滿洲事變或中日戰爭後上揚的東亞
共同體想像，臺灣與帝國的「蜜月期」短暫許多，後殖民欲望的爭取
方向也不同。蘇榮炫提到，與會學者雖為文史科系出身，但研究領域
已擴及跨學科、跨境歷史。與臺灣研究者一樣，韓國文學的學科範疇
與研究領域也由於不斷反思「韓國文學是什麼」而日益擴大。雙方探
討議題多樣，此行收穫非常豐富。

合作紀要與會議重點(二)

「總力戰」下的殖民地文化狀況:
殖民從屬國相互關係的探討視野

金艾琳

一、在跨國性歷史文化中搭起一座橋:會議精神

　　本書是2009年7月聖公會大學東亞研究所和臺灣國立清華大學臺灣文學研究所共同主辦的,題為「總力戰的文化事情:殖民地後期韓國與臺灣比較研究」國際學術研討會的成果。研討會的企劃始於2008年夏天,一年之後研討會召開,第二年也就是2010年夏天韓國版專書出版。企劃初期,對於殖民化過程的複雜性和複合性,長期予以關注的四名韓國學者表達了參與意願。臺灣方面,則由柳書琴老師負責,她很快介紹了有意參與的幾位優秀學者們。

　　於是,2009年7月24至26日,九名學者(陳偉智老師因臨時有急事未能參加)會聚一堂,各自發表論文,圍繞同一議題展開熱烈討論。研討會曾事先定下幾個原則,籌備過程中為了遵守這些原則,雙方都傾盡全力予以協助。簡而言之,核心精神在於:第一,盡可能組織小規模的討論會,避免不必要的籌備負擔,充分確保會議中的討論時間。為此,我們決定雙邊在研討會召開之前,便提交論文並進行解讀。第二,研究成果在韓國和臺灣共同出版。尤其韓國方面,乘著加速學界「國際化」之風,形式多樣的國際交流頻繁不斷,交流必須「雙方雙向」這一點已成共識。為將不必要的財政消耗和花費降至最

低，力求實在，這些原則是會務運作時必不可缺的要素。

用不同的語言書寫並溝通，是一件比預想艱難好幾倍的工作。在此，謹向在兩種語言之間努力搭建橋樑的李永鑾(南韓延世大學)、李貞順(南韓中央大學)、李珠海(南韓延世大學)、李海鷹(南韓梨花女子大學)、李文卿(臺灣政治大學)、陳姃湲(臺灣中央研究院)、焦艷老師(中國社會科學院)，黃懿慧、蔡佩均助理，表示深深的謝意。此外，去年同行去臺灣並協助事務順利進展的金秀珌老師，以及放映並解說殖民地宣傳電影的鄭琮樺老師的厚意，我們也不會忘記。在此向精心準備研討會所有過程的清華大學臺灣文學研究所的柳書琴、王惠珍老師，以及其他年輕學者表示特別的謝意和友情。當然，若是沒有所有參與人員的熱情與誠意，這個小小的成果何以能夠面世。眞誠希望此書不僅是學術交流的成果，更是珍貴友情和彼此信任的記錄。最後，向在艱難時節爽快允諾出版的Greenbee出版社和給予理解與幫助的朴舜基先生，表示深摯的謝意。

二、將韓國與臺灣的歷史置於同一舞臺：研究宗旨

對於將研討會的主題定爲「總力戰的文化事情」，並採取韓國和臺灣的比較研究方法論，在此需要略加說明。針對亞洲歷史和當下現實的多方省察，爲時已久；但是，對我們而言，需要不斷反問、記憶、反芻的問題依舊存留，新問題亦不斷滋生。倘若沒有「關係」意識或者朝向「結成關係」的努力，那麼我們能否脫離自我中心主義去接近他者？進而能否經由他者躬身自問？故而，將韓國與臺灣的歷史置於同一舞臺的意圖，與隨著對「亞洲圈域性」理解的成熟而日益複雜的視線和不斷拓展的視野，不無關聯。

韓國與臺灣擁有殖民化和反共的共同歷史遺產，但彼此之間的理解和文化交流卻長期受制於殖民體制和冷戰體系。我們試圖探討的是

兩者所處的相似歷史境遇、環境結構，以及最終無法化約的差異。尤其對於殖民化問題，一直以來，韓國主要在討論與日本的關係，臺灣亦是如此。殖民從屬國和殖民宗主國之間的關係向來都是無法被忽視的熱點問題，但我們仍需探問殖民從屬國相互之間關係的另外途徑。這不僅是爲了考察帝國史的空間(地域)營運，更是爲了通過關係的多角化以及結成關係的多面化，刺激享有共同記憶和體驗的不同集體之間的溝通，以及激發相互之間的新發現。雖然這種刺激無法替換過去，但卻能改變我們對待依舊殘留過去的現在和未來、以及朝向過去的現在和未來的態度。

在這一點上，我們的比較研究同時具有意義和局限。韓國和臺灣的歷史，很少具體地、詳細地被對比過。因此通過這樣的對比，可使多角度接近帝國主義冷戰結構的意圖成爲可能。在「帝國」物力及埋念掌控力最爲膨脹的「總力戰」時期，殖民者和被殖民者之間的脫節以及被殖民者內部的龜裂，也同時登峰造極。此時，無法還原爲「協力」或「抵抗」的欲望與意識、以及生活上的各種問題，層出不窮。尤其1930年代後半期，殖民者和被殖民者間的作用與反作用日趨緊張，此時的戰時體制正可謂思考後殖民性／殖民性問題的一個關鍵剖面。

在此問題意識下，我們將韓國和臺灣的情況疊加，企圖從微觀角度加以考察。縱然我們熱情似火，也不得不承認此種嘗試只是初級層面的努力。我們的比較研究首先得具備更有密度、更爲緊實的關係史或交流史觀點，然後持續不斷地向前推進。倘若考慮1945年之後韓國和臺灣之間正式進展的實際關係，相互參照的歷史脈絡，以及時下大張旗鼓的全球化、圈域化社會—政治—文化情態，更應如此。期望我們此次的初步工作和嘗試，能夠日趨成熟，成爲闡釋過去無數交叉與相遇風景的跨國性歷史文化成果。

三、戰爭、界線與主體重塑：臺灣研究小組成果介紹

　　本書由十篇論文組成，分爲三章。對於韓國學者的論文，柳書琴老師作了詳細介紹，請參考她的紀要。我將簡略總結臺灣學者陳偉智、柳書琴、王惠珍、石婉舜、三澤眞美惠的論點，以這些論文向韓國學者拋出的要點與啓示爲中心，對其意義略加闡述。

　　首先，第一章題爲「時空重塑與意識的地形學」，收錄了陳偉智和柳書琴的論文。這兩篇論文探討了被帝國日本扭曲的巨大時空地平線上，臺灣是以何種方式被重構並被想像的。陳偉智將分析的焦點集中在吳新榮的詩歌上。對於表面帶有強烈時局色彩的文本，抽絲剝繭般進行了細緻綿密的分析，並且注目文本於當時所起作用的兩義性。他認爲，吳新榮的文本含有以臺灣爲中心的泛亞洲主義空間想像以及對新歷史階段的期待；這想像和期待，可謂是將臺灣納入世界史試圖重新定位的戰時臺灣知識分子的特點。作者認爲，1930年代後半期，伴隨著新世界史觀的出現，區別於以往的另外一種自我身分機制開始啓動，這在朝鮮亦是如此。對此，韓國學界的闡釋也很多元，陳偉智將重點放在被殖民者建構新意識框架的力量上面。這種觀點對探尋戰時話語多面性的韓國學者而言，亦是非常有意義的參照點。

　　柳書琴分析了臺北和哈爾濱兩座都市，在帝國營運體制內所具有的政治經濟學作用，同時探索了這兩個地域的都市書寫所具有的文化政治學意義。臺北和哈爾濱分別爲南進和北進的前哨基地，在巨大的帝國體制內，兩座都市因立場不同而顯現出互爲迥異的地域性書寫特徵。這篇論文同時具有考察殖民都市間相互關聯及力學結構的宏觀視角，以及關注作爲特定地域代表書寫狀態的微觀視角。作者不僅分析了臺北不同於國際都市哈爾濱的種種狀況，還十分縝密地分析了臺北作家將何種生活題材小說化。在韓國學界，研究滿洲與滿洲文學的論

文不在少數，且剖析殖民地都市京城的論文也頗爲多。不過，從帝國體系和殖民地世界化觀點進行都市比較的研究工作目前還比較少見；對京城的研究目前也主要集中在京城和東京的關係上。由此而論，可以說柳書琴的問題意識對殖民地都市文化研究框架的角度調節，起了積極作用。

其次，第二章題爲「他者經驗與自我建構的力學」，收錄了王惠珍和石婉舜的論文。王惠珍重構了臺灣知識分子的個人讀書史，並詳細分析了臺灣知識體系的整體框架及其戰時特徵。通過這篇採取知識社會學觀點的論文，我們可以接近殖民地知識體系構建過程中的力學與美學。作者總結了日本出版文化產業在臺灣產生何等作用，並闡明在隸屬影響圈內的臺灣讀書市場，知識分子的知識吸納具有哪些特徵。尤其在戰時，爲適應時局宣傳需要，大量翻譯出版了「支那學」叢書。這時期的「支那熱」不僅對戰時臺灣知識分子對中國的想像產生了影響，同時對戰後初期樹立中國政權時的態度也產生了影響。目前韓國有關殖民地讀書市場和知識流通的研究雖然也很多，但相對而言缺乏對總力戰時期的關注。關於檢閱制度的研究，雖然通過「檢閱」闡明它對知識和理念的規制，但在戰時這一特殊政治社會學環境下形成的知識生產與消費市場也應予以關注。尤其1930年代後半期，「支那」不僅在臺灣，在朝鮮也是極具重要意義的存在，所以迫切需要從文化社會學的角度對此問題予以審視。

石婉舜鉤沉並分析了臺灣代表性偶劇「布袋戲」，於總力戰時期的改造和變化。她的主要關注點在於臺灣或臺灣文化的地方性（locality），闡明了在1940年代初期地方文化論與鄉土文化論，被突出地重構起來的原因。其代表性人物爲主導布袋戲改革的黃得時。太平洋戰爭前後，布袋戲被改造爲日本新式偶戲，作者將關注的焦點集中在黃得時承攬改造並推行新布袋戲過程中所經歷的內在張力關係。她

認爲黃得時在接受帝國文化政策的同時，也減損了帝國文化政策的「全能性」，顯示其作爲殖民地文化論者的立場。在這一點上她對黃得時加以肯定。眾所周知，在「大東亞共榮」的標籤下，圍繞鄉土性與地方特殊性的探討很多。在話語及理念縫隙中舉步維艱的殖民地藝術和文化，如何賦予其意義，對研究者而言是一個非常艱難的課題。通過石婉舜的論文，韓國學者亦可以從中體會這種艱難，並加以探討。

最後，第三章標題爲「差異、欲望或龜裂的政治學」，收錄了三澤眞美惠的論文。她的論文通過既是演員又是導演的何非光，頗爲有趣地捕捉並分析了戰時臺灣人的身分政治下內藏的不可避免的複雜性。殖民地時期臺灣人的身分認同超越了臺灣延伸至中國這一地形學空間。所以與朝鮮略微不同，可以說臺灣的自我身分建構更爲複雜。此論文分析了臺灣人如何通過進出中國(人)和日本(人)的界線來形成自我身分，並闡明了不得不如此的原因。對這一時期的朝鮮人或臺灣人而言，選擇「作爲誰而生存」，並根據選擇進行表演或執行（perform），無論如何都伴隨著危險。更爲不幸的是，同時伴隨的還有延遲與失敗。被殖民者的身分政治之所以既是個人欲望的記錄，又是痛苦的記錄，究其原因也正源於此。個人深信此論文對解讀「成爲日本人」這一身分轉換，尤其成爲問題的總力戰下的朝鮮人境遇和內在意識，將極有幫助。

至此，對五篇論文的問題意識作了簡略介紹。至於詳細解讀和內容，請參照原文。伊曼努爾・沃勒斯坦（Immanuel Wallerstein）認爲在歷史社會學中應該深入探討我們的「實在」，於各自可能的時間性和空間性中如何得以展現。這種思維態度當然不能僅僅局限於社會學。我們的「實在」，在韓國和臺灣這一特定時空中是如何展現的？我們各自的話語，在韓國和臺灣這一時空中又是如何被接受的？這種跨越

時空的可能性如今即將隨著本書的出版，在兩個地域同時揭開帷幕。倘若本書各篇話語的意圖能夠順利傳達並被理解，那當然是最理想的境界，即使未能如此，也依然是一件值得高興的事。因為通過歧義，我們可以為已然靠近我們一步、停在那邊傾聽我們的他者，重新質問我們的立場，重新整理我們的思緒。

第一篇

時空重塑與意識的地形學

第一章

議題回顧與展望

陳偉智

世界史即世界裁判
Weltgeschichte als Weltgericht
——Hegel

世界史並非總是預先存在，
歷史作為世界史是結果
World history has not always existed;
history as world history a result
——Marx

如果從一個黑格爾世界史的角度來看，戰爭作為毀滅有生力量的絕對性的否定，在自由之所以展開的世界史進程中，不只是必然有的現象，有時候甚至反而帶來正面的結果。以戰爭與文化之間的關係來說，戰爭既辯證地摧毀了文化，同時也創造了文化。

戰前臺灣，作為日本的殖民地，乃至外地，既不屬於日本，也不屬於中國歷史敘事中的「國家」。非國家的社會(non-statist society)的存在，如何經驗了戰爭，乃至在戰爭中被相對於本地來說具有異質性的外來國家所改造，甚至在戰爭中從受動者到主動者的轉變。提供了國家的戰爭敘事之外的另類可能性。非國家的社會，其自由在世界

史展開的歷史可能性中，往往成爲辯證發展的另一篇章。總力戰、非國家社會與歷史可能性之間，具有何種關聯則相當耐人尋味。

臺灣在1895年甲午戰爭，因清帝國敗給日本，於是在國際干涉下，從傳統中華朝代帝國的邊區變成了近代國民帝國日本的新領土。1945年在第二次世界大戰後，在戰後的國際與區域秩序重整中，變成了中華民國唯一的領土。就臺灣近代史而言，可以說，自始就是與戰爭，特別是多國涉入的戰爭，息息相關。這半個世紀，恰恰好也是近代國家從18世紀末誕生以來發展與全球擴張的最高峰。戰爭除了造成政體形式從傳統帝國到國民國家的政治形式的近代變遷，同時也是造成以國民國家爲單位的新的廣域政治連帶形式的生成與分化的力量。朝代帝國變成了近代國家、非國家的社會也國家化，國家從抽象的理念變成了具體的歷史行動者。

非國家社會如臺灣，如何來認識戰爭呢？不論是從既有表面上看來互相對立的日本戰前的戰爭動員論述、或是戰後反省戰爭的架構，抑或兩種(中共與中國國民黨)作爲革命史延長線的中國抗日架構，事實上都共同設定了「國民國家」作爲戰爭發動者與受動者的基本單位。戰爭成爲國民國家的建國，或是建國過程誤入歧途的歷史敘事。戰爭之於臺灣的近代歷史經驗，也就處於不是向左轉、就是向右轉，看起來不同，實際上卻還是環繞在「國民國家」此一前定框架的歷史敘事中。

晚近的一些研究，可以看成在戰爭動員中，非國家社會的國家化過程；或是，把殖民地臺灣，從外地的位置，進一步日本內地化的過程。這方面的研究，主要有近藤正己《總力戰と台湾：日本植民地崩壞の研究》（東京：刀水書房，1996)以及林繼文《日本據台末期(1930-1945)戰爭動員體制之研究》（臺北：稻鄉，1996)。另外在戰爭中對於社會文化的統合，辯證地創造出地方認同的空間，則可以視

爲對於國家化過程的協商，以及作爲協商前提的被殖民者臺灣人集體意識的成立。最近的研究，有藤井省三、黃英哲、垂水千惠編《台湾の「大東亜戰爭」：文学・メディア・文化》（東京：東京大學出版會，2002），吳密察、黃英哲、垂水千惠編《記憶する台湾：帝国との相剋》（東京：東京大學出版會，2005），以及石婉舜、柳書琴、許佩賢編《帝國裡的「地方文化」：皇民化時期臺灣文化狀況》（臺北：播種者，2008）。

　　至於本文分析的吳新榮，歷來也有相關的研究。傳記研究參見施懿琳《吳新榮傳》（南投：臺灣省文獻會，1999）與林慧姃《吳新榮研究：一個台灣知識分子的精神歷程》（臺南：臺南縣政府，2005）。社會主義詩人的抵抗形象，參見陳芳明〈吳新榮：左翼詩學的旗手〉（陳芳明《左翼台灣：殖民地文學運動史論》〔臺北：麥田，2007〕）。戰爭動員中吳新榮在地方社會中的角色，參見近藤正己前揭書。透過日記觀察戰爭期間吳新榮的活動，參見陳翠蓮《台灣人的抵抗與認同：1920-1950》（臺北：遠流，2008）。透過吳新榮日記與閱讀活動，探索身分認同轉變的個人史，則可參見曾士榮（Shih-jung Tzeng）, *From Honto Jin to Bensheng Ren: The Origin and Development of Taiwanese National Consciousness*, Lanham: University Press of America, 2009。

　　在上述的晚近研究構圖中，本文以吳新榮爲例，分析臺灣人在兩次世界大戰間，思想上的影響聯結。從第一次世界大戰後臺灣人認同／文化形成的空間化策略的延長線上，在第二次世界大戰的時代契機中，將戰爭、世界史，以及臺灣的位置，變成了一個時間議題。戰爭，除了具有破壞的否定意義外，也讓吳新榮看到了新的歷史可能性——一個非國家的社會在世界史的歷史可能性。

戰爭、文化與世界史：

從吳新榮〈獻給決戰〉一詩探討新時間空間化的論述系譜

> 我們矛盾混亂愈來愈深，
> 一切只待歷史的奔流解決，
> 我們靜的行動只待外力而得動的前進。[1]

> 啊！這一戰，大東亞之戰，
> 新秩序的建設、新文化的創造。[2]

前言

　　本文試圖透過對於鹽分地帶文學家吳新榮(1907-1967)在1943年底於《興南新聞》文藝欄「筆劍進軍」系列中，發表的〈獻給決戰〉一詩的分析[3]，討論戰爭與「文化」的關係，或者更精確的說，在決

1　吳新榮，《吳新榮日記·戰前篇》（臺北：遠景，1981），頁62。1938
　　年1月6日。本文之後其他同書註釋，縮寫為《戰前日記》。

2　吳新榮，〈決戰に捧ぐ〉，《興南新聞》，1943年12月6日，第2版。
　　此詩及其中文翻譯，亦收於呂興昌(編)，吳新榮(著)，葉笛、張良澤
　　(漢譯)，《吳新榮選集1》（臺南：臺南縣立文化中心，1997年3月），
　　頁149-151。此書將中文題名改為〈獻給大東亞戰爭〉。

3　同上註。

戰期，臺灣的知識人對於「文化」議題的思考，以及所呈現的世界史歷史意識。

戰爭時期臺灣的文化史，從戰爭動員體制的分析，「皇民文學」或是「興亞文學」的研究，乃至於對民俗文化或是鄉土文化的改造與挪用，歷來已有許多研究成果[4]。這些研究成果重新檢視了戰爭期，特別是決戰期的臺灣文化史的複雜意識型態構圖，社會意識的轉變，與新的政治地理空間想像，強調臺灣人作爲歷史行動者，其主體性形成的動態過程[5]。

在上述新的歷史研究的脈絡中，吳新榮的位置，乃至其所代表的臺灣南部鹽分地帶(今臺南縣北門佳里一帶)的文學家們，被認爲是具有代表性的南部臺灣人的文學社群。決戰時期鹽分地帶同仁的活動與作品，在當代的研究中，往往強調他們在文學與民俗研究上所表現出來的地方特色。換言之，當代的研究者書寫文學史時，是把類似鹽分地帶同仁的活動，作爲表現，乃至於保存「臺灣性」或是「民族文化」的個案，放在「抵抗」的系譜中，抵抗戰爭時期日本殖民地統治的意識型態動員。但這種從後來重建的民族敘事中所設定的抵抗位置，似乎忽略了這些人作品中呈現的時局色彩[6]。

然而，即便是具有顯著的時局色彩，也不能單純地以協力者複製戰爭動員宣傳的評價，就予以否定。類似的狀況，我們也可以在「皇

4　戰爭動員體制的研究參見近藤正己、林繼文。戰爭期的臺灣文學研究，參見林瑞明、柳書琴、李文卿、陳建忠、垂水千惠、星名宏修、中島利郎等學者。戰爭期的民俗研究與鄉土文化的挪用，參見吳密察、祖運輝、石婉舜。

5　最近在這個領域的作品，參見吳密察(策劃)，石婉舜、柳書琴、許佩賢(編)，《帝國裡的「地方文化」：皇民化時期的臺灣文化狀況》(臺北：播種者，2008)。

6　例如郭水潭、王碧蕉的作品。

民文學」的討論中發現[7]。但是若不只是簡單的否定，或是委婉地納入文學史的敘事中，歷史學家林瑞明所說的「騷動的靈魂」的存在，讓我們可以更進一步探討戰爭與文化之間的複雜關係[8]。

　　從後見之明來看，兩次世界大戰作為世界史的重要事件，在世界各地都觸發了不少知識分子思考戰爭的意義，同時也往往產生了重新思考「文化」議題的歷史契機[9]。在日本統治臺灣的歷史過程中，經歷了兩次世界大戰。不論是第一次世界大戰戰後，或是第二次世界大戰的戰中，也同樣觸發了臺灣知識人對於戰爭的思考。作為一個「世界史的」歷史性時刻，在這樣的歷史契機中，思索著臺灣在歷史當下的狀態。「文化」成為突破這種狀態的思想嘗試，並進而形成一個相對於政治、經濟等其他社會基本範疇的獨立領域。第一次世界大戰後，「文化」以新造詞在臺灣登場，是作為表現或者期待一個與以往的狀態不同的、朝向未來的「現在」，一個進入到新的歷史階段的語言符號。在第二次世界大戰中，大戰本身被認為是一個世界史的歷史契機，一個新的歷史階段正在形成，從而「文化」也在這樣的契機中，再次變成一個主題。吳新榮在〈獻給決戰〉中，最後以「啊！這

7　重新檢視「皇民文學」涉及的身分認同議題之複雜性，可參見一系列關於周金波、陳火泉的研究。

8　林瑞明，〈決戰期台灣の作家と皇民文學──苦悶する魂の歷程〉：大江志乃夫(等編)《近代日本と植民地6──抵抗と屈從》(東京：岩波書店，1992)，頁235-261。

9　世界大戰對於思想的影響，乃至觸發了各種改造方案，在第一次世界大戰後，幾乎是一個世界性的現象。例如在歐洲反省「(歐洲)文明」的危機(Edmund Husserl)，或是「歐洲如何可能」(Paul Valery)，或是「民族文化」的危機(中國、印度)，甚至是「近代」本身(戰間期日本)等等。思想上的反思活動，同時也伴隨著政治上的改造，例如促成既有的帝國(imperial state)其政治形式的改造，乃至跨國組織國際聯盟的成立。

一戰，大東亞之戰／新秩序的建設、新文化的創造」結束，雖然是在既有的戰爭論述設定的論述空間中，使這樣的想法得以呈現。然而吳新榮將戰爭開啓的歷史契機跟「新文化的創造」聯結在一起，進一步顯示「文化」不單只是戰爭動員的手段，更是戰爭的目的，一個具有時間意識自覺的新歷史階段的創造。

　　本文首先透過對〈獻給決戰〉文本的詮釋，分析其中呈現之以臺灣爲中心的泛亞細亞主義空間想像，「文明—民族」爲中心的地緣政治，以及對於新歷史階段的企望。接著分析此一文本的誕生過程，並討論吳新榮所鑲嵌於其中的同時代論述空間，以及在文本中反映的臺灣思想史系譜。

一、空白的第四期與歷史的瞬間

　　吳新榮在晚年發表的〈新詩與我〉一文中，將以往自己的文學活動與作品分爲三期，並以之作爲詩稿分卷的依據[10]。這三期分別爲青年時代於東京留學階段的「浪漫主義期」、1932年返臺後至二次大戰結束期間壯年時代的「理想主義期」、以及之後的老年時代的「現實主義期」。其中第二期的「理想主義期」是吳新榮自日本回臺以後至臺灣光復這一段時期的作品。這一時期吳新榮與朋友組織青風會，進一步發展成「鹽分地帶時代」文學社群，參與了全島性的文藝社團的活動。吳新榮對這一時期作品特色的說明是「我內心已藏有理想主義……這時代的作風比較意氣揚揚」，對外「公然宣言我們愛好自由、鄉土及藝術」，對內「就是糾合熱情的文化人，建設明朗的生活，把握健康的人生，而對立於阿諛強權之輩及低級趣味的黃色奴

10　吳新榮，〈新詩與我〉，《琅琅山房隨筆》（臺北：遠景，1981），頁171-174。

才」[11]。這一次的作品整理，應該是吳新榮過世(1967)之前，對自己
的文學活動完整的回顧。

〈新詩與我〉發表前20年，在戰爭的高峰期時，吳新榮也曾整理
過自己的作品，給予分期分類，並賦予各階段的特色。1943年7月，
吳新榮開始整理過去所寫的詩稿，打算集印爲《震瀛詩稿》出版。在
日記中，吳新榮表示：「因爲現在正好是從一時代轉換另一時代的分
界，而且自己的詩境已到了窮地，正好告一段落」[12]。同時將自己文
學活動與作品分爲四期：「第一、搖籃期—東都遊學時代。第二、前
期—鹽分地帶時代。第三、中期—臺灣文學時代。第四、後期—。」
整理詩稿的當時，則是「現在是第三期，故第四期尚未可知」[13]。

在日記中，吳新榮提到了「現在」處於時代轉換的分界，自己也
在自省「詩境已窮」之後，期待「另一個時代」的到來。這樣的時代
自覺，反映在吳新榮對自己文學發展階段的分期。這一個被吳新榮有
意識地設定的時代轉換，是一個在第三期的「臺灣文學時代」之後的
階段，也就是在日記中寫的「第四期」，雖然「尚未可知」，但已經
意識到了一個即將到來，但還沒有命名的階段。

吳新榮提到的第二期鹽分地帶，是他在1932年返臺後，以鹽分地
帶同仁而活躍的時代。第三期「臺灣文學時代」則是指自己也擔任編
輯委員的《臺灣文學》雜誌時代。《臺灣文學》雜誌於1941年由前臺
灣文藝聯盟成員張文環、王井泉、黃得時等人成立的啓文社所出版，
在當時被認爲是與日本人文學家西川滿主編的《文藝臺灣》立場對立
的文學雜誌。由於總力戰動員統合的強化，1943年底在「臺灣文學決

11　吳新榮，〈新詩與我〉，頁174。

12　吳新榮，《戰前日記》（臺北：遠景，1981），頁145。1942年7月1
　　日。

13　同上註。

戰會議」(11月12、13日)後，《臺灣文學》與《文藝臺灣》被合併，改名爲《臺灣文藝》，改由臺灣奉公會發行。吳新榮在參加臺灣文學決戰會議時，在日記中寫下：「在時局決戰下，此會議具有歷史意義，爲了戰爭，文學不得不奉獻決戰的決意」。但同時對於文學雜誌合併也感嘆並思索著：「文學之路值得走下去嗎？」[14]

　　若《臺灣文學》的消滅，意謂著吳新榮數月之前對於自己詩的文學活動分期中，第三期的結束。而這同時也宣告了未命名的第四期的開始。1943年底到1945年戰爭結束前的階段，剛好是決戰期的高峰。〈獻給決戰〉一詩，即是在這樣的一個時代轉換的當下發表。雖然在臺灣文學決戰會議後，吳新榮曾經感嘆此後的文學之路何去何從。但是很明顯地，次月(1943年12月6日)在《興南新聞》文藝欄的「筆劍進軍」專欄中發表的〈獻給決戰〉，似乎已經爲決戰期自己的文學之路，找到一個方向。

　　這一個未命名的分期，指出了一個曾經存在過的歷史可能性的瞬間。戰後的重新分期，使這一個吳新榮特別劃分出來的短短一年多的決戰期消失了。然而戰後的重分類並不必然意謂著對於戰前歷史的消除。就吳新榮最後的分類來看，「理想主義期」一直延續到戰爭結束。將決戰期的未命名的「第四期」也包含在「理想主義」的分期中，這倒是爲我們指出了閱讀〈獻給決戰〉，撥開表面呈現的時局色彩迷霧外，進一步可以探究的方向，一個在決戰期共時性的世界史論述空間下，一些臺灣思想史歷時性主題的延續與發展[15]。

14　吳新榮，《戰前日記》，頁148。1943年11月12日、13日。

15　到底吳新榮所言的「理想主義」是什麼呢？由於吳新榮沒有特別說明，因此只能根據他自己的行動來加以歸納。首先，作爲大正期成長受教育的知識分子，吳新榮如同同時代的人，多少受了大正教養主義的影響。在臺灣接受中等教育的吳新榮大概也與稍早於他的王白淵、

二、在新高山上

　　既有的決戰時期的文學研究，多集中探討皇民文學形成過程中的認同政治問題，在最終變成日本人的可能性與不可能性中，尋找臺灣人集體認同的位置，並且試圖辨識在民族認同的這個身分範疇上，出於自願或者他力的認同變遷程度。這些研究，不論是強調國家政策、文藝政策、書籍流通與閱讀經驗等物質基礎之結構層面分析，或是針對文學家美學經驗、文學活動歷程、乃至戰時生活的再現經驗等行動者層面的分析，大致上都是在繪製「成為臺灣人，或者日本人」，乃至「或者都是」的民族認同的意識地表形構[16]。換言之，戰時臺灣的文化史，一方面作為自1920年代以來逐漸成形的臺灣民族主義的文化實踐形式的延伸。另一方面則是殖民者針對帝國臣民的國民形成同化要求中，異民族(臺灣人)與國民(日本人)兩種不同身分範疇差別待遇

（續）————————————————

　　謝春木一樣，在學校接受了德國哲學「理想主義」的洗禮。如果，謝春木與王白淵，從這一個謝春木稱之為「帝國主義的思想武器」的觀念論出走的方式是向左轉，那麼吳新榮則是在經歷了20年代末至30年代向左轉的階段後，於戰爭期間，在觀念論的基礎上，構想在戰爭契機中所展開的未來的歷史烏托邦。再者，30年代吳新榮在文學活動中，展現了其左翼的社會意識，而在稍後的政治參與中，也以改革社會作為其參與公共活動的理想。因此或許我們可以推測，吳新榮的「理想主義」是包含了觀念論的倫理學，以及受到左翼思想影響的社會發展的歷史唯物論。關於王白淵與謝春木的思想轉變，參見柳書琴，《荊棘之道：臺灣旅日青年的文學活動與文化抗爭》(臺北：聯經，2009)。吳新榮之左翼意識形成史的讀書分析，參見河原功，〈吳新榮之左翼意識：關於「吳新榮舊藏雜誌拔粹集(合訂本)」之考察〉，《臺灣文學研究集刊》4，2007年11月，頁123-197。

16　晚近的研究，請參見Leo T.S. Ching, *Becoming "Japanese": Colonial Taiwan and the Politics of Identity Formation*, Berkeley: University of California, 2001.

的時間政治（作爲異民族不平等的「現在」與作爲國民平等的「未來」），在戰時極端化的發展及其克服[17]。殖民統治的時間政治，被轉換成統治者與被統治者的身分認同的差別，殖民統治意識型態設定的時間上（歷史階段）的差別，變成了空間上（民族文化）的差別。

如果決戰期的意識型態，是指日本帝國企圖在世界史的歷史進程中，透過空間上的回歸（東亞、黃種人、被殖民者、乃至「日本」），在時間上克服以西方爲中心的「近代」，進入一個在「近代」之後的新世界史階段，以求「東亞永遠之平和」（大戰詔敕）。那麼在這戰爭的世界史歷史哲學的論述空間中，就不單單只是存在著「變成日本人」（或者「皇民化」）由上而下的帝國國民統合政策，以及在這個過程中被殖民者由下而上的抵抗與協力過程中，集中在民族認同政治的議題而已。戰爭，不僅突出了各種空間性的符號，例如大東亞圈、日本帝國、新秩序、皇民、日本精神，同時也刺激了對於時間的世界史歷史性的自覺[18]。

吳新榮〈獻給決戰〉一詩，若與既有的同時代著重於民族認同政治的文本相互比較，則清楚地顯示了對於戰爭的世界史歷史性時間意識的自覺。〈獻給決戰〉一開始，「地軸不斷地在旋轉／歷史永遠在

---

17 殖民地的時間政治，晚近成爲許多學者探究的一個方向，駒込武提出了「作爲思想的近代」與「作爲文明的近代」之間的差別。陳培豐則是討論臺灣人如何在「同化於民族」與「同化於文明」兩種不同的「同化」所形成的時間政治中，建立自己的主體性。另外吳叡人則是以「差序式吸收」來說明日本在國家建構與國民形成之間的時間差。參見，駒込武，《植民地帝国日本の文化統合》（東京：岩波，1996）；陳培豐，《「同化」の同床異夢：日本統治下台湾の國語教育史再考》（東京：三元社，2001年2月）；吳叡人，〈福爾摩沙意識型態：試論日本殖民統治下台灣民族運動「民族文化」論述的形成（1919-1937）〉，《新史學》17：2，2006年6月，頁127-218。
18 子安宣邦，《「近代の超克」とは何か》（東京：青土社，2008）。

繼續」，在未直接明言戰爭的同時，把世界歷史的永恆發展，提到前面。戰爭，即將被歷史性的理解。

〈獻給決戰〉全詩分三段，第一段強調臺灣的地理位置，一個空間性的安置，呈現臺灣四周環繞的地理特徵：東為太平洋，西為亞洲大陸，北為日本群島，南為熱帶馬來群島，在這樣的地理空間中，「啊！這個島，我們臺灣／東亞的中點／八紘的關門」，臺灣位處正在發生的世界史事件的關鍵位置。

第二段則是把這一個物理性的空間位置歷史化，指出了臺灣地理位置所在的太平洋四方，曾經有過的歷史經驗。吳新榮以太平洋對面的麥哲倫海峽、巴拿馬運河，太平洋南端的澳大利亞，以及北端的阿留申群島四個地方象徵性的呈現近代西方對外的帝國主義擴張歷史。同時作為「我」的吳新榮，站在臺灣，在朝東方面向太平洋的位置上，將以太平洋為中心的周鄰地理，變成了再現世界史中西方帝國主義擴張的歷史地理。從第一段到第二段的發展，是一個從客觀的地理空間變成歷史性行動所累積而成的歷史地理空間的發展。臺灣在這一個歷史地理空間中，也從亞洲大陸的附屬島嶼，轉化成當下世界史事件展開場所的太平洋的島嶼，從大陸進入海洋，「啊！這汪洋的太平洋／新時代的搖籃／新世紀的祭壇」。

第三段則是以太平洋島嶼上的煙硝，將戰爭象徵性地帶入。而此一戰爭，在前兩段發展出來的歷史地理空間中，被設定成是亞洲各古老文明—民族結盟再起的契機。在這一個世界史事件的戰爭中，在亞洲古老文明所代表的「勤勉」、「勇敢」、「信仰」、「天神」等精神性力量的結合下，即將克服之前以物質發展為核心的世界史階段，一個西方資本主義發展與帝國主義海外擴張的「近代」。最後吳新榮並具體的強調了「這一戰」，亦即「大東亞之戰」的歷史性意義，「新時代」與「新世紀」正在太平洋這個歷史性的空間中展開，「新

秩序」與「新文化」即將在克服西方近代的世界史事件中建設與創造。新的歷史契機，即將在歷史性的世界史事件的戰爭中，改寫以前歷史所累積下來的歷史地理空間，並超越前此累積下來的西方的、物質的「近代」，進入到一個在「近代」之後，以亞洲文明的復甦，民族平等的結盟、以及精神力量勝利的新世界史階段。

　　吳新榮在這首詩中，以作者「我」的立場，在各段中「站在新高山頂」上，分別「在思想」、「在眺望」、與「在呼喊」。如果第一段的「在思想」，意謂著建立在地理上「以臺灣爲中心」的思考。第二段的「在眺望」，則「我」的視線明顯的是面對著太平洋。最後在第三段，站在新高山頂「在呼喊」，則是進一步的召喚在亞洲的各古老文明—民族的結盟，包含了「黃帝子孫」的漢人(包含臺灣人以及吳新榮自己在內)，「成吉思汗後裔」的北方蒙滿游牧民族，「釋迦子弟」的南亞民族，以及「天神子孫」的日本人。在這三段中，「我」從靜態的思考，到視線投射遠方的眺望，到呼喊的發展，從個體「我」的內在出發，到透過「我」的視線延伸至敵性他者(英、美在太平洋的歷史據點)，並進而召喚在個體「我」背後的那些在近代西方帝國主義支配陰影下共同命運的友性他者(亞洲古老文明—民族)，以形成一個新的集體連帶。

　　而「我」所在的位置新高山，不單只是象徵著臺灣而已。「站在新高山頂」召喚新歷史可能性本身，是一個充滿象徵性的行動。事實上，沒有哪一個臺灣地景，比「新高山」具有更多重的歷史意義了。「新高山」的命名本身，象徵著近代日本帝國在亞洲擴張的起點，也就是殖民地臺灣的獲得。1895年甲午戰爭後，臺灣變成日本第一個海外殖民地。1897年，經初步的地理調查後，發現原來臺灣原住民鄒族稱爲「Pattonkan」，或是臺灣漢人音譯爲「八通關山」，或是以形意紀錄爲「玉山」，在西方的地圖上則標示爲Mt. Morrison的山，是帝

國領域內海拔高度最高的山，因而明治天皇將之重新命名為「新高山」。地理空間的命名，從來就是一個權力在地表施作的刻痕，19世紀中葉，當英國皇家地理學會完成地圖上臺灣島的海圖繪測，並將Pattonkan依「發現」此山的美國海軍船長之名命名為Mt. Morrison時，臺灣已經象徵性地進入了西方的「近代」。日本統治臺灣後的「新高山」命名，在地圖上改寫了西方命名。新的命名，意謂著日本在東亞區域的興起。最後，在這樣的歷史背景下，吳新榮此一詩所呈獻的「決戰」，不是指1937年的中日戰爭，而是指1941年12月8日，在「攀登新高山」的開戰命令中，展開的太平洋戰爭。決戰時期的帝國意識型態，於再一次呼喚「新高山」之名的這個歷史時刻，不只是複誦帝國領臺初期已經改寫過的地名而已，而更是要創造新歷史。而帝國也將從與西方強國比肩的狀態，更進一步地超越西方。吳新榮詩中的「我」，立腳在這一個覆蓋了好幾層意義的「新高山」上，不是一個偶然的選擇，而是歷史的必然。

三、時間，或者空間；歷史，或者民族

　　仔細閱讀吳新榮的〈獻給決戰〉，如果放在當時的決戰時期言論空間中來看，其所呈現的歷史性，並不在臺灣人如何變成日本人的時間政治上，而是在世界史的時間政治上。這一點，讓吳新榮與同時代的皇民文學產生了明顯的區別。

　　從1941年周金波〈志願兵〉開始到1943年王昶雄的〈奔流〉、陳火泉的〈道〉，這些代表作使「皇民文學」成為決戰時期臺灣文學的標誌。不論作者們在皇民文學中想要表現的協力／屈從要素，或是戰後學者們在皇民文學中想要汲取的抵抗（積極的要求一視同仁或是消極抗議）要素，都還是在強調民族寓言或是民族敘述中，複製「日本」或「臺灣」的空間性意涵。吳新榮的〈獻給決戰〉則是少數臺灣

文學家在空間性之外，試圖把握決戰的歷史性的時間意義作品。即便在〈獻給決戰〉中，吳新榮在第三段中召喚著各個亞洲的古文明—民族，似乎是呼應了當時大東亞共榮圈的帝國意識型態中東亞各民族團結在日本的領導下，反(西方)帝國主義的(日本)帝國空間意識。然而決戰本身，被當成一個世界史事件，將歷史帶向一個新的階段。戰爭對於吳新榮來說，不只是民族認同的身分政治而已，更重要的是新歷史的產生。

時間在〈獻給決戰〉中，不只是如同別的文學作品中的敘述性時間，只是鐘錶時間或是編年的數量單位，充當情節發展背景(如同皇民文學中周金波〈志願兵〉的「我、明貴、進六」，王昶雄〈奔流〉中的「伊東、林柏年」，陳火泉〈道〉中的「陳君」等主角們的自我意識成長與認同轉換的發展)。相對的，時間就是該詩的主題，一個本身具有質量的世界史的時間透過決戰展開。

吳新榮對於臺灣人的民族身分的處理，在〈獻給決戰〉中，則是為其留下了曖昧不明的位置。在第三段召喚華夏民族、蒙滿北方草原游牧民族、印度民族、以及日本天孫民族時，臺灣人是作為「黃帝子孫」呢？還是「天神的子孫」？站在新高山頂面向太平洋，呼喊在自己周邊的亞洲各古老文明—民族的「我」，似乎又同時與「黃帝子孫」以及「天神子孫」有所區別。「我」雖然曾經是黃帝子孫的一員，但現在卻不是。正在進行中的皇民化運動，似乎也沒有讓臺灣人的「我」變成了天神的子孫的成員。作為臺灣人的「我」在〈獻給決戰〉中，雖然站穩在新歷史的發動點與中心位置(新高山)，但卻以一種既在其中，又在其外的曖昧位置，在新的世界史契機中，保持「我」所代表的臺灣人身分。在近代處於一種非國家社會(non-statist society)的存在樣態的臺灣人，在1920年代形成了集體身分認同的範疇之後，到了戰爭時期，既沒有因為國家的戰爭動員，就被國家透過

國家作爲行動主體的戰爭所吸收，也沒有回歸到一個黑格爾主義式的前政治階段的民族的範疇中。吳新榮似乎重新賦予了一個原來在以國家(作爲理念或是作爲實體)爲行動者的世界史中並沒有位置的非國家社會(＝臺灣)，一個在新的世界史中的位置[19]。

　　在戰爭動員的高峰期中，吳新榮以時間取代空間，以歷史取代民族，但同時又保留一個既不是日本也不是中國的曖昧的臺灣人位置。然而這並不意謂著吳新榮採取一種消極的等待歷史的發展，接受外力歷史發展的結果，而是期待著在世界史事件的決戰所開啓的歷史契機中，「我」與「我們臺灣」的新秩序與新文化，指向一個與現在歷史階段不一樣的末來。而這樣的態度，也說明了吳新榮在詩中對於「新高山」的挪用，在新高山這個場所累積的重層歷史經驗中，再一次地賦予新高山新的歷史意義。

四、哪一個戰爭

　　吳新榮的〈獻給決戰〉中的戰爭，如本文前面所述，是指太平洋戰爭。根據學者的研究，吳新榮對1937年的中日戰爭，跟1941年的太平洋戰爭，呈現了不一樣的態度，有很明顯的心境上轉折[20]。他從一

19　大致上，黑格爾在歷史哲學與法哲學中，設定了以市民社會爲基礎的近代國家，作爲世界史合法的主體行動者。自由是精神在世界史中自他分離結合鬥爭辯證地向上向前展開，成爲主體的軌跡。國家是歷史發展最終的主體，而民族既是前國家的，同時也是前政治的。非國家社會的存在，就變成了一種黑格爾世界史概念下的前政治與前國家的範疇。吳新榮或許並沒有在戰爭中產生這種哲學介入的意圖與能力，但是詩人的直觀，卻讓他變成了一個反黑格爾主義的黑格爾主義者。這個面向，或許也提供我們思考爲什麼吳新榮將自己戰前文學活動與作品歸類爲「理想主義」的可能來源之一。

20　陳翠蓮，《台灣人的抵抗與認同》(臺北：遠流，2008)，頁249-264。

個在歷史之外的被動接受者，變成在決戰中看到了創造新文化的歷史契機的行動者。〈獻給決戰〉可以看成是在太平洋戰爭爆發後，吳新榮對於戰爭態度轉變後針對戰爭意義的思考逐漸累積而成的最後文本。

從1932年回到故鄉臺南佳里開業，吳新榮在1936年底，於日記中總結自己截至當時的「行事」時，寫下：「一九三六年將過矣，我這一年的行事實不少。第一進出臺灣文壇，第二步入社交界，第三獲得政治的地盤。」[21]從第二年1937年中日戰爭爆發後，吳新榮大致上即在這三個屬於「公」的領域，被編入了日本殖民政府戰爭動員體系的地方末端，直到1945年日本戰敗[22]。

雖然1937年中日戰爭爆發時，吳新榮在當天的日記上短短寫了「正義如不滅，良心遍世界」[23]。但是作爲地方領導者，吳新榮與其家人，自然地被編進戰爭動員體制。從1937年10月開始，吳新榮參加了佳里防衛團、軍機獻納會、國民精神總動員佳里分會，並擔任幹部。夫人毛雪芬則是參加了愛國婦人會與佳里婦人會。這段期間，吳新榮也顯露被歷史捲進去，不得不配合的態度，在日記中寫著「時時都去服務集合，以爲銃後大眾的指導者。免講如何，這是時勢，這是潮流」，以及「人人都有部伍，人人都順時勢」等感想。

這段期間，吳新榮也常常感嘆自己生活的墮落。在「時勢」之下，非但採取了一個消極配合的立場，這樣的心態，也反應在自己生活的改變上。相對於中日戰爭爆發前，明朗、充滿活力，立身出世與社會關懷並行的吳新榮，在中日戰爭爆發後，在日記中呈現的，卻是

21　吳新榮，《戰前日記》，頁41。1936年12月31日。

22　近藤正己，《総戰力と台湾：日本植民地崩壞の研究》（東京：刀水書房，1996），頁195-254。

23　吳新榮，《戰前日記》，頁49。1937年7月7日。

一再地退卻，在「娛樂、交際、與時勢」的目的下，「日日都打麻將食燒酒」，從而一再地感慨自己生活的「完全墮落」的吳新榮。最能代表吳新榮此時心境的，大概就是1938年他在日記中寫下的感想：「我們的矛盾混亂愈來愈深，一切只待歷史的奔流來解決？我們靜的行動只待外力而得動的前進。」[24]

　　日本帝國在此時強化總動員體制，建設高度國防國家。國家深入社會各領域，不論是內地或是殖民地，在總動員體制下，物質與人力皆朝向高度管理化發展。吳新榮身為地方領導者，日常生活深深的嵌入動員體系的地方末端。在戰時社會之下，曾經以「畸形的生活」作為被動的「無形的抗議」的吳新榮[25]，到了1940年中，也開始改變對於動員體制與戰爭的想法。在此時的日記中，他多次寫下了自己心境的轉換：「在這地球的苦惱時代，豈能獨吾安然？無論對世界有任何細微之點，都應去貢獻」（6月11日），「防空演習……連愚直的民眾也漸漸組織化。吾人感受到東洋大胎動，世界大轉折的空氣」（7月6日），甚至在美日逐漸交惡時，吳新榮理解到「作為日德義同盟之應理解事物，要覺悟今後的敵國是美國與英國，從而，我臺灣成為最重要的地區之一矣」（10月3日）[26]。

　　1941年8月10日，吳新榮在日記中寫著：「一個人坐在書房中，無所事事望南壁的地圖。終於理清思緒，完成『臺灣中心說思考』。」[27]以臺灣在東亞的地理位置，羅列了十則臺灣在東亞與太平洋區域中的地理環境特徵與地緣政治特點。〈獻給決戰〉詩中第一段

24　吳新榮，《戰前日記》，頁62。1938年1月16日。

25　吳新榮，《吳新榮回憶錄》（臺北：前衛，1989），頁142。

26　《吳新榮日記》第五冊，引自陳翠蓮《台灣人的抵抗與認同》，頁255。

27　吳新榮，《戰前日記》，頁112。1941年8月10日。

呈現臺灣在東亞與太平洋地理位置的構想，大致上在1941年中就已形成。同年12月8日，日本攻擊珍珠港，太平洋戰爭爆發當日，吳新榮在日記中寫著：「該來的事終於來了」，「這是前史所未有的決定性大事件，人人痛感，故極度緊張」，「地域性的戰亂終於擴大成世界大戰」。[28]雖然並非意料之外，吳新榮感受到的「緊張」，是此一決定性事件「前史所未有」，意識到了現在是處在一個世界史的轉捩點，這種「緊張」感，類似同時代的日本知識人對於美日開戰所感受到「知的戰慄」的「特殊時點的感覺」[29]。1942年12月9日為「大東亞戰爭」第一週年紀念，吳新榮在地方上奉公壯年團舉行的「曉天動員」中，演說時局[30]。吳新榮在演講中提到：「南至澳洲雪梨一帶，白人的白澳主義迷夢已被黃色人種打破，北至阿留申群島的攻略，使北美洲有史以來頭一次看到東亞人的腳印」，並且在結論中強調「面對人類歷史大轉變時期，不站起來打的民族是墮落，不站起來打的國家將是落伍」[31]。〈獻給決戰〉第二段西方帝國主義在太平洋南北活動的歷史地理，以及第三段亞洲古老文明—民族的興起的泛亞細亞主義，似乎也可以追溯到作品發表一年以前的公開演說。

吳新榮對於戰爭態度的轉變，從中日戰爭爆發後的消極，逐漸轉變到太平洋戰爭後，在臺灣中心論的地緣政治思考中，反西方帝國主義的世界史歷史意識的自覺中，正面地思考決戰所帶來的歷史可能性。原先作為外在力量的「歷史」，變成了自己也可以積極參與創造

28　吳新榮，《戰前日記》，頁118。1941年12月9日。

29　竹內好，〈近代の超克〉，《日本とアジア》（東京：筑摩書房，1966），頁162-174。

30　吳新榮，《戰前日記》，頁136-137。1942年12月9日。

31　此處引用的片段演講內容，吳新榮發表在〈未寄出的信〉中，為當時還未成為第二任妻子的林英良聽完吳新榮演講後的複述。吳新榮，〈未寄出的信〉，《亡妻記》（臺北：遠景，1981），頁105。

的「歷史」。

五、新歷史的企望

如果把〈獻給決戰〉一詩當成吳新榮自己的文學活動乃至思想的發展累積，在決戰期所顯露的地表，其地表下的地層則必須進一步地放在更大以及更早的歷史脈絡中來理解。

吳新榮對於戰爭的理解，表面上似乎呼應了當時官方的戰爭宣傳，呼應了作爲「總力戰」一環的「思想戰」。此一思想戰的特徵，是日本領導有色人種，團結被西方殖民的亞洲各民族，反抗西方帝國主義，遮蔽日本自己在東亞的擴張與侵略，弔詭地變成一種反帝國的帝國主義(anti-imperial imperialism)。然而，這裡我們不能忽略的是從中日戰爭爆發後，帝國本身建設新體制的改造過程中，對內從動員體制的建立開始，透過國家對社會各領域的介入與管制，在消除西方資本主義弊病的同時，希望維持資本主義式的高度發展，建立一個沒有資本主義的資本主義國家。對殖民地的統治，則是將「非國家社會」的「外地」進一步國家化，強化朝向國民國家帝國的統合[32]。對外則是從東亞協同體開始，朝向一個多民族國家的沒有帝國主義的帝國的發展，試圖以道義克服西方強權，並建設一個和諧亞洲(東亞永遠之平和)的企劃。這些計畫的完成，在思想上，必須要超越截至當時爲止的世界史階段，超越以西方爲中心的「近代」，進入一個在「近代」之後新的世界史階段。

吳新榮發表〈獻給決戰〉的1943年，「近代超克」與「世界史立

32　近代日本帝國的歷史發展過程，歷史學者山室信一認爲是一個朝向國民國家帝國的發展過程。參見山室信一，〈國民帝國日本的異法域統合與差別〉，《臺灣史研究》16：2，2009年12月，頁1-22。

場與日本」兩個重要的思想史事件座談會也出版了單行本。雖然這兩個網羅當時代表性日本知識分子的座談會，是在更早的時候召開，對談紀錄也於1941年底至1942年分別在《文學界》與《中央公論》上發表。這兩個座談會代表日本在總動員戰爭中思想戰的一環，它們一方面似乎呼應了日本的戰爭意識型態，另一方面同時也激發出許多值得深思的問題[33]。本文不打算在此深入討論這兩個座談會的思想，但是藉由在其中呈現的時間性與空間性之核心議題，可以幫助我們更清楚地解讀吳新榮的〈獻給決戰〉。這兩個核心議題是：「近代」（時間性）與「民族身分」（空間性）之間的衝突與解決，以及世界史的歷史哲學（時間性）與地緣政治（空間性）的對立與統一。對於參與座談會的日本知識分子來說，「日本」幾乎是一個前提性的存在。戰爭則是被當成開啓了解救（西方）資本主義病灶，抵抗西方帝國主義「歷史」，乃至凝聚「道德能量」的東方以克服物欲橫流的西方之歷史契機。吳新榮接受了世界史的新歷史可能性，也認同以道德爲中心的泛亞細亞主義的結盟，甚至以之作爲對抗西方帝國主義的資源。然而，吳新榮並沒有將「日本」──不論是作爲國家的日本，或是作爲民族的日本──當成新歷史的前提。在〈獻給決戰〉中，「我」（臺灣）、「黃帝子孫」（中國）與「天神子孫」（日本）是並立的。在生活中，吳新榮被鑲嵌入殖民地戰爭動員體制的地方末端，但是在思想上，吳新榮則是在這一個同時代的戰爭所開創的論述空間中，如同約略與其同時代的日本知識分子竹內好火中取栗般地，在戰時的意識型態籌火堆中點撿出異調的思想，從時潮的內部出發，找尋新的歷史可能性[34]。對於

---

33 這兩個座談會以及歷史脈絡的思想史分析，參見Harry Harootunian, *Overcome by Modernity: History, Culture, and Community in Interwar Japan* (Princeton: Princeton University Press, 2000).

34 關於竹內好的研究，請參見Richard Calichman, *Takeuchi Yoshimi:*

歷史(時間性)與民族身分(空間性)之間的衝突，在殖民地臺灣的場合中，吳新榮的〈獻給決戰〉並沒有如同當時皇民文學的作品一樣，在臺灣人與日本人兩種民族身分之間徬徨。反而在參與歷史的創造中，從世界史事件的戰爭所打開的空間中，看到了創造一個在現在之後的新文化的可能性，變成具有意識自覺的歷史性行動。

在〈獻給決戰〉中，吳新榮強調臺灣在泛亞細亞主義地緣政治的中心性，以及把「文化」當歷史實踐的目的，即將在下一個階段中展開其歷史性的存在狀態，這兩個要素，事實上也是自1920年代以來，臺灣的反殖民運動的思想史主題。在第一次世界大戰中成長起來的臺灣反殖民運動，強調臺灣是「世界的臺灣」(黃呈聰)[35]。或是，強調臺灣是東亞的和平關鍵，而東亞和平進一步是世界和平的關鍵(蔣渭水)[36]，或是同時強調日本在戰後亞洲復興運動中的領導者角色，以及臺灣在日本帝國改造中的位置(陳逢源)等。至於「文化」作為具有時間意識的存在狀態，則需注意到第一次世界大戰後，「文化」成為流行語的同時，被臺灣知識人作為改造運動的一環而採用。「文化」新詞在這個歷史過程中登場，意謂著「新」、「自主性的」、「主體」，既是一個空間比喻的符號，同時也是一個區別歷史發展階段的時間概念[37]。在時間概念上，幾乎等同於近代性的同義詞，強調「現

(續)—

Displacing the West, Ithaca: Cornell University Press, 2004.

35　黃呈聰，〈文化運動〉，《臺灣民報》5，1923年8月1日，頁3。

36　參見蔣渭水，〈臨床講義〉(1921)、〈文化協會創立經過報告〉(1921)，乃至在1924年治警事件法庭上的答辯詞，轉引自黃煌雄，《蔣渭水傳》(臺北：時報文化，2006)，頁56-62。

37　1920年代初，「文化」突然之間成為一個廣泛流通的新詞，幾乎用在所有的新生事物、制度、現象作為前置詞，例如新的殖民政策「文化政治」、洋式住宅「文化住宅」、當代資本主義經濟「文化經濟」。當時援引新康德主義詮釋文化主義，陳逢源是主要的理論家，參見陳逢源，〈文化の普及と創造〉，《臺灣》4：7，1923年12月，頁34-

在」，與前此的階段劃分開來的新的歷史階段。當時一些以文化爲前置詞的用語，具體的表現了「文化」作爲一個新階段的符號所內含的時間概念[38]。而臺灣人的反殖民運動的社團以「臺灣文化協會」的命名，就其活動而言，不論是對殖民者的批判，或是對臺灣人的批判，可以說都是在要求改造現狀(不平等的差別待遇，或是封建迷信)，使臺灣社會進入一個新的階段(平等的與自治的現代政治，與理性的、自主的、具有「人格」的自由意志的主體)[39]。

　　1920年代臺灣人反殖民運動，逐漸形成近代化「臺灣人」的民族身分的要求，政治上雖未必採取從帝國獨立出來，以建構獨立國家爲目的。思想上則可以看成是作爲時間概念的「文化」(＝新時代)所開啓新歷史階段中，作爲空間概念的「文化」(＝「臺灣人」、「臺灣文化」)的自主性的確立。這一新時間的空間化，以自主的、理性的臺灣人的民族身分的成立爲標誌，經過了1930年代的發展，在戰爭初期與皇民化運動碰撞，或是在1940年代初期，在大政翼贊運動容認的地方文化空間中發展，乃至於在隨後的皇民文學中，成爲一個徹底的空間概念，一個在變成日本人之前，連殖民者也不得不確認其存在的

(續)────────────────

38：以及陳逢源，〈人生批判原理としての文化主義〉，《臺灣》4：2，1923年2月，頁40-46。不論是一般流行的新詞，或是哲學詮釋，大體上都意謂著一個相對於啓蒙以前的現在的新狀態，具有「新」、「當代」、「主體的」、「自主性的」意思。時間上是新的現在，空間上則是一個自主的空間隱喻。從歷史層面來看，第一次世界大戰後的「文化」熱，並非臺灣獨有的特例，而是一個世界性的普遍現象。作爲反思戰爭的破壞與新歷史可能性的思想概念之一，當時，世界各地幾乎同時都有表達「文化」意義的本土新詞彙登場。參見Andrew Sartori, "The Resonance of "Culture": Framing a Problem in Global Concept-History," *Comparative Studies in Society and History*, 47(4): 676-699, 2005.

38　陳逢源，〈人生批判原理としての文化主義〉，頁40-46。

39　同上註。

民族身分了。正是在這樣的狀態中，吳新榮〈獻給決戰〉中，除了承認了第一次世界大戰後，將新時間空間化後的「臺灣人」（與「黃帝子孫」、「天神子孫」都不同的「這個島、我們臺灣」上的「我」），更進一步地將「時間」再度帶進來，在世界史事件的決戰所開啓的新時間中，「創造新文化」。

六、結論

本文透過吳新榮〈獻給決戰〉一詩的閱讀，試圖說明存在於表面的歌頌戰爭的時局色彩之外，其所蘊含豐富的歷史意義地層。吳新榮並非不知道戰爭帶來的破壞與痛苦，事實上，其鄉里鄰人與親人，也在戰爭中遭難。但是吳新榮在戰爭的破壞性之外，看到了某些歷史可能性。本文針對吳新榮對於戰爭態度的轉變，在他自己也意識到的短暫瞬間(未命名的「第四期」)的作品〈獻給決戰〉中，進行多層次的閱讀，並以之爲例，分析決戰期臺灣知識人對於戰爭的思考。

〈獻給決戰〉是吳新榮在太平洋戰爭爆發前後對於戰爭本身，以及臺灣在決戰中的位置等問題的思考逐漸累積之後的作品。作品本身，在當時決戰的論述空間中，似乎符合帝國的「大東亞戰爭」戰爭宣傳，以日本爲領導者的泛亞細亞主義結盟，抵抗西方帝國主義，並超越前此由西方帝國主義累積下來的「近代」歷史，進入到一個新的階段，以求東亞永遠之平和。吳新榮的詩中，這些要素都有。但是，吳新榮把臺灣放在這一個由世界史事件的戰爭開展出來的新歷史地理的中心。同時挪用了「新高山」的意義，把觸發世界史事件的戰爭之符號，轉換成未來新歷史的中心。

第一次世界大戰促發了臺灣知識人對於「文化」的時間性與空間性的思考。在第一次世界大戰後，對於改革現狀，進入新歷史的要求中，「文化」作爲時間概念而登場。到了第二次世界大戰，這一個在

第一次世界大戰後出現表述新時代存在狀態的符號，逐漸成為空間化的概念，「文化」變成是不同民族的「文化」，變成了空間隱喻，表述彼此不同的民族身分。戰爭時期的大政翼贊運動中容認的臺灣人地方文化，或是在皇民化運動中，以及皇民文學作品中，產生衝突的民族要素，自願或是他力下的民族認同變遷，都可以看成在第一次世界大戰以後的「新時代」中，「文化」逐漸空間化的延伸影響，從時間變成空間，從歷史變成民族。相對的，吳新榮的〈獻給決戰〉重新將文化變成時間性的議題，在對未來新歷史的召喚中，提出一個非國家的、廣域的、平等的集體連帶，在新的世界史中，創造新的文化。

附錄一

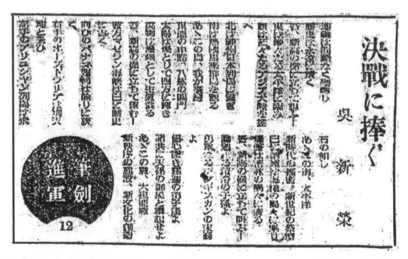

吳新榮，〈決戰に捧ぐ〉，《興南新聞》，1943年12月6日，第2版。

附錄二

吳新榮〈決戰に捧ぐ〉（〈獻給決戰〉）中譯文[40]

地軸不斷地在旋轉
歷史永遠在繼續
我站在新高山頂在思想——
東臨渺渺茫茫的太平洋
西控茫茫渺渺的亞細亞大陸
北繫神州日本群島
南顧熱帶馬來群島
啊！這個島，我們台灣
東亞的中點　八紘的關門

太陽燦然輝耀四方
萬物活潑生機洋溢
我站在新高山頂在眺望——
遠方麥哲倫海峽在歷史上已古老
對面的巴拿馬運河太狹窄
右手澳大利亞別有天地
左手阿留申群島像踏石
啊！這汪洋太平洋
新時代的搖籃 新世紀的祭壇

40　此詩及其中文翻譯，亦收於呂興昌(編)，吳新榮(著)，葉笛、張良澤
　　(漢譯)，《吳新榮選集1》，頁149-151。

煙硝已昇在海洋的各島嶼上
爆炸聲響遍密林每一角落
我站立在新高山頂在呼喊——
勤勉的黃帝子孫呦
勇敢的成吉思汗後裔呦
信仰深厚的釋迦子弟們呦
和天神的子孫相繼站起來呦
啊！這一戰，大東亞之戰
新秩序的建設、新文化的創造

第二章

議題回顧與展望

金艾琳

　　當日本帝國主義以東亞和東南亞爲對象強化擴張時，朝鮮發生了哪些現實的、理念的、抑或感覺的變動？這一問題迄今仍是等待多方闡釋的歷史焦點。在文學研究領域，有關這一時期的研究超越既有抵抗史觀，向更爲複雜、多層的視野拓展的努力，至今已逾十餘年。這種解讀性的新嘗試，企圖批評省察並反問的是，在帝國施行的多種看似不言自明的不正當暴力與壓制中，產生了事實上絕不自明的殖民地現狀，即模糊扭曲的欲望、展望、期待、傷痕、怨恨彼此交相混合的縱橫經緯。研究者逐漸認識，唯有超越將「民族」視爲唯一單位的壓制／抵抗二元論，才可以重新發現並闡明這一模糊的地帶，如此在學界有關此類問題的溝通與共識亦才能成爲可能。當然，在這個過程中，有關現代性的廣泛關注、風俗史觀點、女性研究、後殖民主義、民族主義的批判性省察、東亞論等，均爲此提供了頗具建設性的資源，這已毋庸贅述。

　　在這種研究氛圍中寫出的文章，從狹義的角度來看，大多局限於論述1930年代後期以來殖民地朝鮮或朝鮮人所遭遇的政治、社會、文化狀況。在此基礎上，倘若欲賦予且凸顯此項工作另一個更爲深層的問題意識，亦即去質問在韓國「戰爭」到底具有何種意味？無論是作爲國家間衝突的國際性戰爭，或是作爲一國內部衝突的內戰，對近現代韓國而言，「戰爭」一直是位置與立場不同的「主體」在「體驗國家」、經歷「成爲國民」的過程中，最痛苦而且最關鍵的契機。從歷

史觀點來看，即可發現殖民地時期朝鮮不得不經歷的中日戰爭和太平洋戰爭，可謂清楚展示上述事實的序幕。雖然這兩次戰爭均發生於朝鮮外部，但卻對朝鮮造成極強大的影響力。殖民地朝鮮遭到裏挾而被捲入此次戰爭的過程，不僅「爆炸性」地揭發出帝國統治理論的矛盾與縫隙，亦凸顯了殖民地內部異常複雜的狀況。

　　本論文試圖從兩個層面同時進行考察，因此在考慮分割、移動、分配、配置、予奪等帝國統治術的同時，借助社會人口學的架構，闡明在戰爭啟動後所形成的互不相同、彼此交錯的狀況。當然戰時殖民地人口學架構無法在本文中獲得充分正式地討論，本文力圖強調的只是戰爭對「朝鮮人」所施加的影響並不是均質、同質的這一面向。換言之，雖然這可以被稱為「內部差異」，但是與其說筆者是站在差異的某個特定點上進行考察，毋寧說筆者關切的問題是，帝國統治圈內「差異的結構本身」是以何種方式產生，並得以維繫？本文之所以將這一時期中，圍繞戰爭積極於引導話語並保有眾多感想的知識人集團視為論述對象，考察他們的周邊或其下層民眾，並拉開他們之間距離，讓它現出差異與縫隙，也正是源於上述此種意圖。筆者以為，只有將結構本身立體化，才能樹立起一個基本的構圖，藉此批判性地審察，將帝國主義統治權力和被殖民者的下層主體，置於縱橫頂點的複雜力學關係和張力關係。

　　基於上述構圖，筆者今後的工作將在差異的結構中，朝著最偏僻、最幽暗的地方展開；也就是指，那些即使在再現的場所仍遭遮蔽、處於大多數的、無異於「痕跡」般存在的被支配者。這些被遮蔽的存在之所以重要，並非因為他們是「抵抗」或「被壓迫」的標誌，而是因為無論是帝國統治或國民國家的統治，其歷史總是很暴力。在統治界線上，這些「被遮蔽的存在」展露出臨界點或極限點，由此推動後來研究者不斷質疑他們所遭受的壓制性；與此同時，也促使我們

認眞去思索在殘酷而井然的統治之下，總是遭受背叛、忽視，渴望進入卻無法進入權力領域內部的那種欲望，以及無法被簡單闡明的、永遠徘徊於邊緣的他們的生活。

戰爭景觀與戰場實感的動力學：

中日戰爭時期帝國對大陸的統治與生命政治或者對朝鮮和朝鮮人的配置

前言：戰爭景觀與戰場實感

　　以中日戰爭為契機，日本殖民統治進入了全面變化和強化的局面。眾所周知，在此過程中，殖民地朝鮮被納入了「總動員」體系之中。尤其，1938年朝鮮實行的「陸軍特別志願兵制度」和「總動員法」正式生效，成為了為後來太平洋戰爭爆發後出現的長期戰時體制的高密度、高強度運作，提前做好準備的決定性事件。朝鮮過去一直作為「內地」的異法地區受到統治，然而到了1942年，太平洋戰爭時期，由策劃「世界最終戰爭」、執行政策轉換工作的小磯國昭總督重新配置為「同域圈」[1]。從時間角度來看，中日戰爭時期(1937年7月至1941年12月)就是朝鮮去異法化和同域圈化現象全面化的「前行階段」。但此時在「內鮮一體」的口號下，除了種族和文化的同一性論之外，與軍事和政治義務有關的法律制度也開始啟動，因此這一時期可謂是帝國的同一化戰略執行期[2]。因此，本文欲將上述的「前行階

1　參見Lee Seung-Ill，《朝鮮總督府法制政策》第三部(首爾：歷史批評社，2008)。

2　皇民化運動之下的四大改革包括：將土著宗教和信仰轉換為神道的宗教改革；強調精神上的日本化和日語教育的教育改革；由朝鮮或臺灣姓名改為日本姓名；將殖民地臣民轉為軍事力量。參見T.フヅ

段」以「結構性嘗試」的涵義來使用，並不單指時間上的先後關係而已。中日戰爭和太平洋戰爭這兩場戰爭結構性的連接處，在於帝國面臨了要同時執行被延長的前一場戰爭和新爆發的後一場戰爭的迫切要求；而更重要的是，它涉及了對統治者或被統治者都具有複雜意義的問題，也就是如何能夠使上述要求貫徹執行的一些具體技術（technology）──亦即，適當利用被殖民者而「賦予他們的義務」和「爲賦予該義務而賦予相對權利」。透過1930年代後期到1940年代中期的兩場戰爭，該問題「逐漸浮上檯面」，最後轉化爲「具有支配性意義」的要素。

　　本文將視中日戰爭與太平洋戰爭爲相連接的結構──集中焦點於中日戰爭時期，藉此分析戰時體制下的朝鮮以及朝鮮人「認同政治」的結構。透過此過程，可以詮釋殖民統治現象，以及被殖民者的欲望與不安。透過中日戰爭，朝鮮以及朝鮮人在「大陸性」的層面上被重新組織和配置後，開始陷入「在『日本人化』的可能性和不可能性之間」自相矛盾的結構性困境，然而「動員」的邏輯卻能夠使這一切成爲可能。大規模的「死亡動員」雖出現在太平洋戰爭時期，但已從中日戰爭時期開始作好準備並執行實驗。爲捕捉這項大規模動員的起始和進行的現場，本文將重點性地分析戰爭經驗和戰場體驗這兩個相互關聯的要素。在所謂「東亞」這一地緣政治學的層面，中日戰爭的爆發對於朝鮮的地位和朝鮮人對此一地位的自我意識，出現了決定性的變化。因爲，戰爭不僅被朝鮮及朝鮮人認爲是重要的「機會」，還在現實中起了改變自我意識的作用。簡言之，這場戰爭對朝鮮而言被認爲是擺脫民族主義的框架，借助「東亞」這一強而有力的力量，「可

（續）─────────────────────────

　　　夕二，〈戰下の人種主義〉，《感情、記憶、戰爭》（東京：岩波書店，2002）。

以、也應該」試圖實行嶄新的認同政治的機會；以及，透過參戰「可以、也應該」把握其實現可能性的一個機會。參與戰爭的方法有多方面的可能，而體驗戰場對他們而言，是最爲神聖且具有極重要的性質和意義的。

爲綜合解釋這一時期爆發的戰爭性質，以及捲入其中的朝鮮和朝鮮人的內部情況，本文使用一個特殊術語——戰爭景觀(Spectacle)[3]。根據居伊・德博(Guy Debord)所言，景觀「一般以社會的整體、社會的一部分，以及統一的工具等型態出現，尤其是它作爲社會的一部分時，往往成爲一切視線和一切意識所集中的領域」。而且，現實「在應對景觀的凝視而受到物質侵犯的同時，吸取景觀的秩序，並對該秩序賦予凝聚力」。換言之，「現實源自景觀內部，因而景觀成爲現實」[4]，故而現實與景觀之間具有循環互動的關係。德博將景觀作爲一系列的社會關係，而非作爲單純形象的集合體之觀點，可以應用於了解這一時期朝鮮透過戰爭徹底重構的現實。戰爭本身就是一種景觀，戰場可謂是該景觀中最爲閃亮的核心。在朝鮮大地上出現的戰爭景觀吻合當代人的意識和欲望，提供他們嶄新的現實性和象徵性的關係網，並觸發了在其網絡上的一些實踐。戰爭並沒有在朝鮮內部發生，或者針對朝鮮而爆發，然而它卻比以往任何時期都徹底地重構了朝鮮的內外部。有關戰爭的各種消息和資訊推動了該景觀的巨大潮流，以戰場爲中心的同心圓型態，促進了社會、生活暨感覺的分割和重新配置。

本文最關心的問題，大體有兩點。其一，是與日本及滿洲相互關

3　在部分文脈中，還使用「戰爭景觀社會」。

4　參見居伊・德博(Guy Debord)(著)，Lee Kyung-Suk(譯)，《景觀社會》(Society of Spectacle)(首爾：現實文化研究，1996)，頁10-13。

聯的朝鮮在時局變化過程中，面對「中國」這個另一他者所形成的自我意識和自我重構的問題。這一點透過分析「對戰爭的認識」以及「對戰爭賦予意義」的現象，可以獲得解答。這一時期，對戰爭和戰場的關心擴大爲極爲現實且迫切的問題，諸如在帝國所策劃的東亞秩序中朝鮮將占據什麼樣的地位，爲了占據有利地位朝鮮應做什麼樣的努力等等。在當時的現實語境中若欲了解此問題，其探討核心應在日滿支區域內朝鮮應扮演何種角色，而其中最大關鍵還是在於朝鮮不管採用何種方式都要獲得戰爭的「參與權」。因此，本文的第二節將分析在透過中日戰爭實現之大陸體制的擴張過程中，朝鮮自我認同策略的動向。朝鮮的自我認同策略，基本上在殖民統治當局擴張和重組占領地的設計圖內受到制約，因此朝鮮的地位與其說是自行占有，不如說是被指定。無論如何，欲分析朝鮮在大陸體制中確保其地位的過程，除了「支那」之外，還得考慮另一個地區——滿洲，即最終需要探究朝鮮如何設定與「支那」暨「滿洲」之間的關係。除了當時的現實情況之外，還有複雜的象徵操作也理所當然地介入了這些關係設定的過程。

　　生存在日滿支的夾縫中，朝鮮採取的因應之策是一種被殖民主體的「認可鬥爭」，尤其是朝鮮的知識分子積極響應和服務於緊鑼密鼓進行著的戰爭景觀。這些極爲主動的響應者及其周圍，潛伏著本文要探究的第二個問題。本文的第三節將要分析，從當時的各種意義上來講作爲「壓倒性場所」的「戰場」處於什麼樣的語境下，由誰來決定其方向？這項工作主要透過分析知識階層所生產的話語和活動平臺進行，而透過此過程，本文試圖以間接的方式，對知識階層的意識或實踐進行「相對化（relativize）」。爲進行「相對化」，非得參照他們將他者對象化的軌跡不可。殖民地朝鮮的民眾以互不相同的方式經歷了戰爭，因此其情況也可能並不一致。由於當時社會上只有少數知識分

子擁有想像力和話語力量，因此我們經常面對的問題是，難以了解當時沒有話語權的一般群眾的意識和感覺。譬如，戰爭時期多數普通老百姓的故事大部分被決心積極服務於國家政策的知識分子所省略或者加工，最終被改寫為充滿忠誠的「帝國臣民」敘事[5]。因此，要準確了解情況的複雜性，需要重新審慎反思殖民地話語空間的結構性限制，以及隨之產生的「單聲化」現象。為了以批評的態度分析當時「過於單純化」的情況，我認為需要以當時朝鮮人的內部分化結構和戰爭時期人口配置問題為基礎。如上所述，當時最上層的知識分子積極響應戰爭，有意識地執著於戰場的實感。尤其，隨著前後方配置的相互聯繫和某些接近戰地的小集團之出現，知識分子們看似因此自覺到自己在社會上的存在價值。從這一點上來看，在東亞地區經歷戰爭而出現的各種診斷和展望，所反映出的知識分子集團在「來自帝國的訊息」與「殖民地的現實」當中，往往漠視後者而追求前者的心情和行動力學。

在這樣的問題意識下，本文主要將分析刊登在《朝光》、《三千里》、《人文評論》等刊物的消息(時事新聞、社論、報告、隨筆)和小說。此外，還將參考《博聞》、《東亞日報》、《總動員》等刊物所介紹的文獻，以及當時發行的相關單行本及影像作品。從時間來看，筆者將焦點放在從1937年戰爭初期開始，經過武漢被攻陷之後的「新秩序建設」階段，一直到1940年代末，蘆溝橋事變告一段落的時

5　譬如志願兵的信函、有關志願兵報名情況的報導、戰亡英靈追悼活動。尤其是，1940年2月24日在梨泰院龍山軍事訓練場，為北支戰線戰死者舉行了抗戰爆發後的首次聯合追悼活動。而這項活動與軍犬軍馬追悼活動一同舉行。相關報導，參見〈弔戰歿英靈〉，《朝光》6：7，1940年4月。有關志願兵信函及志願兵報名情況的報導，參見〈槍後義談〉，《朝光》6：3，1940年3月，以及6：7，1940年4月。

期，亦即汪精衛的「支那中央政府」成立，大家開始討論「新體制」建設問題的時期。本文將透過該時期，分析中日戰爭時期的現實和概念的情況，以重新考察在殖民地朝鮮圍繞戰爭景觀和戰場實感而開展的一系列配置、分配、分化等事件所具有的意義。

一、日滿支的連鎖與重生爲「大陸人」

　　正如鶴見俊輔所言，從日本的「十五年戰爭時期」這一占領鏈條的延續線上來看，1937年爆發的中日戰爭是繼滿洲事變之後的第二場戰爭。滿洲事變是日本首次針對中國大陸挑起的侵略行爲，爲長期戰爭拉開了序幕，因此鶴見俊輔認爲這是「1931年開始的中日戰爭」[6]。關於這種長期性、結構性的理解方式，大家可能沒有異議。然而，從被殖民主體對日本殖民統治趨勢的眞實感受和地緣政治學的認知框架來看，自1937年以來出現在朝鮮面前的「汪精衛的支那政府」，是不同於1930年代初以來作爲他者的獨立政體「滿洲國」。正如「皇國日本自明治維新以來，在經過日清戰爭和日俄戰爭這兩場戰爭，一直到今天的滿洲事變和支那事變的過程中，我們加快腳步，邁向了大陸」的認識所顯示，這兩個地區均被列爲「大陸」這一上層範疇，具有明顯的聯繫性和連續性。此外，從更具「正當性」和未來導向性的層面來看，它們被期待成爲建設「日滿支協同體」的核心單位。

　　然而，深深認同東亞協同體模式的朝鮮，認爲抵抗日本的「支那」是一種敵對勢力，也是不能與滿洲國一視同仁的對象。朝鮮之所以有這樣的認識，最主要原因在於「支那」的排日和抗日民族主義。朝鮮對「支那」堅持的排斥態度，從朝鮮對蔣介石政府的中日戰爭所採取的立場中，可以獲得了解。蘆溝橋事件爆發後不到四個月，「支

6　鶴見俊輔(著)，崔永鎬(譯)，《轉向》(首爾：論衡，2005)。

那」失去了幾個主要城市，甚至南京也被攻陷。「支那」是否堅持抗日路線，是1938年前後的朝鮮知識分子極其關注的焦點問題。因為，這個問題關係到「支那會否對日本妥協？」、是否「長時間堅持抗日路線，最終淪落爲一個地方政權」[7]等問題。部分人士表示「支那民族在其血脈裡擁有很強的經得起艱難和痛苦的耐力和抵抗力」[8]，但是這種「具有支那民族特色」的性質，對已經把日本的「大陸展望」加以內化的朝鮮而言，並非是值得稱許的事情。自中日戰爭初期開始，在朝鮮內部普遍認爲「支那」沉浸於「以情緒化的民族主義爲基礎」的「排日意識」[9]，持續著毫無意義的抗日運動。當時朝鮮認爲自身已完全擺脫了狹隘的民族主義，並要以這樣的去民族化的態度發揮帝國幫手的作用。

　　印貞植把這些轉向命名爲「民族總體的轉向」，並指出了它的意義：「自事變爆發以來，我們朝鮮人舉起全民族之旗幟爲執行帝國的國家政策而認眞合作……，若把當今朝鮮人的政治態度與大正八年的情況相比有天壤之別，這一點令人震驚。當今的轉向並非個人行爲，而是朝鮮人表現出的民族行爲。其實朝鮮人透過本次事變直觀地感覺到唯有作爲國民，做好效忠於帝國大陸政策的任務，才能保障朝鮮人的幸福和繁榮。因此，對當今的朝鮮人而言，除了這條政治路線之外沒有第二條路可走。」[10]

　　在廣泛接受「內鮮一體論」的同時，將「民族主義」視爲過去的

7　李白山，〈南京陷落與蔣介石政權〉，《朝光》4：2，1938年2月，頁60。

8　同上註，頁57。

9　卷頭言，〈北支事變與我們的態度〉，《朝光》3：9，1937年9月，頁28。

10　印貞植，〈東亞的重組與朝鮮人〉，《三千里》11：1，1939年1月，頁59-60。

錯誤，這是轉向意識型態者所共有的現象。與上述印貞植的立場類似，「近三十年來曾因難抑鬱憤，要麼向蒼天訴情，要麼在民族主義或社會主義的世界中尋找未來方向，但那畢竟不過是在黑暗中走向正義的一時路線」[11]。如上這類自我批評，成爲興盛於戰爭時期朝鮮話語圈的轉向邏輯核心[12]。正如藤田省三所分析，中日戰爭爆發後日本的轉向型態出現了巨大變化；亦即人們的意識從「轉自○○」轉變到「轉向○○」，在此過程中打開了幾乎所有的意識型態者反覆提出同一個主張的「意義上的匿名性」的翼贊時代[13]。他指出該時期明確顯露出「假民族主義性」，並批判當時「雖有標題和作者名，卻沒有意義上的名稱」的話語行爲大量發生。與此類似的現象，也出現在內鮮一體論和總動員邏輯大爲盛行的朝鮮。因此，在「東亞協同體的理想只有在徹底拒絕立足於民族主義或馬克思主義的朝鮮的未來觀時」才能實現的前提下，逐漸轉向「去民族、去民族主義」的朝鮮，理所當然地對看似依舊停留在民族主義階段的「支那」持有敵對感且保持距離。當時朝鮮認爲「支那」的狹隘觀點，延遲了「能夠對抗侵犯亞洲之白人勢力的最強大防衛者」[14]日本的歷史策劃。這樣進行「去民族化的自覺」並持積極的「轉向○○」態度的朝鮮，一方面與互相對立

11　一聲生，〈強化內鮮一體精神〉，《朝光》5：8，1939年8月，頁181。

12　1938年代表民族主義右派的同友會和興業俱樂部的轉向宣言也與這種趨勢一脈相承。他們提到「民族自決主義」的反動性和無效性，聲稱由多個民族「團結合作」促進東亞發展成爲大勢所趨。這兩個團體的轉向宣言參見，〈邁向大亞細亞建設〉，《在滿朝鮮人通信》，1938年7月；〈狹義民族主義團體與興業俱樂部轉向聲明發表〉，《在滿朝鮮人通信》，1938年10月。

13　藤田省三(著)，崔鍾吉(譯)，《轉向的思想史研究》(首爾：論衡，2007)。援引的內容和術語參見第二章，頁152。

14　一聲生，〈強化內鮮一體精神〉，頁19。

的他者「支那」相遇，另一方面積極接受日滿支的東亞協同體模式。如上所述，朝鮮的自我認同化，歸根究柢在日本、滿洲及中國組成的三面體內進行；因此朝鮮認爲應在該力學架構之內創造自身存在的依據，並證明其存在的意義。在此背景下，朝鮮在「東亞」這一現實和理念的地平線上經歷了新的欲望和不安的交織。尤其是，關於朝鮮所感受到的不安，宇垣一成在他1939年發表的文章裡寫道：「我認爲現在許多人擔憂一般國民是否忘卻朝鮮而嚮往滿洲國或北支，是一種杞人憂天。國人確實比以往更關注滿洲國或北支，這是理所當然的，也是正確的。儘管如此，他們對朝鮮的關心並沒有完全消失[15]」。但是，他的這番話並不是以朝鮮這一「門檻」爲前提，而是以日本對滿洲或北支的熱情爲前提，以及出自對朝鮮可能感覺到的一種疑慮或不安而如此發言。因憂慮朝鮮夾在日滿支之間曖昧、模糊的處境，產生了與朝鮮人的任務和權利有關的實際討論和要求。有關於此，一位專家曾經強調朝鮮唯有擺脫如同蝙蝠的兩面性和機會主義態度，才能善盡東亞協同體有力的幫手和均衡者的作用[16]。

　　然而，更深層來說，此時朝鮮發揮自己應有作用的主張乃是根據「面對戰爭，爲了實現國家的目的控制和利用人力資源，以最有效地發揮一個國家的戰鬥力量」[17]的「國家總動員法」而提出來的。利用人力資源，意味著爲實現軍事、經濟目的而配置人口，其前提爲透過一定的訓練，使人力資源能夠承擔起被賦予的任務。因此人力配置與人的改造之間有著密不可分的關係。在此我們應該關注到在戰爭帶來

15　宇垣一成，〈如何看朝鮮〉，《摩登朝鮮》（首爾：語文學社，2007），頁229。

16　金明植，〈建設意識與進軍大陸〉，《三千里》11：1，1939年1月，頁48-49。

17　〈國家總動員法全文〉，《三千里》10：12，1938年12月，頁111。

的去邊界化的地區結構中，殖民地居民被配置在新的物理空間，並面對來自去邊界化的大陸層面的特殊道德改造要求。從帝國的總體地緣政治結構來看，「支那」是繼滿洲之後浮現的需要「政策性」管理的新空間；而對朝鮮而言，它則是帝國透過對區域管理與大陸經略新拓展的第二個進軍地區。正如當時許多專家所指出，朝鮮人進軍「支那大陸」的歷史固然非常悠久，但重要的是在帝國占領「支那」的同時，朝鮮人紛紛移向和移居「支那」，並在這股潮流之下，出現了在數量和質量方面全然不同以往的越境。除了這一變化之外，我們還應注意爲執行不同於過去「流浪」的「進軍」而需要具備的各方面條件，此時都被提出來了。在此情況下，朝鮮人在東亞協同體中的資格在超越邊界的「大陸性存在」，亦即移居者的道德和能力的語境中被逐漸具體化。

　　爲探究該時期「進軍支那」具有的意義，我們應從比較的觀點認眞觀察同期進行的滿洲移民現象。「東亞協同」，顧名思義就是帝國對東北亞大陸推行的政策，在此滿洲具有極爲重要的意義。滿洲事變爆發以來，日本針對滿洲推行了集體移居和移民政策。但是，直到1937年出現日本人和朝鮮人的大規模集體移民前，滿洲國移居政策的重點在於以先前移居的居民群體和滿洲事變前後出現的難民爲主要對象，建立定居體系。而到了中日戰爭時期，滿洲移民政策進入了新的局面。滿洲作爲戰場的糧食基地和勞動力來源，具有重要的意義。經過1938年和1939年，移居滿洲的朝鮮人數量不斷增加，政策治理工作隨之加強[18]。占領「支那」與滿洲移民政策密切相關，以互動的方式

18　關於滿洲事變和抗戰前後的滿洲移民政策及朝鮮人移居現象，參見
　　Yu Won-Suk，〈1930年代日本政府對朝鮮人滿洲移民政策研究〉，
　　《釜大史學》19，1995。關於該時期文人的滿洲熱潮，參見金在湧，
　　〈日本殖民末期韓國人對滿洲的認識〉，《日本殖民末期文人的滿洲

促進了被殖民地居民移居大陸。此時知識分子對滿洲地區的旅行或考察更加頻繁，朝鮮對滿洲的關注和熱情比以往任何時期都來得高漲。

　　該時期，滿洲或移民滿洲經常被想像爲朝向「充滿希望之新天地」的前進，而這些想像是只有抹去移民與中國人及日本人的不斷糾葛，爲生存激烈鬥爭的現實時，才能實現的。有關滿洲之行的表述，如實地反映出當時在政策層面把滿洲之行加以理想化的傾向：「去滿洲」這句話在滿洲事變前令人聯想起腰繫水瓢、手拿大包小包的農民從朝鮮被驅趕的可憐景象，但是到了滿洲建國六年後，這句話卻可被理解爲「滿懷希望去工作」。以滿洲事變爲契機，新興滿洲國成立後，本著「民族協和」、「王道樂土」的思想，朝鮮人在滿洲的生活變得多彩多姿，朝鮮人相關問題更具重要性，吸引了更多知識分子的關心，而且體驗滿洲成爲大有意義的事情[19]。此外，有關旅居滿洲的朝鮮人的詳細統計和有關他們生活的介紹往往被刊登在報紙上，這些也都出自於朝鮮人對赴大陸發展的關心。有人提出「在日本帝國的大力支持下，滿洲國得以成立，我民族作爲其成員之一，被允許參與其中，尤其是帝國政府制訂政策鼓勵人們移居和開拓滿洲，有何理由讓我們躊躇不前呢？」[20]，該主張雄辯地證明戰爭時期滿洲所具有的意義。國家政策推動的滿洲移民是一種農業移民，因此按這個程序遷徙的移民被認爲是耕耘東亞大地的健康開拓者。而且，他們艱難痛苦的歷史往往被美化爲「一個偉大世界的悲歌」[21]。

　　與這些「滿洲型」移居相比，「支那型」移居被認爲是極爲不穩

（續）──────────────────

　　　體驗》（首爾：亦樂，2007）。

19　咸大勳，〈南北滿洲遍踏記〉，《朝光》5：7，1939年7月，頁72。

20　李瑄根，〈滿洲與朝鮮〉，《朝光》5：7，1939年7月，頁61。

21　洪陽明，〈進軍大陸的朝鮮民眾在滿洲國活躍景象〉，《三千里》
　　　1：1，1939年1月，頁90。

定且不健康的。當然這裡的核心問題並不是「滿洲」或「支那」本身，而是已經移居（或將要移居）的朝鮮人的狀況。儘管北支、中支、南支的情況理所當然地不同於「計畫國家」滿洲國，但旅「支」朝鮮人被外界認為很難承擔起協同體現在和未來的發展任務。就在這樣的語境下，很多人提出了旅「支」朝鮮人問題，並要求他們脫胎換骨。上文中被金明植比喻為「蝙蝠」的朝鮮人大部分與「支那型」移居有關，成為令人憂慮的對象。固然，旅居滿洲的朝鮮人所具有的許多問題也往往遭到很多人的批評和指責[22]；然而，儘管如此，旅滿朝鮮人中百分之八十從事農業的事實[23]，足以證明滿洲移民與旅滿朝鮮人具有健康的「國家政策」性質。當時許多人普遍認為「最近滿洲經濟看不到下滑的陰影，而充滿著欣欣向榮、積極建設的活力」[24]。相對地，人們對移居支那之居民的評價卻非常苛刻，認為朝鮮人移居「支那」稱不上是「進軍」，只是在尚未具備作為「大陸人」的意識之前，越過邊界進行的一種「流浪」或「游離」。特別是，戰爭爆發後急劇增加的北支越境者，被認為是更為嚴重的問題：「在事變前進入北支，認真工作，獲得成功的人固然是有。但是事變後抱著暴發戶之夢湧向北支的一大批朝鮮人，完全不同於那些不分男女，在艱苦的環境中，依然保持善良、純樸的滿洲移民。他們只想依靠詭計和騙術生活。中國人儘管是苦力尚且遵守其民族獨特的禮儀，那麼我們為何只顧眼前利益，而敢於做出污辱整個民族的事情來呢？即使一個人因沒有錢、沒有工作，沒飯吃而誤入歧途有令人同情的餘地，但也不能這

---

22 李雲谷，〈鮮系〉，《朝光》5：7，1939年7月，頁64。

23 根據洪陽明所寫的上文中的統計數字，旅滿朝鮮人絕大部分從事農業，至昭和13年為止，達154,100戶，占全部農戶（192,897戶）的八成。

24 李台雨，〈滿洲生動斷想〉，《朝光》5：7，1939年7月，頁67。

樣簡簡單單地予以了解和原諒。因為他們的行為對以後想要進入大陸的朝鮮人，會產生極大的負面影響」[25]。如上所舉，有識之士訪問「支那」，考察朝鮮人的生活後，都對朝鮮人從事非法行業的現實感到憂慮和遺憾。

隨著中日戰爭爆發，帝國法律對流浪「支那」從事非法行業或欺詐行為的朝鮮人的控制，逐步加強。有一位專家指出：過去的移民大部分在茫然的期待和幻想成為暴發戶的投機心理驅動下移居北支，因此他們難以經營正當行業……，結果他們當中的大部分投身於走私、販賣毒品、賭博詐騙、勒索等非法工作。因而到了北支事變前後，所謂朝鮮人的不正當工作不僅成為社會問題，還演變成外交問題[26]。在此背景下，過去在滿洲地區持續的殖民政府對越境朝鮮人的治理工作，逐漸擴大到中日戰爭爆發後激增的旅「支」的朝鮮人。對戰爭時期的朝鮮人而言，包括北支、中支、南支在內的大陸，是一種具有模糊可能性的舞臺，因此中日戰爭爆發後，超過十萬名的朝鮮人移居華北地區。

1937年12月滿洲國的治外法權被取消後，原在滿洲從事不正當工作的人，也移居到政府控制相對寬鬆的華北地區[27]。殖民政府對湧入「支那」的朝鮮人的治理工作主要以輔導「轉行」的方式進行，如把不正當工作者轉為正當工作者，推動一系列掃蕩工作，或把他們收容

25　林學洙，〈在北京的朝鮮人〉，《三千里》12：3，1940年3月，頁277-278。

26　洪鐘仁，〈開發北支資源的諸問題〉，《朝光》4：3，1938年3月，頁40。

27　關於戰時特殊需求和華北地區朝鮮人激增現象，參見金光載，〈中日戰爭時期朝鮮人移居中國華北地區與蘆臺農場〉，《韓國近現代史研究》11，1999。

到政策農場中工作[28]。其實，這一切治理工作不過是對「不健康的」閒置勞動力採取的殖民主義式管理和重組。雖然如此，隨著朝鮮人被列為直接管理的最主要對象，殖民地啓蒙主義者一致呼籲朝鮮人自我改造，不要淪落爲大陸地區劣等、低級的階層。

殖民地啓蒙主義者對旅「支」朝鮮人問題的關切，除了朝鮮人如何進入北支、中支、南支，創造多少經濟利潤之外，還集中到了朝鮮人如何經過自我改造進軍大陸的問題上。因爲，「除了日本官員之外，中國官員也加以嚴格管制」，將「如今流落爲多季穿不上外套、戴不上帽子的街頭遊民」[29]的旅居大陸的朝鮮人群體，提升爲「開拓者」，也是時代的迫切要求。關於該問題，許多人提出各式各樣的期許和展望，但大致強調朝鮮人應該具備依計畫和目的生活的態度，以及企業家的經營能力和審愼行事的態度。這些討論和觀點，符合「日中雙方官員們異口同聲」[30]要求「朝鮮人自我改造，以期北支的健康發展」的呼聲。當時訪問或視察「支那」歸來的專家們都指出，旅「支」朝鮮人依靠不正當的工作維持生計，因此產生各種社會問題，在大陸上的社會地位也偏低。他們把這些情況與滿洲及滿洲開拓者的情形做比較，批評旅「支」朝鮮人社會「失去了健康性」。他們認爲「除了少數大型實業家之外，大部分人沒有穩定的工作，即使堂堂正正地掛著招牌，從事正當工作，大部分也已失去健康性」。這一點截

28　最具代表性的例子係蘆臺農場。這所農場收容華北地區的朝鮮遊民，用於日本加強對華北地區的管控和對日軍及日僑的糧食基地。參見金光載上述論文。與當時蘆臺農場有關的詳細報導不多，只有簡單的介紹或提及而已。參見韓相龍，〈事變後，青島、濟南地區朝鮮人生機勃勃的景象與北支地區朝鮮人增加率激增〉，《三千里》12：9，1940年9月。

29　金璟載，〈北中旅行雜感〉，《三千里》9：4，1937年5月，頁21。

30　同上註，頁21。

然不同於「旅居滿洲、東京、大阪等地的朝鮮同胞，他們雖然生活困
苦、未能穩定，但心理較爲安定，抱著堅強的信念而行動」[31]。

　　把透過戰爭不得不被驅趕到陌生生存空間的被殖民群體升格爲
「大陸人」或「開拓者」，等於引導越境離散的殖民地出身的「陰
性」人民，列入帝國法律控制的範圍內。朝鮮人只有在法律控制的範
圍中「正常」註冊時，才能重新誕生爲帝國大陸政策的忠實服務者。
朝鮮人能否獲得作爲「大陸人」的地位和角色，都取決於他是否能夠
在法律圈內正常註冊。這樣的判準是以朝鮮人只有履行眞正「大陸
人」的義務時，才能在巨大的協同體內站穩腳跟的信念或幻想爲基礎
的。從這一點上來看，「支那」對朝鮮人而言，無異是一個重要的試
驗場。

二、戰場的動員與生死配置的結構

　　在戰爭景觀社會裡，其社會結構的現實和象徵的核心，就是戰場
（＝戰線）。一般而言，戰爭爆發後，一個社會被分爲戰場與後方，被
賦予互不相同的角色，組織爲互補性的聯結體；但是，能夠使這樣的
分類和角色分配、維持和運作的實際力量，則來自戰場。如果一個社
會不斷把戰場的資訊和消息傳播到後方，綜合應用該技術，最終建設
戰時道德和規範體系，並在該體系之下歸屬並配置所有成員；那麼，
它的運作機制，可以稱之爲「戰爭景觀社會」，而非單純的「戰爭社
會」。透過中日戰爭，殖民地朝鮮開始具備這樣的戰爭景觀結構。爲
了促進民眾對戰爭的啓蒙、覺悟和宣傳等目的，戰場的消息不斷被傳
播到後方，殖民統治當局或殖民地知識分子用盡心思把這個具有強烈

31　李相昊，〈北支與朝鮮人〉，《朝光》5：9，1939年9月，頁211、
　　214。

號召力和較高密度的「現場」消息，推廣到群眾之中。中日戰爭時期
是多方面、高強度的戰時動員大力展開的時期。當時在朝鮮境內，透
過照片、電影、文字紀錄等多種方式傳播戰場消息，並推動了面向戰
場的實質性人力移動和布署。本節欲回顧遠在「支那」爆發的戰爭如
何經過傳聞般反覆詢問的過程，逐漸讓人們獲得戰場實際感受之現
象，同時針對當時引導民眾高度關注戰場的社會結構進行分析。

　　隨著「北支事變」的衝突逐漸擴大爲「日支事變」，媒體開始天
天報導有關其動向和預測的各式消息。尤其是蘆溝橋事件發生後成爲
重要戰地的北支，在政治和經濟方面一直是朝鮮主要關注的對象。以
戰爭爲契機，朝鮮對「支那」的關心大爲提高，各種媒體持續報導
「支那」的地理區劃(有關北支、中支、南支的行政區劃及空間、人
文資訊)，包括軍事力量、經濟價值乃至歷史、文化、文學的文章，
以及主要城市的介紹和實地考察紀錄等[32]。這樣，戰爭成爲了搜集對
方國家各方面資訊和建設知識網絡的直接契機。但是，這些資訊畢竟
都是「乾燥無味」且「中性」的，難以吸引當代人對戰爭的深切關
注。因此，「想了解戰爭情況」、「應該了解戰爭情況」或「應讓公
眾了解戰爭情況」等意識，一直籠罩在未能接近戰爭中心位置的朝
鮮。從戰爭初期開始就出現許多有關戰爭的詢問，以下便是一個最具
象徵意義的事例。1937年10月，「事變」演化成急劇占領之時，邀請
從上海回朝鮮避難的朝鮮人舞蹈員舉辦了一次座談會。在這場座談會

32　1938年6月《朝光》雜誌刊登〈支那語講座〉第一篇時，在編輯後感
　　中表示「爲順應時代變化，決定從本期開始刊登支那語講座」，還指
　　出「學習6個月的速成課程後，能夠在現場使用支那語」。根據1938
　　年4月14日《東亞日報》的一則消息，從1938年開始朝鮮境內各公立
　　專業學校開設支那語講座。從此可以看出，當時從國家政策層面推廣
　　和普及「速成」支那語講座。

上產生了一場鬧劇，與會者對舞蹈員們反覆詢問「目睹過戰爭沒有？」、「看過支那士兵沒有？」、「怎麼知道事變發生？」等問題，而舞蹈員們卻回答說沒有目睹過戰爭，也沒有看過支那士兵。她們只簡短介紹了自己經歷過的其它生動故事，譬如在上海參加示威的經驗、從上海到長崎的避難過程等等[33]。

　　從這件事可以了解到當時朝鮮內部普遍認為自己「還不知道戰爭的真相」。這裡由此引發我們思考的問題是，各種戰爭相關報導天天充斥於報紙版面，為何仍反覆出現「我們不知戰爭真相」的焦躁感？從當時朝鮮所處的結構性狀態來看，這種失落感並非來自單純的好奇心。參照1938年和1939年進入朝鮮話語圈的歡呼之聲，以及那些參雜著一絲絲遺憾和期望的表述，我們可以明確看到這種愧疚和失落感的根本原因，在於「自己不能直接參戰」的處境。不能直接參戰意謂著自己不能介入戰場，進而顯示在戰爭景觀結構上自己具有嚴重的弱點。至少當時向公眾表述自己意見的大部分知識分子，是如此認為的。朴英熙代表「朝鮮文壇皇軍慰問使節團」與金東仁、林學洙一起視察北支戰線後所作的發言，生動顯露出當時朝鮮人對渴望擁有戰爭實感而產生的驅迫感：「我們沒有目睹過戰爭，今後也不可能看到戰爭……，朝鮮人不知道戰爭的真相。雖然聽到很多戰爭相關消息，但因沒有參加過戰爭，不能深刻感受到戰爭。進行防空演習時，人們更感緊張，也可能是因為我們不能想像戰爭的真實情況。自事變爆發以來，處於『銃後』的朝鮮民眾紛紛表現出愛國赤誠，但應該增強自己作為國民的使命感，具備皇國士兵的心態。若不知道戰爭的真實情況，便不能達成堅守銃後的目的……，我將以本次戰地觀

33　〈從上海避難的婦人團座談會〉，《朝光》4：10，1938年10月，頁60-61。

察活動為契機，首先讓自己深刻認識戰爭的真實情況，然後把它傳播給民眾[34]。」

處於「銃後」的朝鮮不知道戰爭真相的原因，有很大一部分是受到體驗中心主義作祟的影響；特別是文人群體由於對戰場缺乏體驗或不能體驗，還衍生出了不能執行當代最尖端文學行為的焦慮和劣等感。因為不能體驗戰爭而無力進行有關戰爭的任何生動想像的惆悵，瀰漫在當時的文壇上。崔載瑞回顧1939年的情況時，引用了一位作家曾經對他說過的話：「當時，有一位年輕作家一本正經地對筆者說：『我們作為戰爭期的作家，與內地作家活躍的文學活動相比，這樣做下去實在不會有任何成就。但現在我們也都無可奈何。包括自己在內的親戚朋友當中，沒有一個人親自經歷過戰爭。因此我們無法抒發出自己的熱情。』」[35]。徵兵制度實行之際，在這篇談論知識分子任務的文章中，崔載瑞主張即便做好後方任務，這樣仍「與為維護祖國獻身，進而直接參與大東亞建設過程，是無法相提並論的」，他並要求半島的知識分子把精神武裝起來。崔載瑞所表達出的中日戰爭初期文人的心情與朴英熙的心情，完全一致。不同於日本文壇上基於參戰經驗的戰爭文學和報告文學開始作為新文類受到關注，包含戰場體驗者之意見和感受在內的紀錄小說，不僅對文壇內部，還對廣大群眾發揮巨大影響。朝鮮文壇上，充斥著有關「朝鮮能否發展戰爭文學」的疑問和疑慮。

當時的朝鮮文壇固然陸續介紹並翻譯世界和日本的戰爭文學或從

34　朴英熙，〈戰爭與文學家的任務〉，《三千里》11：6，1939年6月，頁233-234。

35　崔載瑞(著)，盧相來(譯)，《轉換期的朝鮮文學》(慶山：嶺南大學校，2006)，頁148。

軍紀錄[36]，還介紹日本士兵體驗戰爭的紀錄片[37]；但是，這些畢竟都
不是眞正透由朝鮮人的眼睛所見，或者直接由朝鮮人撰寫的作品。然
而，進入1939年以來這些情況出現了一些變化。我們首先應關注《麥
與士兵》一書的翻譯[38]。這部被譽爲「由出征的無名新人作家撰寫的
嶄新的戰爭文學」，是火野葦平的著作，由西村眞太郎翻譯成朝鮮文
出版。這部戰爭紀錄作品經過翻譯後，透過免費發放和廉價發售得到
廣泛推廣，成爲了戰爭及戰爭小說很好的一種教本[39]。除此之外，同
年開始由朝鮮人撰寫的戰場報告刊登在雜誌上[40]；再加上，朴英熙和
林學洙代表朝鮮文壇視察北支戰線將近一個月後，也出版了《戰線紀
行》和《戰線詩集》等著述[41]。正如這一系列嘗試所證明，朝鮮的知
識分子迫切想要獲得超乎有關戰爭或支那的「資訊」或「知識」的活

36　文學評論有：又蒙人，〈蘇聯國防文學〉，《朝光》3：10，1937年
　　10月；遠東學人，〈戰爭與文藝作品〉，《三千里》10：12，1938年
　　12月；鄭寅燮，〈評論界的側面觀〉，《朝光》5：12，1939年12
　　月；白鐵，〈日本文學中的戰爭〉，《朝光》5：2，1939年2月。翻
　　譯小說有：〈父親的召集〉(Heitz Lipman)，《朝光》3：10，1937年
　　10月；〈遠東的戰雲〉(Pavlenko)，《朝光》3：10，1937年10月；
　　〈蘇支從軍記〉，《朝光》4：12，1938年12月。

37　〈戰線兵士的手記〉，《朝光》5：6，1939年6月；〈海南島記〉，
　　《朝光》5：8，1939年8月。

38　關於《麥與士兵》的相關資料，參見張英順，〈戰爭與從軍作家的眞
　　實〉，金在湧(等著)，《日本與滿洲親日文學的邏輯》(首爾：亦
　　樂，2004)。

39　關於《麥與士兵》的翻譯及其過程中的變化和刪減等，參見Kang
　　Yeo-Hoon，〈日本人的朝鮮語翻譯〉，《日語文學》，2007。

40　崔益壽，〈長城戰線的戲劇般的瞬間〉，《朝光》5：2，1939年2
　　月；林學洙，〈在運城的四天〉，《朝光》5：7，1939年7月；金錫
　　源，〈實戰談與非常時局的覺悟〉，《朝光》5：9，1939年9月。

41　朴英熙、金東仁、林學洙(等著)，〈文壇使節歸還報告：從北支皇軍
　　慰問之旅歸來後〉，《三千里》11：6，1939年6月。

生生體驗和感受。他們不斷渴望獲得戰爭的眞實感覺,努力想將這些感覺傳播到整個朝鮮社會,不希望它僅留在自身內部。

他們親身踏上戰場,沿著戰線移動,耳聞目睹並紀錄了戰場的遺跡和士兵的勞苦。然而,慰問使節團代表們雖表現出極大熱情和眞誠,但未能獲得可見的成果。在這批使節團回國後舉行的座談會上,人們對他們提出了許多露骨問題,譬如:在第一線有沒有聽過炸彈聲?有沒有目睹過日支雙方的戰鬥?看過正規軍隊沒有?有沒有在戰壕生活過……等等,而慰問團代表們卻始終只能不斷回答「沒有機會」或「沒有做過」。儘管如此,他們作爲紀錄人的使命感並沒有因此而減弱。正如朴英熙所言,他們認爲「向在**現場**盡忠報國的皇軍表示感謝」,「透過文章描繪**戰場的場景**並把它傳播給朝鮮公眾,才是我們最重要的任務。」[42]還有一位文學家甚至採用極爲激動的語調說:「除非先有幾位朝鮮文學家響應國家呼喚,扛銃前往死地,在剩下的文人中又有幾個本著同樣的觀念前往從軍,我實在無法感到滿意。」從客觀情況來看,當時的知識分子其實並不在獲得「從軍帶來的滿意」的地位上[43],因此這番話其實是誇大的。從中日戰爭時期的人口分布結構來看,正如上面朴英熙所言,知識分子階層在殖民統治當局與本地民眾之間發揮媒介作用,將戰場的眞實感受傳播到後方。可以說,當時的知識分子作爲一種媒介與雙方(戰場和後方)保持了適當的距離——儘管這些知識分子可能感到非常惋惜。他們處於極其例外的地位,在終於得以接近始終把他們「排除在外的」戰場之際,同時卻可以免受死亡的威脅。

將這一時期戰場的文化政治學與被殖民集團內部分化趨勢銜接起

42　同上註。粗體字爲作者所加。

43　金文輯,〈肉彈的契機〉,《三千里》11:6,1939年6月,頁239。

來了解時，需要特別關注的是，由於朝鮮具有殖民地特殊地位，它的內部戰場所具有的以及由於該地位所致的極為「特殊的」含義。換言之，戰場對朝鮮人而言是一種不允許他們接近的「排他性」場所。一般而言，在戰爭景觀社會裡，統治權力不僅掌控人民的生死決定權，還得以調節並決定要賦予誰生命或奪回誰的生命[44]。首先，從帝國架構這一宏觀角度來看，朝鮮早於臺灣幾年就被決定投入戰場[45]。1938年，殖民地朝鮮透過志願兵制度被賦予了「死亡的權利」，到了1942年透過徵兵制度又被賦予了「死亡的義務」。朝鮮在橫跨大陸地區的日滿支協同體架構下，經歷著欲望和不安的交織，將提供兵力的機會視作得以保障自己生存的生命線。因此，與之相關的解釋，譬如，「雖然現在的朝鮮人和臺灣人都不適用戶籍法……，然而其實從程序來看，有臺灣戶籍之人不能成為陸軍特別志願兵，因此這項制度是針對朝鮮人而制定的特殊制度」[46]，故志願兵制度對朝鮮人而言是一種「福音」。這一時期，朝鮮不同於「支那」或「滿洲國」，像「政治訓練」、「軍事組織」等重要的「現代人的生活」都一直被排除在朝鮮之外。在進軍大陸時，因殖民地的劣等性失去話語權而最終將淪為「落伍者」的憂慮[47]極其高漲，隨之對徵兵、參政權、義務教育的要求也日漸昇高；就在這個時候實行了志願兵制度，這對朝鮮而言遂變成了能夠保障自己未來生存的重要機會。

　　而從朝鮮內部角度和微觀角度分析生命政治與生死決定權的問

44　參見Giorgio Agamben(著)，Park Jin-woo(譯)，*Homo Sacer*(首爾：Saemulgyul，2008)。

45　關於朝鮮的志願兵及徵兵情況，參見洪鍾似，〈以「皇軍」之名被逼走向戰場的朝鮮人〉，《實學思想研究》12，1999。

46　鹽原時三郎(著)，尹昭英(等譯)，〈在志願兵眼裡的朝鮮人〉，《摩登日本語朝鮮1939》(首爾：語文學社，2007)，頁120。

47　參見金明植，〈進軍大陸與朝鮮人〉，《朝光》5：4，1939年4月。

題，可以清楚看到被殖民集團內部的位階關係，知識分子在其中的位置也變得更爲明顯。特別是，從被列入「死亡名單」上的群體——志願兵的年齡和階層分化結構來看，可以得知他們與當時積極展開活動的戰時意識型態家群體之間，有著較遠的距離。根據1938年至1942年的統計，朝鮮志願兵主要由二十多歲的青年組成。從錄取比例來看，1938年的志願兵招兵名額爲400人，報名人數卻達到2946人。之後，招兵人數和報名人數逐年增加；到了1941年，招兵名額爲3000人，而報名者竟達14萬人以上；1942年的招兵名額爲4500人，報名人數超過25萬人。專家們從多種角度分析志願兵報名者人數增加的原因，但最深層且具決定性的原因，還是當時朝鮮矛盾結構之背景下，產生的農村閒置勞動力劇增和激增的失業率[48]。無事可做的殖民地青年們不得不離開保障不了自己工作崗位的朝鮮，前往戰場。然而，如上所述，儘管他們希望當兵，卻不是任誰都可以成爲軍人。當時志願兵選拔時，最重要的資格條件之一就是對日語的理解程度，這一點顯示只有已接受過一定程度的教育，能夠接受軍訓的人，才能被選拔爲志願兵。當時被選拔的志願兵當中約90%以上爲公立普通學校畢業者，就證明這一點[49]。這樣，主要由20來歲的中低階層青年組成的志願兵在培訓結束後，跟著自己所屬部隊被派到中國戰線，之後從中國戰線再派到南方。除了正式士兵之外，還有許多朝鮮民眾以翻譯員、駕駛員、船員等軍屬身分被布署到戰場。

48　與統計資料及朝鮮人志願兵有關的討論，參見樋口雄一，《戰時下朝鮮の民衆と徵兵》（東京：總和社，2001）。志願者人數增加的另一原因在於總督府指揮下，各道、郡、面實行強有力的支援鼓勵政策，與道、郡、面之間圍繞招募志願兵人數展開的激烈競爭。此外，更爲宏觀的原因則在於朝鮮人口的增加和教育的推廣普及。

49　關於朝鮮人志願兵與徵兵的性質，同上註。

　　就這樣，戰爭時期的殖民當局依朝鮮內部階層結構，對不同階層賦予或奪走生命，並引導特定群體奔向戰場。在這種社會關係網之下，殖民地二十多歲的「高級知識分子」處於曖昧的位置，雖然被給予了生命，但「未能」親自參與「神聖的戰場」。而在被這些知識分子群體普遍稱作「朝鮮民眾」的對象中，小學畢業的中低階層雖被賦予死亡，卻能夠被派布到「光榮的戰場」上。該時期的高級知識分子群體因而認識到了自己的中間地位，及此一位置帶來的經驗上的局限性，歸根究柢，他們並不是士兵，而只是「像士兵般為參戰做好心理準備」[50]而已。即使踏上戰地，他們也不是親自參加戰鬥的軍人，只不過是尋覓戰鬥痕跡的慰問團。當時朝鮮知識分子如此的認識在朴英熙寫的《北支戰線紀行文》中可見一斑：

> 「你沒有遺囑嗎？」我以悲壯的語氣說：即便有遺囑，誰會幫我傳給家人呢？我還在心中叨念：傳了，又有何用呢？如果我死了，別人不就只能紀念我年過四十在慰問皇軍的旅途上戰死而已嗎？與敵人戰鬥而死才算是戰死，因此我只能在這兒客死異鄉……。不知為什麼，從離開北京時開始，心裡不時地湧現不好的預感。我們三個人一睡醒就談到自己夢見死亡的情況。我想我不會再回到北京，更不會回到朝鮮。[51]

　　在這篇充滿著對皇軍的感謝和感動、對戰地士兵和軍屬的感激等，當時大量出現的老套情懷的戰場視察團的文章中，引人注目的地方在於，他們被軍隊和戰地的氛圍(Aura)所籠罩，因而湧現自己不能

50　朴英熙，《戰線紀行》（京城：博文書館，1939），頁34。
51　同上註，頁33。

作為士兵的尷尬感、對死亡的恐懼感、以及自己不能「戰死」,只能「客死異鄉」的無助感等等,戰時知識分子的複雜心情。

他們帶有作為被殖民階級(被支配者)和帝國媒介的局限性,懷著永不能滿足的渴望和欲望,持續視察北支、中支、南支以及滿洲,紀錄了以比自己更為「實際」和「直接」的方式守護、開拓和建設大陸之下層朝鮮民眾的情況。這樣,他們執著地接近現場並渴望獲得實際感受,藉此為克服自己在戰爭時期所面對的特殊的不完整性和不穩定性而掙扎。他們認為,作為「朝鮮文人」負責記錄現場所見所聞的使命感和榮譽感,唯有自己成為認真且充滿熱情的傳遞者時才能得到證明。在這種觀念的驅使下,有關越過國境求生和謀生的無數被殖民民眾的敘事,大部分被這些上層知識分子轉換為皇國臣民的效忠和道德的敘事。上面所提到的拓荒移民者和志願兵的情況,也是如此。參觀志願兵訓練營後的讚嘆、參觀訓練營進行的思想訓練和身體鍛鍊後的驚嘆,理所當然地也與他們為拓荒者所表露的感動一脈相承。尤其,僅占整個朝鮮人極小比重的志願兵,被認為是朝鮮人能夠透過紀律和訓練改造為皇國臣民的證據。因戰鬥而被布署在戰場的群體乃至為他們建設的軍事訓練營,被認為是向朝鮮人提供的、最強有力的戰時教本,也是權利法案(Bill of Rights)。由此得知,殖民統治當局和殖民地知識分子群體攜手創造的紀錄文學的背後,其觀念結構及其肉欲主義,均應從戰爭景觀社會湧現出的對戰場實感的渴求,和殖民統治的生命政治相互交叉的觀點上,重新加以探討。

三、結論:為了存在差異的戰時場所

讓我們一起回想鄭飛石的小說〈三代〉[52],它深刻地反映出中日

52　金哲,〈憂鬱的哥哥、開朗的弟弟〉將此作品與時代論相銜接並加以

戰爭爆發對當時人的現實生活帶來的影響。這篇作品以「北支」作爲重要的意義符號。眾所周知，自上世紀30年代後期開始大量出現了以滿洲爲背景的小說；然而，與前者相較，北支(或者「支那」)以所具有和可發揮的現實和象徵上的意義，卻較少被利用爲文學材料。究其原因，我們可以初步推論滿洲因連接「支那」與半島，從一開始即獲得正當性和先進性，具有壓倒性的象徵意義。不過，無論如何，我們不能不關注朝鮮人第一次認識到深刻介入戰爭就可以改變自己命運的可能性時，所面對的場所「支那」。

　　面對可能改變朝鮮命運的「支那」，表現出最大關切的作家當屬鄭飛石。早在1939年初，他在短篇小說〈氛圍氣〉中，即明確論述了「支那」問題、朝鮮人問題，以及中日戰爭爆發的歷史意義。這部可謂「戰時考現學」(modernology)的小說以北京爲背景，深刻描繪了從事非法行業的朝鮮人的墮落景象和「陶醉於鴉片之大陸」之黑暗面。小說中，某一大主人公在街頭上徘徊，因「支那」大陸的沒落感到悲傷，而此時正巧拿到了一張號外，獲悉了「日支衝突」的消息。他一直在思考「這種浸於習性的氛圍氣，什麼時候才能夠徹底消除呢？這塊土地應當受到審判」[53]等問題，因此對他而言，事變的爆發就如同是象徵著支那「新命運」起點、令人歡欣的解救的預兆。大約一年後，他再次試圖分析戰爭形成的新的關係、主體、欲望及道德的力場，於1940年初在《人文評論》上發表了〈三代〉。這篇作品如實地描繪戰爭景觀社會的運行情況，以及朝鮮知識分子迷戀其中的特有內心世界。小說中，有兩處生動地描繪了第一線戰況消息所傳達的，

(續)────────────────

　　　解釋，談論抗戰時期朝鮮內部問題，參見*Sanghur Hakbo*(首爾：Kipeunsaem，2009)。
53　鄭飛石，〈氛圍氣〉，《朝光》5：1，1939年1月，頁378。

城市遭到襲擊的場景。男主人公看到畫面上展開的如同閃電般的戰場情景後，感到征服帶來的強烈快感，而與一名女性過夜，之後並跟她一起邁開「前往荒漠處女地」北支的第一步。

正如鄭飛石的小說所暗示，到了1930年代後期，戰爭本身成爲了決定被殖民主體的生活、思想的統治方式和結構，任何人都難以脫離。主體所有的自我決定權和社會關係都透過向戰爭或戰場的傾斜來實行。本文主要探究了曾經在廣闊的大陸上出現的輝煌的建設，諸如（新）秩序、開荒、進軍等一系列戰時幻影，對朝鮮集體認同感的重構和朝鮮人的內部分化造成的影響。然而，我們應記得，這些戰時幻影並未由朝鮮內部的所有主體所共感或共享，而且必須從「差異」和「分裂」的觀點去了解當時人們對待那些幻影的角度和強度。

站在這樣的觀點，我們才可以更深入了解透過戰爭愈發鞏固的帝國對大陸的宏觀統治和微觀的生命政治，所運用的布署和配置技巧；並從這些技巧運作的主要場所顯現的複雜現實中看出，除了在那些場所曾經有過的合音之外，還可以捕捉到如雜音般依稀可聞的異調。有關於此，藉由爲尋找家破人散的姊姊、姊夫跋涉千里前往北支（北京）的主人公，描繪朝鮮人越境者痛苦歷史的《鄉愁》（金史良著），是值得關注的作品。在這部作品中，對當時被廣爲傳播的政策和公共理念的響應，和對民眾「虛弱無力」生活的描繪，相互交織。如果我們能設法重建被當時擁有話語權的「主流群體」所掩蓋的「次級群體」的痕跡，或者至少使兩者間的矛盾關係顯露出來，便可以分析和解釋上述兩種表述交織在一起的現象。

第三章

議題回顧與展望

柳書琴

在日本帝國擴張的半世紀，殖民地朝鮮、臺灣、關東州、準殖民地「滿洲國」，半殖民地之上海、青島等租界，或占領體制之中國、東南亞、南洋淪陷區，都暴露於不同程度與型態的殖民體制下。上述廣大地域，也都在「抵抗」或「商榷」亞洲新興帝國的現代經驗及其所轉手的西方知識中，展開了自我民族或地方的「現代主體」建構。殖民都市，是帝國主義區域體系中的節點。無論開埠通商、殖民會社營運、殖民地旅行、留學、流亡、流浪、農工移民或戰地人員轉運，殖民統治下的人群、物資、技術及資訊移動，皆以都市為吞吐口。

帝國體制壓抑了不同類型殖民地之間的橫向聯繫，建立縱向層級關係。殖民都市中的各國流動菁英及其文化生產，使各地反殖民運動、文化與資訊的橫向交換成為可能。不同層級的殖民都市，其社會內部觀察與國際能見度有所差異。譬如，哈爾濱及臺北對殖民主義全球化的觀察各有偏重；又譬如，東京、上海流通著左翼文化運動下不同殖民地的農村故事；在臺北、新京(長春)、瀋陽等次級都市則較少見。不論是交流研究或平行研究，殖民都市文藝現象均不失為殖民地比較研究的下手處。

「滿洲國」中國人作家的都市書寫，以哈爾濱和新京形成兩個明顯系譜。「東方巴黎」哈爾濱在十四年間累積了不少帶有批判性的都市書寫。然而，以1936、37年為界，其數量逐漸被新京所凌駕，批判

風格於中日戰爭爆發後也越來越晦澀。日據時代的臺灣都市書寫，則包含下列群體：一、1920-37年間留學或旅行東京、上海、北京的臺灣青年從事的都市書寫；二、1931-37年間臺灣島內作家的都市書寫；三、1937-44年間臺灣通俗作家的都市書寫。

「滿洲國」中國作家都市書寫相關研究，筆者並未尋見。不過，近年中國大陸學界「都市文化／文學」研究快速發展，足可期待。在臺灣方面，相關研究近十年才開始被納於現代性或通俗文學的討論中，其中尤以隸屬第一類的東京留學生都市書寫及第三類居多，少部分論及第二類。陳芳明《殖民地摩登：現代性與臺灣史觀》（2004），分析殖民都市現代變化及隨此而來的文化侵蝕現象。陳建忠〈都市現代性與文學新感覺〉（2005）、許秦蓁《摩登‧上海‧新感覺：劉吶鷗》（2008），爲較早進行兩岸殖民／半殖民都市文學流動與現代性比較者。星名宏修〈複數的島都／複數的現代性〉（2007）、〈從一九三〇年代之貧困描寫閱讀複數的現代性〉（2007），揭示臺北殖民都市非均質、非單一之現代性特點。在學位論文方面，蔡佩均〈想像大眾讀者：《風月報》、《南方》中的白話小說與大眾文化建構〉（2006）；陳莉雯〈「島都」與「戀愛」：《風月報》相關書寫的再現與想像〉（2007）；陳允元〈島都與帝都：二、三〇年代臺灣小說的都市圖象〉（2008），亦頗具參考性。

筆者以爲，殖民都市規劃經營雖積極於「現代化」物質實驗，卻壓抑公民意識、公共領域的「現代性」精神成長。未來如欲接續現有成果向上拓展，勢必參照殖民地政經結構進行辯證討論，避免文本性單一分析將「現代性描述」誤作「現代性事實」，或將「殖民現代化」誤讀爲「現代性」。「滿洲國」方面，哈爾濱、長春兩地都市書寫的消長、變異及其代表意義，值得探討。臺灣方面，除留學菁英觀點及通俗作家言論外，帶有本土左翼色彩的臺北現實主義作家在地觀點，如何成爲戰爭期本土「地方文學」論述的資源，亦是重要課題。

殖民都市、文藝生產與地方反應：

「總力戰」前臺北與哈爾濱都市書寫的比較*

前言

　　滿洲事變後，日本右翼勢力及軍部的崛起，為總動員體制的施行鋪路；中日戰爭爆發後，1938年「國家總動員法」頒布，「總力戰」體制正式確立。在臺灣，軍部勢力日益抬頭，臺灣人民從精神面、軍事面、經濟面無一不被編入戰時體制下。配合此一體制，文化戰受到高度重視，「帝國—殖民地」差別性架構也受到調整。1942年後日本中央政府組織推行之「內外地一元化」，使臺灣取得了「新的內地」或「準內地」的象徵意義；此後，「日本化」不再只停留於概念層次，而透過戰時法規的施行加速其推行腳步，真實存在於臺灣人民的生活之中[1]。總力戰體制，不只刺激了物質、人力的流動，制度與法律的變遷，也引發了地域關係、政經疆界、殖民分界，乃至民族認同的震盪。

　　臺北與哈爾濱，曾經分別為日本帝國南、北進前哨城市。不論帝國主義政治或經濟之區域下錨，兩者皆是20世紀前期的重要節點

＊　本文同時發表於《中國現代文學研究叢刊》第3期，2011年3月。

1　黃唯玲，〈日治末期台灣戰時法體制之研究：從戰時經濟統制邁向「準內地」〉，臺灣大學法律學研究所碩士論文，2008年1月。

(nodes)。兩地於1894年甲午戰爭後，在不同帝國主義占領下展開、加劇的都會化過程，至1937年中日全面戰爭爆發前臻於高峰。在「總動員」體制醞釀之際，1930年代興起的都市書寫以現代性症候書寫之殖民都市敘事，顯示20世紀前期臺灣和中國東北透過殖民主義之中介，正遭遇著全球化的襲捲。1937年以後，隨著都會視野的普及，以及帝國擴張帶動的政經重組、地緣政治(geopolitics)變化、國防敎化等因素，此前兩地文化界中強調本土的、左翼的「鄉土文學／文化」概念，在1940年「大政翼贊運動」實施後，逐漸面臨日本帝國東亞殖民／準殖民體制下「地方文學／文化」概念的收編挑戰[2]。筆者以爲，在此變化過程中，中日戰前對殖民地／準殖民地「節點都會」特性及其全球化境遇的敏銳覺察，成爲作家將「帝國—殖民地／準殖民地」之對立性鄉土思維，轉化爲其後「區域體系—特殊地方」之斡旋式(negotiation)地方思維的有力槓桿。換言之，都市書寫中對於殖民主義全球化現象的體認，在逐漸被壓制的鄉土主義轉進爲具有相對能動性的地方主義之過程中，起了不可忽視的推進作用。

　　後進帝國日本早熟、脆弱的經濟結構，以及受制於帝國本位主義供需易陷入瓶頸的殖民地經濟體系，以其百病叢生爲1937年後的軍事行動累積了火上加油的動機與能量。總力戰時期施行的統制經濟、國民精神總動員、皇民化運動等，不過是在即將崩塌的帝國底層，緊急增添一些臨時支架而已。本文舉出的小說顯示，早在總力戰體制啓動前，殖民地已置身帝國亞洲布署與政經轉型的漩渦中。都市書寫宛如

2　參見吳密察(策劃)，石婉舜、柳書琴、許佩賢(等編)，《帝國裡的「地方文化」：皇民化時期臺灣文化狀況》(臺北：播種者，2008年12月)，頁1-48；以及柳書琴，〈「總力戰」與地方文化：地域文化論述、台灣文化甦生及台北帝大文政學部敎授們〉，《台灣社會研究》79，2010年9月，頁91-158。

火山爆發前的縷縷煙柱，透露帝國內部的多重矛盾與日益升高的危機。然而，既有研究對於文學中反映的殖民都會問題，以批判殖民統治、殖民主義霸權爲主要觀點的民族主義分析框架，常視而不見；意圖克服二元對立觀點、意識型態化解釋而提出的現代性分析框架，又往往對都會現代性賦予過高評價。

　　殖民都市，是帝國主義地方統治之核心中樞，亦是區域體系之聯繫節點。本文提出「節點都市」概念，選擇皆有漫長殖民都市史的日本第一個殖民地都邑「島都」臺北，以及俄國中東鐵道附屬地中樞、「滿洲國」俄日權力更迭的「東方小巴黎」哈爾濱，以兩地1931-37年間達到高峰的都市書寫，比較這些書寫出現的背景，分析此一文類如何在農村書寫失去激進性之後另闢文化批判途徑。一方面指出民族主義分析框架對於帝國／殖民地經濟結構、文藝生產與地方反應三者關聯性的說明不足；另一方面，從都市書寫與農村書寫的互文性，指出殖民現代性實乃東亞語境之殖民主義全球化現象一環，藉此點出「現代性肯定論」的脫脈絡化與淺泛性。

一、權力重組與空間重塑：1935年的哈爾濱與臺北

　　1935年，是臺北與哈爾濱的變動年代。受到馬關條約及中俄密約的影響，分別成爲日本第一個殖民地首府及俄國中東鐵道附屬地中樞、後又淪爲「滿洲國」北境大都市的兩者，至此已有40年左右的「殖民」、「半殖民—準殖民」都市歷史。3月在哈爾濱，日本政府經過數十年經略終於以「滿洲國」政府爲中介，從蘇聯手中取得北鐵[3]，實現了夢寐以求的中東鐵路全線控制權。10月，臺灣有史以

3　依1905年〈樸資茅斯條約〉，中東鐵路長春到旅順路段改屬日本，稱南滿鐵路。中東鐵路其餘路段，時稱「北鐵」。

來最盛大的「始政四十周年記念臺灣博覽會」在臺北登場，參展的機構團體及宣傳活動遍及臺灣與帝國全境，亦包含華南、南洋等地。全臺高達三分之一的民眾參與了這場為期50天的盛會[4]，創下臺灣前所未有的短期人口移動紀錄。恰巧在這一年前後，兩地都市書寫達到高峰，這意謂著什麼呢？

臺灣與中國東北的殖民經歷與統治體制有異，同為最大都市的臺北與哈爾濱，1935年面臨的社會情境與歷史課題也相當不同。經歷了半殖民—準殖民兩種階段的哈爾濱自登上現代史那一刻起，就是帝國主義主導開發的一個城市。1896年沙俄取得了中東鐵路修建特權，「中東鐵路附屬地」超過一般租界規模。哈爾濱建設之初即選定附屬地進行開發，仿效莫斯科進行歐洲田園城市設計，布置六條放射線大道，依序形成由南崗、道里、道外、香坊等生活水準有著天壤之別的城區。19世紀末期以後猶太資本跟隨俄資進入，1907年美國倡議的「門戶開放政策」實施，各國領事館及商務中心相繼進駐。一次大戰前，哈爾濱已是擁有多座大型發電廠，以農林物產、農畜加工、初級工業為主，農工商兼備的國際商埠了[5]。1918-20年俄國內戰引發白俄移居潮，哈爾濱俄人勢力到達巔峰。當中國政府於1920年收回附屬地主權時，哈爾濱已在沙俄治理期間，從松花江畔的小漁村蛻變為東北亞大都會了。白俄移民對中東鐵路北段(簡稱北鐵)的控制於1924年劃下句點，由於中國政府的介入，轉移到蘇聯政府手上的鐵道營運及經貿勢力有所削弱，但仍維持一定規模及優勢，「滿洲國」成立後俄人勢力才受到關鍵性挑戰。日人積極推動「大哈爾濱都邑計畫」(1932-

---

4　呂紹理，《展示臺灣：權力、空間與殖民統治的形象表述》（臺北：麥田，2005年10月），頁269-270。

5　蘇崇民，《滿鐵史》（北京：中華書局，1990年12月），頁31-43。

34），企圖進行哈爾濱都市的日本化。然因受戰爭影響，無法全面實施，除基礎設施及交通網獲得擴充強化之外，都市空間變異不大。

　　位於中東鐵道南北線交會點的哈爾濱，除了1920-31年奉系軍閥統治期以外，歷經了二十四年左右的俄國租借，十四年左右的「滿洲國」統治。不論作爲租界都市或「獨立國」之準殖民都市，其發展一路受到歐、美、日、俄等帝國主義及外國資本的覆蓋及推動，城市景觀、人口組成各方面，都反映出複數帝國結合多國資本相互競逐的半殖民／準殖民都市特點。不同於此，臺北則在具延續性的單一帝國統治下，以漸進同化到皇民化的政治方針，從米糖經濟到農業加工的經濟型態，漸進更新。島嶼臺灣迥異於地廣人稀的東北，加上割讓之際臺北已於清末發展出艋舺、大稻埕、城內三市街，並以茶、糖、樟腦等高經濟商業作物的輸出，躍升首善之都。城內的前清臺灣府所在地，具有沿用官衙廳舍及新興重劃空間的優勢，因而日本據臺後繼續被作爲殖民軍政、商貿及文教中心。人口稠密、歷史漫長的臺北，不同於從天而降、依循近代都市計畫進行建設的哈爾濱。在1936年具有近代意義的「臺灣都市計畫令」首次被制定之前，臺北已經歷1900年「城內市區計畫」、1905年「臺北全域市區計畫」、1932年「臺北市區擴張計畫」三次局部性的市區改正，才逐漸形成其「島都」的現代輪廓[6]。1910年拆除清代城牆，開闢殖民都市典型放射線道路，促進三市街相連，爲臺灣都市整治的劃時代突破；1920、30年代逐步擴充的下水道、自來水、電力系統，城市內部及周邊城鎮道路網絡，公私營巴士及大臺北支線鐵道等低廉大眾運輸，也爲商業發展與公眾休閒

6　黃蘭翔，〈臺灣・日本・朝鮮・關東州都市計畫法令之比較研究：1936年「臺灣都市計畫令」的特徵〉，《國立臺灣大學建築與城鄉研究學報》8，1996年6月，頁87-97。

鋪設了舞臺。30年代以後臺北人口激增，臺人為主，日人居次，外國人極少，不似哈爾濱有多民族社區及緊繃的民族關係。

當1930年代初期「島都」一詞開始蔚為風行時，國際都會哈爾濱在都市化及國際化方面，皆較殖民地首府臺北更勝一籌。然而，這個早熟都會在1930年代面對的社會矛盾，卻遠比臺北沉重。在哈爾濱充斥的各種型態、規模不一的緊張關係中，以帝國主義競爭、民族矛盾及外國資本入侵最為嚴重。除了滿洲各地共通的中日矛盾之外，哈爾濱特有的日俄鐵道競爭及多國資本擴張，更牽動著城市權力結構的遞嬗重組。哈爾濱俄人的興衰如盈虧表一般，直接反映俄國在東北總體勢力的消長。它隨著日本勢力的崛起步步衰退，首先是日俄戰爭，繼而是紅色革命與蘇聯執政，最後則是「滿洲建國」。作為中東鐵路營運心臟發跡的哈爾濱，一個俄人扶植起來的都市，在俄國勢力南抵旅大的巔峰年代，曾是帝俄南侵的後方策源地，1905年隨著日本的勝進淪為俄國勢力敗退後的前沿，1924年奉俄協定後北鐵事業進一步縮限於商業範圍。1932年日本提議合併南北鐵道，經過數年談判，終於在1935年3月簽訂讓售協定。長期象徵俄國東北亞大陸勢力發射地的光輝南陲，潮起潮落之後終於成為日本北向擴張的明珠。

哈爾濱自1932年起遭遇兩次洪災後，1935年在中日長城戰事如火如荼、東北中國人抗日排滿運動活躍的大環境下，又遭遇日俄勢力更迭的新波瀾。權力重構的衝突、外國資本的榨取是「滿洲國」中國人社會的重擔，也是哈爾濱敘事中最尖銳的高音。在臺灣方面，誇示「輝煌統治」的臺灣博覽會則流露單一殖民政權統治無虞之後，配合帝國擴大方針進一步南向的意圖。臺灣總督府期待透過彰顯科學主義及可視性的博覽會展示技藝，讓臺灣政經、產業及教育的統治經驗，作為向華南、東南亞輸出的範本；藉此吸引日本及國外資本投注臺灣，促使臺灣產業利用南方資源轉型為加工業，進而刺激臺灣資本往

外流動，形成向華南、東南亞輸出的循環[7]。將區域經濟及軍事擴張結合起來總體考量的這種思維，也正是「總力戰」及「共榮圈」的前置概念。

這些概念乃透過博覽會以地理空間為依據的陳設分類，以及對帝國境內不同地域屬性、不同殖民地角色的特意凸顯及「標籤化」，加以落實。博覽會會場的區域選擇、內外布置及展出內容，堪稱四十年來臺北「殖民都市建設」成果的總展示，彰顯帝國對於殖民地文明化的「不遺餘力」，以及日本比諸西方國家不遑多讓的現代治理能力。1895年以後臺北都市空間的重整，以公共衛生、政經發展、文明展示、種族／貧富分離、彰顯殖民神聖性為考量。博覽會期間對都市空間的調用、規劃、裝飾及呈現，延續同樣的國家角度而非在地住民觀點，並且更進一步以帝國經濟網絡中的地域分工視野，重新鑲嵌、預示都市未來位置。它除了釋出臺北都市定位轉換的訊息之外，更透露了帝國總體經濟布局對臺灣經濟角色升級的期待。會場利用既有都心及首善之地，進行道路修整、植樹美化、街市裝飾、櫥窗競賽與燈光妝點。意圖透過有限的殖民都市展示空間，彰顯文明進步的治臺功績與幅員廣闊的帝國雄圖。

除了強力輸入日本國內商品、推動帝國地域商品流通之外，重塑南方社會地域感、調整臺灣機能定位，亦是1935年臺博會包裝臺北、形塑臺灣、展示帝國的重要目標。雖然號稱為臺灣博覽會，然而展現臺灣、南洋特色的大稻埕「南方館」，僅占總面積3%。因此，地域感重塑與殖民地機能展示，並非透過承辦都市臺北之都市空間開發或重劃來營造，乃是透過展館中的展示設計與觀覽引導，亦即臺灣在帝

7　呂紹理，《展示臺灣：權力、空間與殖民統治的形象表述》，頁244。

國「政經地圖」中的地域角色呈現加以催發。臺博會不以眾星拱月之方式聚焦、標榜臺灣，而著重臺灣與帝國諸地域相對位置與特色的網絡關聯。藉由工業技術國日本、加工區臺灣／朝鮮、原料地滿洲／南支南洋的整體架構，展現帝國境內諸地域產業、貿易、國防的聯屬，以及南進態勢下臺灣產業升級的必要性與潛力。透過參展動線形成的「臺灣／帝國諸領地」類比效應，引發觀者比較、整合帝國各領地現代化歷程與功績，並內化「技術與資源提攜之經濟圈為東亞和平基礎」之概念。

博覽會充滿科技新知、著重身體經驗、標示地域機能的展示模式，以帝國本位的標準化「全知視野」，提供殖民地大眾鳥瞰帝國、讚嘆皇圖的難得機會。在充滿興味與驚奇的現代虛擬體驗裡，臺灣大眾被同時植入偏狹的帝國主義全球視野。透過如夢似幻的帝國巡禮及臺灣現代化之回顧展望，充滿空間政治操作的地域教化資訊與商貿擴張戰略，不斷對「殖民同化」、「共榮圈」、「產業轉型」、「南進臺灣」等國策概念，進行內置性行銷。隱匿在目不暇給的博覽會及驚嘆連連的都市新奇感背後的，是軍事行動一觸即發、政治更張迫在眉睫之際，到達緊迫階段的備戰時期(1931.9-1937.7)殖民地機能調整，亦即「南進基地化」的前置預備問題。帝國布局亞洲的企劃昭然若揭，卻不易被大眾警戒。在驅誘臺灣人一批批投向島都參與帝國巡禮之背後，暗存改造殖民地機能的一股龐大力量，一場寧靜的變革。然而，意識到臺灣被帝國企劃捲入全球化行動的臺灣作家，終究在島都書寫中留下了聲響。

二、鐵道都市的風雲幻變與跨國資本：哈爾濱

哈爾濱是隨著鐵路時代到來而誕生的一個十足的「現代城市」。不幸的是，這蜿蜒於東北心臟地帶的現代設施，同時也是帶狀租界、

全球資本的輸送帶以及大陸爭霸的導火線。1935年日俄、日中等東北最爲劍拔弩張的社會關係，若非鐵道引發的爭端，即在鐵道周邊上演。1937年以前的「滿洲國」統治初期，以哈爾濱爲主要舞臺的「北滿作家群」，屢屢把這個「東方小巴黎」譬喻爲現代病體。在東北現代敘事裡，都市是殖民主義批判或殖民現代性省思的必要裝置。以都市問題進行病症式書寫成爲都市敘事的主流，各種都市浮世繪都不約而同地把社會問題的叢結（complex），指向殖民鐵道都市的特有矛盾體質。

　　1930年代前期，哈爾濱承載了多種勢力的進退布局，宛如一個潮間帶。若說北鐵是上演帝國主義物換星移悲喜劇的舞臺，哈爾濱則是觀看「滿洲他者」的最佳櫥窗。北滿作家群棲身在大國爭霸的風雲變色中，他們筆下各式各樣的哈爾濱故事裡，總是或隱或顯、自覺不自覺地，銘刻了不同「滿洲他者」所掀動的風雨欲來、充滿矛盾緊張的現實，以及複數他者之間的幽微互動。舒群〈沒有祖國的孩子〉，最能表現主權變易期，滿洲作家對於盤踞、僑居或流亡在「非常態國家」中的異民族進行觀看時，一種不同以往的國際性、現代政治視野。

　　〈沒有祖國的孩子〉以北鐵讓售前哈爾濱附近城鎮爲想像舞臺，透過蘇聯「東鐵學校」內外人際關係及時局變化，折射大哈爾濱地區不同民族分殊的命運。小說情節緊扣滿洲事變後的情勢變幻與社會不安進行鋪陳，幾次帶到的鐵路附屬學校校旗，點出俄國學校的優越地位，及其所屬機構「中東鐵路管理局」的所屬權變化。校旗從半中半俄、半日半俄到即將完全換新，北鐵經營權的階段變化，在此不僅是一個潛在背景，更是故事時間的標尺，以及推動情節攀向衝突高峰的主要動力。命運迥異的中、俄、朝三國少年共同組構了小說中的「祖國」隱喻，每位少年代表的形象都是集體性的，民族國家式的；他們

的身世、年齡與貧富是民族國家現況的縮影，彼此的關係則是東北亞現實或未來國際關係的隱喻。故事裡，日、俄、中、朝的國家／民族關係，呈現由強而弱的階序，日本是其中最為強勝的「主要他者」。掌握東北領土主權的它，同時也是威脅其他三者的「共同他者」。「對於主要他者的隱性書寫」和「對於中國自我的輕描淡寫」相輔相成，形成一種以次要他者批判主要他者的特殊發言策略。在這種「替身式書寫」中，蘇聯人、朝鮮人等次要他者的命運勾劃與形象營造，成為主題意識傳達的載體。多事之秋使多為漢族、亦包含少數滿族在內的中國人作家(時稱「滿洲文壇」之「滿系作家」)，以國際社會之宏觀角度，重新評估複數他者共處於東北社會的現實。「滿洲他者」寓言傳達對新殖民政權的排斥與批判，顯示出夾處於大國競爭的縫隙之間，東北人民除了民族國家的渴望更加強化，也開始企圖突破國家框架探尋社會主義國際結盟的可能性[8]。

對於全球政經角力敏感的視野，自然與哈爾濱國際都會的特殊城市條件有關。如果沒有哈爾濱，就沒有這種敘事策略誕生的舞臺。除了政治面之外，經濟面的剖析也是此時期哈爾濱都市書寫的重要面向。殖民主義與全球化，是民族、權力與資本的跨國空間布局。在東北開啓此一布局歷程的鐵道，經常作為小說中的代表地標或城市象徵，用來營造殖民城市的異國情調、社會矛盾，或表現國際居民穿梭、多國資本競爭的複雜社會景觀。這些看似場景、背景或細節的鐵道描寫，往往和富裕的外國人社區、嚴苛的工廠勞動、困頓的底層生活者、監獄裡異議份子的描寫相連，帶有深刻的殖民主義批判及民族主義隱喻。除了舒群以外，北滿作家群中的多數作家，譬如唐景陽、

8　柳書琴，〈「滿洲他者」中的新朝鮮人形象〉，韓國：韓國現代中國研究會《韓中言語文化研究》21，2009年10月，頁185-214。

羅烽、白朗、蕭軍、蕭紅、陳隄等人，也曾描寫過哈爾濱。深刻的地緣關係，使他們的觀察極其敏銳而愛恨交織。

「滿洲國」建立初期對於位處北境、擁有蘇聯及多國勢力競逐的哈爾濱掌握有限，因此哈爾濱左翼文化勢力活躍，1935年以前北滿作家幾乎可說是「滿洲文學」裡批判聲音最尖銳的一支隊伍。1933-34年間，蕭軍最早描繪了這個被重覆切割的都會裡，權力化的都市空間及階級化的民族關係。帶有自傳色彩的〈燭心〉以鐵道、工廠、失業青年為素材，娓娓道出帝國主義及外來資本對東北社會造成的割裂榨取，以及對知識階層社會發展空間的壓縮。從貧困的「道外」爬上富裕的「南崗」，主人公憂憤地俯視著他寄寓理想的哈爾濱都市。「土崗上面是鋪臥著由哈爾濱到滿洲里、莫斯科，以及海參崴方向去的鐵軌路，但必須要經過那橫亘在松化江面的鐵橋。那橋過去是費去了人們的幾多生命和血汗，那只有鬼知道！」、「你如果肯在那崗上稍一停足，你便可看出哈爾濱，是有著兩個怎樣不同的世界！」在他身下，鐵道與工廠彷彿臥著的「巨大利劍」旁布滿的「一支支小劍」，共同切割掠取。閃著銀白光的中東鐵道流淌著中國人血汗，鐵道劃開貧富社區，築起「富裕優雅的外國人」與「過度勞動／失業流轉的中國人」之民族位階。外資工廠吞噬廉價勞工，機械吼聲有如「悲壯的葬歌」，殖民噪音構成了殖民都會迴旋的主調[9]。這個現代設施與產業獲得一定發展的都市，呈現作家眼前的卻是一幅「人為刀俎，我為魚肉」、「富者恆富、貧者益貧」的階層化社會圖景。

貫通南北滿的中東鐵道與中、俄、歐、朝鐵路體系相聯，是帝國主義空間與權力延展的通路(channels)。半殖民／準殖民都市為跨國

9　三郎、悄吟，《跋涉》(哈爾濱：五日畫報印刷社，1933年10月)，頁13-46。原作寫於1932年12月。

資本、技術與人員注入的節點，外資工廠則爲資源集散、生產或加工的庫房。帝國主義經濟造成在地社會貧困化，跨國資本與殖民政治相互結合，更使民族／階級／空間的宰制網絡牢不可破。這些議題在蕭軍的另一篇小說，獲得更細微的審視。〈下等人〉聚焦於南崗中心大街旁，一處美國資本家經營的暖氣熱水管製造工廠。鐵工們每日從貧困街區湧出，「懷著他們的『力』輸向工廠去」。「大齒輪咬著小齒輪，寬的閃光的皮韌帶不休歇的熬著晝夜，熬著人們的血，在可憐的打著旋轉」。以「同類的膏血」鍛鑄出來的製品，則被輸往上等人的世界裡，供聳立於工廠外的建築、禮拜堂、長街裡的紳士、小姐、夫人，以及「脂肪充肥得如豬一般的俄國老太婆們」享用。在「上等人」歌舞昇平的樓角下，警察鎮日忙碌地驅逐著衣食無著的乞丐們。暴露在嘆息與嘶叫的澎湃噪音聲中，鐵工「于四」知道「能夠享受這些鐵管利益的全是什麼人」。但是，工廠裡超時勞動，童工問題，以及意外死亡、肢體軋傷、鐵屑吸入等意外事故與勞動傷害，以及政治性的勞工迫害，卻是「居在有暖氣的屋子裡的人們」不曾留意的。誰也不會注意到「一條平常的鐵管，會有過血的故事吧？」[10]

〈下等人〉洞察了科層化(hierarchies)社會裡的資本與權力關係。它描繪了中國勞力→外資工廠→上層消費→美國資本的循環；也點明了外資入侵、榨取性的經濟體系，如何透過殖民政治體制的搭配(警察政治、勞工運動制壓、思想檢查)，更形穩固。在商品向上集中、資本向外流出的過程中，傳統社會疆域破裂、本土住民階級下滑。外國資本與日本殖民體制的共生，「滿洲國」中國警官對同胞的欺凌，中俄勞工聯合的國際主義動向，再三顯示重層殖民體制與全球資本的合縱連橫，如何造成民族國家主權、疆界、經濟體系與倫理的

10　同上註，頁117-140。原作寫於1933年8月。

崩解。〈燭心〉裡網絡化的資本布署，〈下等人〉裡線性的資本進出現象，都覺察到以鐵道、工廠、都市空間體現的殖民統治與跨國資本，如何將人們日常生活及社會組織、制度、資本、倫理，一切沿著「地區—全球」的軸線重新定位。

　　國家版圖的切割、國際勢力的分級、城市空間的區劃、國族倫理的撕裂，在哈爾濱敘事中幾乎成為同義詞。南崗鋼鐵廠的運轉聲、煙囪口的黑煙、頭縛毛巾的苦力們，成為哈爾濱都市陰鬱的表徵。殊瑩（陳隄）也曾以位於南崗的某工廠為舞臺，寫過帶有階級鬥爭色彩的復仇小說。在他筆下，資產階級與勞動大眾，形成了流動與閉鎖、壓榨與貧勞的懸殊世界[11]。以南崗中心大街底的秋林洋行附近為分界，勞力販賣者在不同城區湧進湧出，進行一趟趟「地獄—天堂」之旅，卻步步墮向越勞動越貧困、越勞動越不幸的「活地獄」。

　　「道外—南崗」的城區空間，成為「地獄—天堂」的殖民社會階級隱喻。羅烽〈殘廢人〉也寫道：「我愛那條街，彷彿是一個癡情的窮小子，看中了一位高貴而美貌的小姐，我一切都不管，我絕不想：自己可有那種資格否？⋯⋯在那條大街盡東頭租了間小房子。暫眼之間，生活就變了，⋯⋯只是覺得眼前換了個明靜而開朗的天空，又像是換了個世界，風也是香的。」然而，他漸漸發現空間的越界，突破不了民族／資本／階級的身分障壁。「我簡直變成一個迷失了路途的孩子，到處碰到歧視和冷淡。寬寬的街顯得我非常渺小，兩旁茂盛而修整的白楊樹，顯得我非常骯髒。」最後，他宣告「還是回到『地獄』裡去吧！天堂對於我是過分地不相宜的！」[12]殖民差別論述透過

11　殊瑩，〈棉袍〉，梁山丁(編)，《燭心集》(瀋陽：春風文藝，1989年4月)，頁74-97；原刊於1935年1月《北師校刊》新年號。

12　羅烽，〈殘廢人〉，《橫渡》(長沙：商務印書館，1940年8月)，頁97-98；原刊於1936年7月《現實文學》1。

貧富分離的城市空間，把物質主義、西方中心、殖民者本位的偏狹現代意識，滲透到被殖民者身體、意識乃至骨髓之中，造成本土居民產生錯置混淆、自我賤斥的欲望迷失與認知混亂。白朗小說〈輪下〉[13]，也以市公署基於「滿洲國大哈爾濱市計畫」，強制拆除松花江洪災後南崗下坎地區難民屋，引發的大規模警民衝突流血事件爲中心，對外來中心主義、不和諧的離地性(dis-place)都市提出了批判。

北滿作家對於殖民主義全球化的觀察，除以國家主權退化、跨國資本布署、資源／勞力剝削、空間重塑加以表現之外，也指出了法西斯思想迫害以及外來知識霸權等問題。羅烽〈滿洲的囚徒〉提到南崗要道大直街上，哈爾濱大日本領事館監獄對各國左翼份子的迫害。唐景陽〈寄押犯──在哈爾濱〉，描述哈爾濱特區法院看守所對日本警察署、憲兵隊、警察廳特務科押送過來的政治犯、思想犯，未經審判便加以處決的現象。蕭紅〈手〉透過染坊少女在都市中學裡遭受校長及其他資產階級女學生們的歧視和排擠，探討女性、知識、階級與殖民體制四者的關係[14]。

殖民都會在全球生產網絡中，爲各種權力、資本、種族、宗教、生活型態擴散(diffusion)的節點；而鐵道、國策公司、跨國銀行、工廠等則爲資本、技術與人員移動(movement)的重要途徑(channels)。

---

13 白朗，〈輪下〉，張毓茂(主編)，《東北現代文學大系・短篇小説卷(上)》(瀋陽：瀋陽出版社，1996年12月)，頁516-543；原刊於1936年9月《文學界》1：4。

14 羅烽，〈滿洲的囚徒〉，《羅烽文集(5)：未了篇集》(瀋陽：春風文藝，1994年12月)，頁19-161；原作完成於1934年6月。唐景陽，〈寄押犯──在哈爾濱〉，《唐景陽小說選》(瀋陽：春風文藝，1998年3月)，頁86-91；原作完成於1937年1月。蕭紅，〈手〉，《東北現代文學大系・短篇小説卷(中)》，頁994-1010；原刊於《作家》1：1，1936年4月。

哈爾濱都市的幾類故事裡，都關注到國際都會從民族國家體系中剝離，被全球經濟網絡捆綁貫穿，同時遭逢複數殖民體制滲透，雪上加霜，所引發的各種困境。究其原因，除了多數北滿作家認同或參與第三國際、中國共產黨，或具有社會主義思想，因此對資本問題具有敏銳認識之外，更源於身臨其境的殖民都會全球化體驗。表現在都市書寫中節點都市的在地反應，經常被局限在抗日民族主義或階級鬥爭的範疇進行解讀，而忽略其全球化批判的內涵。事實上，北滿作家的批判觀點著重世界體系中的帝國／殖民地分級現象、主權破裂與國家機能退化，非僅殖民地民族矛盾(殖民主／受殖民者)或本土社會內部矛盾(資產階級／無產階級)而已。

三、從米糖倉庫到南進基地：臺北

　　一次大戰後日本因取得德屬南洋群島的委任統治權，而進入「南進」的實質發展期。不過，日本的南方經略長期以經濟滲透為原則，直到1936年8月將「南方問題」列入國策，才以武力作後盾積極推展，和1931年即以激烈手段侵略東北有所不同。南、北進的時間差與相異模式，使臺北和哈爾濱承受的轉型壓力和社會衝擊不同，本土作家的觀察與批判也有所不同。

　　「南進基地化」對臺灣的影響，在政治面的最大表現為皇民化，經濟面則牽涉到地域經濟分工、跨國殖民資本配置、帝國經濟控制模式及臺灣重點產業調整等，終極目標即為「南方共榮圈」的建設問題。南方共榮圈與東亞共榮圈，皆以殖民計畫經濟的施行及統制經濟的徹底控制為原則，乃是以帝國武力為前導的亞洲國際經濟分工體系。武力侵略配合區域經濟化，以政治及軍事手段，透過戰爭快速累積本國資本改造日本經濟體制，正是日本解決1930年代經濟危機的主

要策略[15]。1937年中日戰爭爆發後，臺灣產業開始轉型，步上1931-37年間工業產值飛躍成長的「北進基地」朝鮮後塵，被強制展開以農業經濟、原料加工為基礎的工業化。1940年7月「基本國策要綱」中發表「大東亞共榮圈」構想，臺灣被規劃為南方作戰基地，總督府開始推展軍需工業，利用南方原料進行初級加工輸往日本。

臺灣在新戰略構圖中被設定的位置與機能，導致數十年來「米糖倉庫」社經體系，面臨結構性調整。轉型現象在1930年代前期萌露，後期日益明顯。聯繫臺灣與南洋的吞吐口高雄港獲得建設，高雄鋁業、化學、鋼鐵、機械等軍需工業也開始發展[16]。30年代中期以後，軍部、總督府、國策公司聯手，推動臺灣、南支、南洋產業分工及生產的循環。1936年，為南進政策創設，因中日戰爭及太平洋戰爭使事業觸角深入中國南方、菲律賓、英領馬來、北婆羅洲、蘇門答臘、西里伯斯與巽他島湖等地的「臺灣拓殖株式會社」，其龐大軍需產業、航運等事業，即是日本以臺灣為中心建構華南、南洋勢力圈的實踐之一[17]。帝國海外擴張「先北後南」的進展，使臺灣從1930年前以滿足北方地域需求為主之米糖經濟，形成的「帝國—殖民地」南北體系，進一步被納入臺灣與南方周邊地區多角互動的區域爭霸中。

日本以區域戰略強制殖民地產業升級的斷裂式轉型尚未完全政策化以前，1930年代初期以來陸續進行戰爭準備的產業調整與布局，已

---

15 林繼文，《日本據臺末期(1930-1945)戰爭動員體系之研究》(臺北：稻鄉，1996年3月)，頁41-43。

16 蕭采芳，〈1930年代後期的高雄港與軍需工業〉，中正大學歷史學研究所碩士論文，2008年7月。

17 張靜宜，〈臺灣拓殖株式會社與日本軍國主義〉，成功大學歷史學系博士論文，2003年6月；蕭明禮，〈戰爭與海運——戰時南進政策下臺灣拓殖株式會社的海運事業〉，暨南國際大學歷史學系碩士論文，2004年6月。

使30年代中期臺灣人的地方感與地緣網絡，從割讓前的臺／中聯屬、1935年前的臺／日聯屬，逐漸被推向臺灣／南方圈網絡之中。透過臺灣博覽會中的宣傳與教化，臺灣知識分子對隱藏在民族經濟矛盾及區域經濟壓力背後，更為深廣的帝國主義全球化的威脅也有了更多體認。

此時臺北都市書寫中，「空間驚奇」(space surprise)成為最大符號。然而這並非一般都市化現象的結果，更非對現代性的禮讚，如前所述，必須與中日戰爭到二戰爆發前列強戰略配置掀動的空間政治與經濟布局連帶思考。總力戰前的政經調整帶動南方地緣政治變化，空間重塑與認同重塑併聯著發生。臺灣博覽會以超級公共活動刺激民眾向臺北移動，形成「島都朝聖」的全島性都會觀光，導致臺灣大眾普遍有了透過身體感官內化殖民都會意象及標準帝國地埋的經驗。在島都裡，即使一項微不足道的空間重塑體會，往往也能無限蔓延，仕時人的社會意識中，升起充滿想像力與虛構性的現代嚮往、都會憧憬、帝國宏圖與世界圖景。這圖景既是殖民地式的、帝國式的，也是地域性的、全球性的。它帶著臺灣人認知世界的特定立足點、評價與期盼，又難以掙脫帝國區域擴張想像及帝國階層式世界觀的宿命接受與複製。此外它帶來的顯著轉變，就是催促人們逐漸超越鄉土意識或民族國家的舊有共同體認知，形成疆界浮動的「南方共同體」或「東亞社會」的模糊想像。

臺北現代公共空間的浮現與都市生活型態的變化，早在1930年代初期即被反映於小說中，然而臺北書寫的高峰卻出現於1934-36年間。一再被描寫的某些物質環境與人文景觀，重複傳遞特有的現代空間驚奇，幾乎成為都市描寫的共同背景與配件[18]。這些都市集體印象

18　譬如城市建築、筆直街道、公共汽車、各式車輛、廣告霓虹燈、都會

或驚奇感受與博覽會召開過程中島都景觀的裝飾美化及空間政治操作，有絕大關係。1933年10月以臺北文藝青年爲中心，帶有現實主義批判性格的「臺灣文藝協會」作家們，爲臺北都會書寫的重要群體。該集團主張突破前階段文學運動對封建性批判的偏重，向外掌握時代多元動向，探尋「臺灣新文學的出路」。核心成員朱點人、王詩琅（王錦江）、徐瓊二、郭秋生(芥舟)等人，有意識地突破當時文壇主流的農村題材，以都市現象的分析描寫作爲「建設性、創造性文學」的實踐策略之一。

朱點人小說〈秋信〉，以博覽會觀覽爲故事背景，透視臺灣社會、產業、教育與國民意識的轉型問題。他描繪了受殖者覺察到殖民地物質建設及空間重塑被「歷史化」的那一刹那，所經歷的殖民現代性震撼，以及隨之而來的民族認同、歷史記憶、身體感官的多重失落。老秀才前往睽違十五年的島都，映入眼簾的是前清撫臺衙蓋起了臺北公會堂，在高唱「產業臺灣的躍進」口號下，島都的一切城市景觀、人文風貌、社會機能乃至集體記憶，都被編入日本帝國的時空與機能當中。記憶中私藏的文化殘骸在遭遇新興公共空間及據此展示的新世界圖景之後，刹時消殞成碎片[19]。被學者陳芳明指稱爲「現代化的假面」[20]，而極具象徵性的這種殖民空間重塑震撼，其實也正是強制性「殖民主義跨文化」下的地方歷史滄桑。

（續）─────────────

　　燈光、摩登女性、夜生活、百貨公司、商品櫥窗、舞廳、咖啡廳、留聲機、電影、流行音樂、文學青年、夜間公車、薪水階級、職業女性、都市下層生活者等。

19　朱點人，〈秋信〉，《朱點人・王詩琅合集》（臺北：前衛，1991年2月），頁225-237。原刊於《臺灣新文學》1：2，1936年3月，遭當局削除。

20　陳芳明，《殖民地摩登：現代性與臺灣史觀》（臺北：麥田，2004年6月），頁53-56。

　　徐瓊二的散文〈島都の近代風景〉[21]，則在博覽會宣傳的指派報導中傳達了非官方觀點。記者「我」搭乘公車進行都市巡禮，首先描繪了與上海新感覺派近似的都會翦影，「高跟鞋——口紅——It——拋媚眼——走馬燈——霓虹燈——咖啡館——留聲機——男人——女人——兩人、三人、一群人——悠緩的腳步、飛快的步伐——千變萬化、物的噪音」。繼而從舞廳、咖啡廳、街頭遊群、文學沙龍到都會勞動身影，指出近代都會並不近代的事實。上層階級消費享樂，勞動階級卻強忍著各種辛酸在底層苦撐著。「島都的近代風景，從中正站立巨大的悲壯。悲壯啊。悲壯啊。雄雄地悲壯啊！巨大的站立著。」在他眼裡穿梭流蕩的聲光、商品掩蓋不了本島人社會僵滯沒落的實質，市民生活困境持續加深，階級矛盾與資本主義退化性格四處可見。

　　王詩琅進一步描繪了島都中的各種暗鬱。〈夜雨〉以太平町為舞臺，進入讀者視野的第一幕仍是燈光燦爛的夜都景象。「輝煌的電光，漸漸地逞威，要代替太陽支配世界了。」臺北從1930年代起改善都市照明，1934年完竣的日月潭水力發電廠為工業化、南進後盾，也為都會提供豐沛電力，昭告新電力時代的來臨。為舉辦博覽會極度增加的街燈及光飾，烘托了摩登華麗的城市空間，使1935年成為臺北史上最明亮的一年。輝煌的街町成為都市代表象徵，也形塑民眾的集體記憶。然而，作家卻注意到光鮮表層下勞動剝削、罷工、對罷工者的制裁，以及工人之女淪落醜業等社會黑暗面。「西裝青年、長衫女士、勞動者、紳士、自轉車、自動車、人力車、貨車，……這些構成近代都市的細胞，摩登的風景，在他灰黯的心情，都是馬耳東風。」罷工者的慘敗，除了業主藉機從日本內地輸入大量「移入工」之外，

21　徐瓊二，〈島都の近代風景〉，《第一線》，1935年1月，頁112-
　　118。

「他覺得似乎別有個大的、看不見的責任者」[22]。跨境工人的調度與替代，勞動市場中民族競爭的操作，成為財團壓制本土勞動爭議的重要手段，去疆界的勞力市場導致報酬惡化以及勞運的分裂。

　　勞工運動的瓦解並非單一現象，民族運動與社會主義運動經歷1930年代初幾次大檢舉後一一式微；1935年11月臺灣史上首度的地方選舉進一步收編地方菁英，更導致島內政治運動奄奄一息。同樣為王詩琅的小說，〈沒落〉描寫當年臺北師範學運退學、赴廈門讀中學、畢業後進入上海大學，參加臺灣共產黨，以上海「臺灣學生社會科學研究會」為中心的一群人轉向的故事。「滿洲事變前後，這小島的社會運動像在颱風前的燈火一齊吹滅，改組後潛入地下的臺灣共產黨也被颱風剔起，把它望深海中掃去。他也被捲入檢舉的渦中。」在上海，與國際社會主義運動串聯，往來臺滬間意氣風發的運動者們，此時若非被捕，就是陷溺於腐化沉悶的社會牢籠。「左翼的正統的上海大學派之代表鬥士，不期而合在這紅燈下再會。」他們穿上入時服飾，在咖啡廳、北投溫泉、循環巴士、溫柔鄉裡，無言地惦記入獄受審的同志，懷著罪惡感嬉遊買醉[23]。〈十字路〉捕捉了總力戰前的最後繁華。在國防氣息日益濃厚的時期，「這新興的向近代化途上驀進著的臺灣人街市──大稻埕。幾年之間，觸眼盡是高樓林立，電光閃爍，照得像白晝一樣。……他們雜在人叢中，好像在光波電海裡蕩漾」。臨近「新正」（日本新年）的街頭，如花似錦的商品堆積如山，井原百貨櫥窗燈光襯托下的那頂「帝國製中折帽」，「好像嫵媚的美人在伸手招他」[24]。供給上層階級消費的帝國商品，讓本土薪水階級

22　王詩琅，〈夜雨〉，《第一線》，1935年1月，頁152-158。

23　王詩琅，〈沒落〉，《臺灣文藝》2：8・9合併號，1935年8月，頁92-100。

24　王詩琅，〈十字路〉，《臺灣新文學》1：10，1936年12月，頁78-

充滿了仰望的苦惱，也給左翼分子帶來價值的挑戰與信仰的危機。
1931年「金輸出再禁」政策實施後，日本利用日幣貶值的優勢大幅
輸出商品，加上「區域集團經濟政策」的配合，1930年代輸臺商品
大量增加[25]。1933年以後日資也開始大量流入，軍部、革新官僚和新
興財閥結成複合式經濟集團，對本土產業展開強勢競爭與兼併。在南
進政策帶動的跨國經濟活動逐漸強化下，不論「轉向者」或一般市
民，紛紛躍上追趕商貿潮流與資本價值的列車，為資本主義欲望城市
平添具有社運傳奇資歷的高級女給，或在泛濫的帝國商品前眼花撩亂
的平庸薪水階級。臺灣經濟轉型的十字路，也正是臺灣社會價值與知
識分子馴化、轉向的十字路。

　　賴明弘〈魔の力〉以臺灣文化協會份子作影射，藉島內因學運退
學前往日本升學，而後輟學全心投身臺灣民族運動的典型社運青年，
回顧約莫1924-32年間臺灣反對運動從奮起、分裂到潰滅的過程。
「當時島上的社會運動家還沿著合法的管道，積極地嶄露頭角的時
候。工會或是農民組織是公然存在，文化運動的合法團體雖然帶有政
治色彩，卻相當活躍。有鑒於內地、中國的情勢，嗅到時代氣息的青
年們，蜂擁而至地參加各個團體。」[26]八年前正是島上最輝煌的時
候。當時和T市的同學們罷課，毅然地相攜到內地的林信三不管還有
一年就大學畢業，一回臺就立刻投入文化團體的實際工作。在少有大
學生人才的當時，這樣的舉動，令島上的人們瞠目結舌。」全心躍入

（續）—————————————————————————
　　　87。

25　林繼文，《日本據臺末期(1930-1945)戰爭動員體系之研究》，頁
　　　42。

26　賴明弘，〈魔の力——或ひは一時期〉，《臺灣新文學》1：7，1936
　　　年3月，頁6-18。劉貴枝譯文，收於張雅惠，〈賴明弘及其作品研
　　　究〉，臺灣師範大學臺灣文化及語言文學研究所碩士論文，2007年6
　　　月，頁241-249。

運動的菁英「林信三」，不斷活躍於激進前線。直到1931年全島大檢舉予運動致命打擊，「島上的運動就像大風吹過一樣寂靜無聲」為止，林及許多同志也紛紛被捕。「黃月美」羈押三個月後較早獲釋，此時同志星散，又找不到工作，「她萬念俱灰地敲響酒館的門。習慣了從未有過的生活之後，在爵士樂、酒、粉、口紅和低級男人們的體臭的空氣中過著日子的她，在腦海裡，以前的事情、自己走來的道路已經逐漸模糊。」在拘留的第二年林出獄，雖健康受損仍資助新同志，但是「他想過，無法捨棄自己的信仰。可是世界已經面目全非了。」後來，他與月美重逢，陷入複雜的不倫戀，兩人殘存著階級理念，但亦搖擺於人道主義、物質享樂與男女愛欲中，對於自我清算、再次投入，猶豫不決。歸根究柢，最後擊敗他們的並非政治壓迫，而是備戰階段瀰漫的末世氣氛，以及充滿資本主義消費與物質墮性的總體社會變遷，對理想、信仰及意志造成的窒息與腐蝕。

　　不論左、右翼，殖民地反對運動的瓦解，有著更為結構性的經濟因素。1931-36年臺灣總督府利用經濟恐慌後的不景氣，逐步對既有的米糖經濟進行調節與統制。米穀統制的原則在於壓抑對日本米具競爭性、同時妨礙軍需農作推廣的臺灣米作，扶植具有糖業化工潛力的蔗作，藉此朝工業化轉換，同時打擊從商品化小農經濟中成長的臺灣地主勢力，削弱政治社會運動陣營。臺灣米穀統制政策從30年代初期的金融控制手段到後期的法令控制手段，逐步完成壟斷。輸出總量減少，輸日米價下跌，導致臺灣地主和農民逐漸陷入財務困境[27]。農民問題，也因此成為了30年代臺灣文學的最大議題。疑為王詩琅的琅石

27　林繼文，《日本據臺末期(1930-1945)戰爭動員體系之研究》，頁49-58、117。

生小說〈闇〉[28]，透過浪居島都的南部罷工失業者所見的大稻埕失業者、無業遊民，反映外來人口的慘狀及都市貧富落差。除了臺北作家們之外，其他中南部作家也紛紛反映此議題。陳垂映《暖流寒流》從東京留學生的視野，描述1931、32年間臺灣彰化地區「土壟間」被日本財閥「米穀產業組合」取代而衰落的過程[29]。該小說裡「島上的農村現在正面臨著崩潰、衰亡」的呼喊，也迴盪在楊華小說〈一個勞者的死〉之中。小莊農因經濟恐慌無以維生幾經波折在都市鐵工廠覓得粗活，同樣無法掙脫資本體制剝削的羅網。貧農前往都市謀生的悲慘故事，不勝枚舉。楊守愚也曾寫到「不景氣是日見深刻，失業軍更是洪水般地愈見膨脹，嗷嗷於飢寒線下的人，全臺灣至少有三五十萬吧！」[30]

　　殖民都市，在日本帝國從備戰期(1931.9-1937.7)邁向總力戰期(1937.7-1945.5)的東亞殖民體系建置過程中被重新機能化、節點化。「滿洲國」國都新京(長春)動搖了哈爾濱在北滿都市中的領導地位，臺北也被納入南方擴張配置之中強制轉型。殖民地作家們描繪都市的「光」，乃為揭示都市之「影」，都會敘事裡透露著對於地緣政治變動及政經社會轉型的不安。作家對於殖民計畫空間中的隱蔽政治與文化霸權有所警覺，透過都市裡的薪水階層、知識遊民、底層階級與外來農工，指出了殖民地近代文明的蒼白貧血，以及跨國殖民資本對本

28　琅石生，〈闇〉，《臺灣文藝》2：2，1935年2月，頁56-63。此係筆者據小說議題及風格所作之推測。

29　趙天儀、邱若山(主編)，陳垂映(著)，《暖流寒流》(豐原：臺中縣立文化中心，1999年11月)，頁49。原書為1936年7月臺灣文藝聯盟出版，中央書局發行。

30　楊華，〈一個勞働者的死〉，《臺灣文藝》2：2，1935年2月，頁136-142。楊守愚，〈瑞生〉，《臺灣新民報》，1930年3月29日、4月5日。

土都市與農村的全面衝擊。作爲南方共榮體系的節點與基地，臺灣看似加入了寬廣的區域網絡，實則被置入另一個皇民化政治與統制經濟的閉鎖空間。日本國策公司與跨國財團的入侵，依據殖民治理需求設定的法政體系，還有資本主義商品享樂價值，對本土社會原有的生產模式、聚落生態、文化倫理及抵抗運動，皆造成難以估計的衝擊與破壞。

四、節點都市與地方話語

殖民主義與跨國資本，藉空間化形式來實踐。置身不同層級的節點都市，對於殖民主義與全球化的體驗與認識，也有所不同。北滿作家身處跨國經濟發達的哈爾濱，對殖民體制與全球資本的共謀，空間結構與政治經濟勢力的相互鞏固，具有普遍的洞察。臺灣作家則不然。臺北國際化規模不及哈爾濱，在單一帝國主義治理下缺乏對其餘殖民勢力及外資的敏感性，也欠缺多重帝國主義競爭下帶來的遊走空隙與批判資源。整體而言，在1930年代節點都市意識強盛的時期，臺北都市書寫中對國土的割裂、民族分級構造、都市外來異己階層、跨國殖民資本的批判，較哈爾濱作家薄弱；但是，對政治運動空間壓縮、戰略性經濟轉型壓力、勞動條件惡化、帝國商品傾銷、反殖運動的沒落、鄉村失業人口湧入等方面，則有深細的表現。

在殖民占領下的農業邊陲社會，不論東北或臺灣，都市書寫皆非兩地現代文學的主流。比起更受關注的傳統制度與農村困境等議題，何以哈爾濱與臺北的都市書寫，會在1930年代前期到中期顯現質與量的高峰呢？1935年「始政四十周年記念」，出身臺灣的「滿洲國」外交部長謝介石以代表身分返臺致意；同年「滿洲國」皇帝溥儀第一次訪日，歸國後詔告「日滿一德一心」。都市文學湧現的時期，恰好也正是滿洲事變、滿洲建國、北鐵讓渡、日滿提攜等重大事件，改寫一

次大戰後列強亞洲勢力範圍的時期。

滿洲事變到中日戰爭爆發之間的轉換期，是哈爾濱、臺北兩都市高度發展，卻也是它們從備戰期多頭競爭被捲向總力戰期統制經濟之關口。帝國體制中的節點都市，成為首先反應轉換期震盪的前沿地帶。在轉換期的兩地，都市不只是故事背景，或文藝集團及印刷傳媒發達之處；作為外來權力、資本與思想灌注傳播的孔道，都市是影響文藝生產的一股「動力」（dynamics）。它，既是舞臺，也是被表現的對象；既是題材，也是影響議題表述及形式表現的重要因素。純文學領域的都市書寫，以及與都市書寫形成關聯的農村書寫，在此一時期交織出一波少見的以文字體系呈現的批判性地方主義論述，架構出封建農村批判及通俗都市書寫，難以企及的民族隱喻與殖民批評之力學構造。

與哈爾濱相關的沒落農村書寫裡，往往埋藏著都市與資本的龐然巨影。山丁〈山風〉描寫外資操縱大豆銷價，導致本土糧棧蒙受巨大損失、老闆流徙他鄉、夥計失業，底層農民失去土地、長工流離失所，藉此對外資進行批判。小說中，「外國老客（外國買辦）—洋幫（寶隆洋行）」之外商集團和「長工—當家（農戶）—東家（地主）—掌櫃、外櫃（錢莊）—老闆、夥計（糧棧）」之地方產銷鏈，構成上層宰製下層的產銷結構。糧棧驗收，錢莊放款，東家租地，農戶供豆，長工種莊稼。看不見的黑手（外資）隱身在後，透過資金預貸操縱原料與行市。地主以地照作抵押，農戶連保向錢莊借款，約定未如期繳豆，將照行市計價，並賠償損失。後來，洋幫以收成期遇大雨，行市節節上升為契機，首先透過糧棧以濕豆不符標準為名拒買，混亂市場人心，繼而以要求罰金、扣地照施壓，引發拋售，最後再狠殺價錢，賤價收購。一連串的巧取豪奪，造成了糧棧及其下各層業者幾近破產，本土

經濟體系及以此維繫的村落、家庭共同體也岌岌可危[31]。小說雖以洋商寶隆洋行爲對象，實不無借喻、批判日資之意。因爲早在「滿洲國」成立以前，日資即曾因操縱哈爾濱豆業遭寶隆洋行等外資抗議，並導致華商油坊及勞工遭受巨大損害，而沸騰一時[32]。

　　在臺灣，以米糖經濟爲目標的殖民地社會爲配合南方共榮圈建設及戰爭動員需求，又將經歷多少轉型陣痛呢？1930年代前、中期的臺北都市敍事與同時期的部分農村敍事具有互文性，共同反映出殖民主義區域布局帶來的壓迫。學者指出，當時一些作品已觸及臺北以外鄉間區域，出現了經濟與社會逐漸解體的現象[33]。前節提到的「臺灣文藝協會」作家們關注都市，同時也注意到都市現象與鄉村問題無法分割。地主的沒落、農村的凋敝、無產化農民的外流、鄉村女性的都市淪落、咖啡館／風月場所的發達，與日資商品的氾濫、殖民地反對運動的式微、批判性知識分子的精神挫敗、薪水階級的倦怠頹廢，環環相扣。朱點人〈安息之日〉提到島都裡如海中砂粒般的失業大軍；郭秋生〈王都鄉〉描寫殖民現代化導致都市底層階級輾轉於飢寒線上，失去勞動機會及最低生活保障的他們，質疑「現代的社會不是人的社會了」，要求「恢復我們給侵害的生存權」[34]。林越峰〈到城市去〉也以上海譬喻臺北，描繪奔向都會謀生的農民們經歷的都會風霜與飢

31　山丁，〈山風〉，《東北現代文學大系‧短篇小説卷(上)》，頁247-254；原刊於1937年《大同報》文藝版。

32　1926年日商鈴木商店獲南滿鐵道幕後支持，以一千萬元以上之資本操縱市面，收買哈埠華商油坊，導致油坊三十餘家歇業，失業者三、四千人。參見，〈日人壟斷哈埠豆業〉，《經濟界》，1926年5月24日，第7版。

33　參見星名宏修(著)，莫素微(譯)，〈從一九三〇年代之貧困描寫閱讀複數的現代性〉，《臺灣文學學報》10，2007年6月，頁111-129。

34　朱點人，〈安息之日〉，《臺灣文藝》2：7，1935年7月，頁145-154；郭秋生，〈王都鄉〉，《第一線》，1934年10月，頁128-140。

餓，如高唱進行曲的軍隊般，懷抱都市憧憬，帶著黃金夢的破產農民，最後卻體會了更龐大的現代饑荒。因此不禁慨歎「都會——是一個多麼神秘的大城啊！」[35]

　　帝國宏圖日益遼遠，然而在純文學作家的都市書寫及與此相關的農村書寫中，空間擴張卻未給殖民地或準殖民地帶來希望。當哈爾濱被單一帝國主義扶植的「滿洲國」納編，臺灣朝工業化、南進基地轉型之際，兩地作品紛紛反應出對於社會體制越來越單一、封閉、緊縮的隱憂。在哈爾濱方面，「滿洲國」是東三省全面性「準殖民體制」的開始。〈沒有祖國的孩子〉、〈輪下〉，以猜疑、恐懼、仇恨的眼光，注視著新統治階層。陳隄〈元旦之夜〉，則以哈爾濱新主日本人慶賀新年的情景，表達了對殖民異己的排斥與妒恨。「這是1935年元旦的晚上，是怎樣醉人的一個晚上啊！誰家樓裡送出的絲竹，裊裊的餘音瀰漫在幾家日本人房前插著的青松上，燈光多情，瀉了一地的參差松影，挽臂的仕女們，熙攘地越過熱鬧街頭，……車馬更加倍地馳騁著，駄著向舞場尋樂去的老爺公子」。在日本勢力如日東昇的1935年，他們意氣風發地奔馳在「正陽街」上，以榨取者的血色微笑尋歡作樂，穿梭購物，為哈爾濱增添了令人刺目的殖民色彩。與此形成對比的是，不遠處的一條偏僻小巷，破落的住戶們寂寞異常，好似不知新年就在眼前[36]。

　　在臺灣方面，作家們覺察到殖民都市依賴網絡的物換星移。當臺北作為帝國體系軍政經濟節點之特性日益顯著之際，它作為社會主義運動、弱小民族聯繫、外來進步思潮節點形成的跨境結盟網絡，卻逐

35　林越峰，〈到城市去〉，《臺灣文藝》創刊號，1934年11月，頁37-43。

36　陳隄，《未名集》（哈爾濱：哈爾濱文學院，1999年2月），頁41-51。文末註記1935年元旦次日脫稿。

漸乾枯。〈沒落〉、〈十字路〉裡從上海國際運動陣線中敗退回來，在金錢社會中浮沉、鑽營的轉向者；〈魔の力〉中不惜奉獻前程、財產與青春，最後卻因低靡的政經環境，成為運動逃兵的「全島頭號的理論家」，都顯示臺北曾經作為臺／中／日左翼運動、民族運動節點的事實。在「政府不太干涉」、甚至「有女性走出廚房參加運動」的那段充滿希望的時期，透過流動在東亞國際都會裡的知識分子和留學生，外來進步思想從都市灌入，成為殖民地反抗運動的重要資源。林信三評論著日本和中國的情勢，「也訂閱了其他人不太看的『中央公論』和『改造』。並且如飢似渴地閱讀大山郁夫、山川均、堺利彥等人的著作。」[37]他呼籲同志，「我們只能朝著這條道路前進」。這條社會主義國際聯結的道路，也正是和〈夜雨〉裡剝削臺灣勞動力之帝國財閥壟斷，或者〈秋信〉裡高唱「產業轉型」的官方南進教化相違的一條道路。然而，這條道路畢竟越來越黯淡了。

兩地作家都是在認識到節點都市的開放特性，同時又體察到文化性的、民族性的、階級性的節點功能快速流失的短暫時期，開始了他們的都市書寫。可以說，才剛發現節點都市此一殖民體制中相對開放的位置及批判視野之際，其契機就已逐漸消失。1937年以後，或許由於國防國家體制及統制經濟導致殖民經濟進一步喪失自由經濟機能，純文學領域中的都市書寫也開始出現退化現象。表現在哈爾濱的是批判力道的減低，表現在臺北的則是書寫數量的驟減。

1934年起到1936年間北滿作家群重要成員紛紛流亡關內，1936年8月哈爾濱知名左翼作家金劍嘯被日僞當局殺害，哈爾濱文壇逐漸荒蕪，在親日作家主導下吹起呼應僞滿意識型態的「獨立色彩」與「感

---

37 劉貴枝譯文，收於張雅惠，〈賴明弘及其作品研究〉，頁242。

恩情調」之風[38]。中日戰爭以後，滿洲都市書寫的對象往「國都」新京轉移，但缺乏往昔哈爾濱都市書寫的國際視野及殖民批判性格；而往後的哈爾濱都市書寫，也改換了另一批作家，他們慣以異鄉人、浪蕩者、畸零人的都市亂相及現代性省思，進行晦澀、著重內面批判的書寫。此後，文學中的哈爾濱常被表述成「滿洲國」邊緣都市，藉此生產帶有反體制、寓言性的邊緣話語。1937年以後，臺灣因廢止漢文欄之故，純文學領域的中文作家失去了發表舞臺，前述擅長表現本土都市議題的臺北作家因此沒落。繼他們之後，活躍在臺北的是另一群出身鄉間、多數擁有東京留學或遊歷經驗的臺灣日語作家。他們對臺灣鄉間題材的興趣及表現力明顯大於都市，因此島都並未獲得他們青睞。儘管如此，歷經1930年代前、中期島都書寫對地緣政治及不同依賴體系的議題化效應，殖民地的政治經濟被動性及空間聯結能動性已逐漸成為臺灣作家現實視野的一部分。借助臺北都市書寫中對東亞殖民體制及資本主義全球化的認知，失去激進性的農村議題在總力戰時期重新被活化。1940年代達到表現高峰的臺灣農村書寫已能在承認臺灣作為日本帝國一地方的政治現實下，挪用大政翼贊會地方文化論述，提出新一波後殖民話語及本土歷史解釋。

五、結論

　　20世紀前期的臺灣和東北所經驗的殖民歷程和全球化難分難解，是一種被殖民主義限定的「殖民主義全球化」歷程。以現代化和現代性作為表徵的殖民／準殖民都市敘事，在殖民主義全球化的東亞語境

38　古丁曾對此現象加以批評，參見史之子(古丁)，〈閒話文壇〉，《明明》1：3，1937年5月，頁116-117；史之子，〈大作家隨話〉，《明明》1：5，1937年7月，頁202-204。

中意謂著什麼呢？就哈爾濱與臺北而言，我們看見殖民主義及跨國資本區域下錨的急切需求，強力撞擊了都市歷史的演進軌道。都市化以及都市的議題化，促使都市被問題化。跨國流動、都會萬象以及大眾分辨資訊的需求，開啟作家的國際視野與在地責任感。在選擇都會素材結構故事，描畫殖民都邑性質型態、審視都市現代性時，「都市」既是作家凝視與表述的對象，也是激發本土文學生產的動力。備戰到總力戰整編下的殖民地，逐漸成為帝國有機體中的一個「地方」。然而，殖民／準殖民都市書寫卻以「特殊地方」的姿態，在成規化、失去激進性與批評能量的農村書寫之外打開新的文化批判途徑。從租界都市、東三省政府北境最大國際都市到「獨立國」次級都市，哈爾濱作家筆下，可以讀到有關殖民政權、跨國資本的批判；對於民族國家功能退化的憂慮以及社會主義國際結盟的思考；也可以看見把都市譬喻為病體的殖民現代性批判。從南北單向聯屬到捲入廣大南方地域，臺北作家則透視了殖民空間重塑引發的歷史文化虛脫症、地域分工主義下的農業轉型困境、殖民資本怪獸的湧入與進退維谷的罷工者、離地農業引發的流離失所，以及價值與倫理變遷下的都市人迷亂感受。

帝國體制壓抑了不同類型殖民地之間的橫向聯繫，建立上下直屬關係。作為殖民地進出窗口的殖民都市中存在著各國流動菁英，透過他們的文化生產、印刷傳播與社群活動，各地社會運動、文化與資訊的橫向交換，始成為可能。透過以殖民都市為活動陣地之都市文藝社群、都市風景及人生故事、都市文化再現與批判，以及不同時期變動多樣的都市文藝生產樣態，得以觀見殖民統治在各地方現代都市中演進並擴大其影響的軌跡，也可以看見殖民主義與殖民現代性如何受到本土菁英的檢核與批判。不同層級都市的社會內部觀察與國際能見度有所不同，都市書寫的興衰與農村變遷書寫之間也具有輪流主導、交互補強，共同生產「批判性地方主義」之關係。

　　全球化終究並非一般性的區域演進，必須注意到其中帝國主義與殖民主義的深刻介入。殖民都市規劃經營雖積極於「現代化」物質實驗，卻壓抑公民意識、公共領域的「現代性」精神成長。意圖作為解藥的現代性分析框架從對殖民現代化無視跨向肯定的過程，未能看見殖民行為中的全球化層面，以致產生了理論解釋的失足。唯有參照殖民地政經結構進行辯證，適當調整文本中心之單一性分析，才能避免將「現代性描述」誤作「現代性事實」，或將「殖民現代化」誤讀為「現代性」。在未來課題方面，「滿洲國」哈爾濱、長春兩地都市書寫的消長、變異及其代表意義，值得探討。臺灣方面，除了殖民地留學菁英海外都市觀點及島內通俗作家都市言論外，帶有本土左翼色彩的臺北現實主義作家在地觀點，如何成為戰爭期本土「地方文學」論述的資源，也將成為未來重要課題。

第二篇

他者經驗與自我建構的力學

第一章

議題回顧與展望

車承棋

　　中日戰爭也被稱爲總動員體制、戰時體制、新體制等，有關這一時期之後的殖民地—帝國支配樣式和性格的研究，大體上以殖民地人力、物力掠奪和暴力性壓迫爲核心。殖民地—帝國體制內本來就存在根本性的不均等權力關係，而且帝國主義戰爭通常被認爲是非常事態，所以有關殖民地的「壓迫」與「掠奪」在常識層面一直被認爲是不言自明的支配技術。另一方面，有關這一時期日本帝國作爲一個「殖民地—帝國」，其主體化戰略的研究也一直以「同化」和「皇民化」爲核心。通過實行日語日常化、創氏改名、參拜神社等一系列政策，殖民地—帝國覬覦的是朝鮮民族被「抹殺」。然而，現今的殖民地研究中，壓迫、掠奪、同化、皇民化等行爲的主體幾乎總是殖民地—帝國(即日本)，而朝鮮(人)則是「遭受」或「抵抗」壓迫與掠奪的存在，或者是「回應」並「抗拒」同化與皇民化的存在。總而言之，朝鮮一直處於日本的對立面。事實上，將「日本」和「朝鮮」規定爲各具特定意味的實體並對立起來，同時將兩者之間的相互作用推向極端化的敘述，均有一個前提或假定，亦即朝鮮處於「後殖民地狀態」。所以，雖然此種敘述能展現朝鮮遭遇、抵抗、響應、抗拒的程度，但很少能夠闡明殖民地—帝國體制得以再生產的複雜機制。另一方面，此類研究雖能夠揭露那些遭遇、抵抗、響應、抗拒者的位置於戰後被轉換或得以維持的實相，但將殖民地—帝國中一直持續到戰後

的近代正向性(positivities)遺漏到視閾之外的情況也爲數不少。

　　本研究基於這種問題意識，試圖考察「皇民化」的「生命—政治性(bio-political)」。也就是說，殖民地—帝國具備某種統制戰略和再生產技術，然而此戰略和技術在某一支點上也會陷入困境。因此，與其擴大描繪「日本」與「朝鮮」之間的暴力和反作用，毋寧去關注殖民地—帝國內想像「內鮮」結合以及同一化的傾向。筆者以爲，此種傾向在更深的層次上，揭示出殖民地—帝國捕獲與排擠的暴力性，通過分析或許可以批判性地揭露出殖民地—帝國的「正向性」。

　　作爲本研究的延伸，此後筆者將在不同領域繼續探討「生命(生活)—政治」和「死亡—政治」的同一性，如何讓殖民地—帝國體制得以維持，又如何使其不可能實現等諸多問題。這項工作也和以下兩項批判性工作一脈相承，一是殖民地—帝國的正向性如何建構並被轉換，二是主體化如何透過各式各樣的制度、文化和語言而得以產生。

　　由於關注殖民地—帝國體制的作用方式，因此這種研究必然也無法超越殖民地朝鮮的範圍。而且，研究的主題不只在揭露殖民母國以何種政策和技術支配殖民地，亦在闡明殖民地—帝國體制如何維繫(反之，也是在某一支點上陷入困境)。所以，研究不僅要考慮日本的情況，還要考慮眾多殖民地的情況。同爲殖民地的臺灣，以及曾經形式上爲獨立國的「滿洲國」，均遭受過彼此類似而又互不相同的統治技術和霸權主義戰略。在這一點上，將這些在不同時空中建構各自確定性的地域納入視閾，可以更爲接近殖民地—帝國體制各種不相均等的具體型態。

搖墜的帝國，後殖民的文化政治學：
皇民化的技術及其悖論[*]

一、被擄獲的生命

　　1937年7月挑起中日戰爭的日本，爲提高戰爭效率，將殖民地—帝國改編爲國家總動員體制。尤其以1938年5月的徐州、10月的武漢占領爲轉捩點，面對中國民眾的頑強抵抗，一時無力進攻的日本遂將戰爭調整爲長期戰。其後，日本對兵站基地——朝鮮殖民地——的人力、物力以及精神上的動員變本加厲。不久，以1941年12月的夏威夷入侵爲起點，此次亞洲戰爭正式擴展爲太平洋戰爭，日本對殖民地的動員與統制隨之達到極點。

　　但是，隨戰爭一起擴展的殖民地動員，並未單純地止於現有殖民地—帝國權力的壓制與暴力在數量上的增加，或在程度上的加深；而且，即便他們的「暴力性」十分顯著，不過權力的作用尚不足以歸結爲無情、野蠻的程度。考察中日戰爭開戰之後殖民地—帝國體制的變化，需要注意的一點是，這種變化帶有某種「質變」的特徵。倘若，所謂的殖民地—帝國體制，指的是從根本上依靠殖民地與帝國之間的距離、差異等諸多不平等間隙的結構化而成立的；那麼，這一時期的改變特徵就是殖民地—帝國結構所表露出的某種質變徵兆。而此質變

---

　　*　　本文原刊載《東方學志》146，2009年6月，頁229-271。

的徵兆，正來自「皇民化」這一口號[1]。

　　依據歷史常識，日本帝國主義一直試圖通過殖民地同化政策抹殺朝鮮民族的民族性，戰時總動員體制成立前後，日本通過殖民地志願兵制、創氏改名和強迫使用日語等一系列所謂的「內鮮一體」與「皇民化政策」的實施，進一步加強對殖民地的同化。但是，隨著歷史局面及具體個案的不同，殖民地同化政策偶爾亦讓位於差別化政策，尤其是在全面打出「大東亞」理念的太平洋戰爭期間，與日本也採取的「部分的相對自立性」及「支配的內在差異化」等戰略措施互爲交叉，彼此纏繞[2]。所以，在涉及殖民地—帝國體制的各個不同領域，以及殖民地人民型態各異的「後殖民」欲望指向的大量新近研究中，「民族抹殺」這一常識性修辭越來越無法闡明複雜的歷史狀況[3]。若

1　通常認爲殖民地朝鮮時期，諸如「皇國新民」、「皇民化」等「新造語」的創始者爲歷任南次郎總督府學務部長的鹽原時三郎。參見宮田節子(著)，李亨郎(譯)，《朝鮮民眾和「皇民化」政策》(首爾：一潮閣，1997)，頁104。

2　例如在殖民地初期，日本通過法律禁止朝鮮人改用日本式人名，意在以此維持殖民地—帝國的差異性。參見水野直樹，〈朝鮮殖民地支配與名字的「差異化」〉，《社會與歷史》59，2001年5月。另一方面，在殖民地民族性的抹殺達到極致的戰時總動員體制下，還存在試圖將文化的「朝鮮地方特色」納入極端國家主義的「大東亞」潮流。參見李和眞，《朝鮮電影：從有聲到親日電影》(首爾：書世界，2005)；黃鎬德，〈便秘與腹瀉，轉向的生命政治〉，《尚虛學報》16，2006年2月；吳泰榮，〈「朝鮮」地域性與(後)殖民想像力〉，《間》4，2008年5月；金麗實，〈紀錄片Tyosen研究〉，《尚虛學報》24，2008年10月。

3　尹海東，《殖民地的灰色地帶》(首爾：歷史批評社，2003)；尹大石，〈1940年前後朝鮮的語言狀況與文學者〉，《韓國近代文學研究》4：1，2003年4月；蔣龍京，〈「朝鮮人」與「國民」的間距〉，《歷史問題研究》15，2005年12月；車承棋，〈抽象與剩餘〉，《尚虛學報》21，2007年10月。

不欲將此複雜性單純化，同時考慮到中日戰爭開戰之後殖民地—帝國
體制的質變，則首先必須關注當時殖民地與殖民宗主國之間距離縮減
的方式。這一時期殖民地—帝國體制的轉變，是在殖民地的**實質性擄
獲**戰略中實現的，此處擄獲主要指的是擄獲**作為生命的人類**。志願兵
制的實施、創氏改名和強迫使用日語等具體的皇民化政策，均可謂衍
生於此。

　　朝鮮總督府編纂的《施政三十年史》中，明確記載了中日戰爭開
戰後總督府在人口政策上根本性的變化：

> 從近來的情況看，一向都說人口過剩的人口現在也不足了，
> 甚至還出現將來可能會要求人口無限增殖的趨勢。我們應該
> 注意，如今人口問題的重點已變成與過去的人口過剩問題完
> 全相反的人口不足論，進而需要注意的是，人口問題的性質
> 也同以往迥異。同時，作為大陸發展的兵站基地，朝鮮占有
> 極為重要的地位，所以，瞭解朝鮮人口的變化動向，正是當
> 下極為緊急的重要任務 [4]。

　　伴隨著戰爭的突發，人口過剩論已轉換為人口不足論。這與1929
年世界經濟大恐慌之後出現的人口限制政策形成明顯對比。當時因糧
食不足以及失業問題，出現了人口相對過剩的問題，為因應非常情
況，限制人口出生率成為當時最基本的人口調節及統治措施 [5]。但

---

[4]　《施政三十年史》(首爾：朝鮮總督府，1940)，頁448-449。粗體字為
　　筆者所加。
[5]　參見鄭錫泰，〈產兒限制的絕叫！醫學上的四大方法〉，《三千里》
　　5，1930年4月；吳平淑，〈無產者式產兒限制法〉，《新階段》9，
　　1933年6月；趙斌，〈產兒限制與無產者〉，《大眾》3，1933年6

是，在此顯示的問題並非中日戰爭開戰以後殖民地人口是否眞的不足，而是認爲「人口不足」的總督府其態度及政策上的變化。人口不足論，實際上是總督府爲調動勞動力和軍事力而打出的幌子。藉此，曾經非正式實行的殖民地人口調查才得以名正言順、細緻入微地推行開來 [6]，直到1930年代上半期爲止。

中日戰爭開戰前後，殖民地—帝國體制將殖民地人口正式納入體制內部，同時令其在體制內部加大再生產的企圖，亦更爲顯著。因此，殖民地的居民被擄獲到包羅甚廣的殖民地—帝國的「生命—政治」（bio-politics）場域內，在此場域中被管理、再生產，同時，還被要求作爲新的主體而重生。殖民地初期被定義爲「武斷統治」的管理方式，也就是在壓抑、禁止、掠奪、死亡等領域內施展權力，經由所謂的「文化政治」逐漸染上霸權主義的色彩；進入中日戰爭後，權力管轄的固有領域進而擴展到管理、利用、（再）生產和生活等諸多領域。在此，可以借用一句比喻加以說明，即「古老的**使人去死，不由人活著**的權力，被**使人活著，不得由人去死**的權力所替代」[7]。

（續）————————————————————

　　月。

6　總督府於1920年開始實施人口調查，但總督府自己亦不信任此次調查統計的正確性與縝密性。中日戰爭開戰之後的1937年10月27日，總督府制定了朝鮮總督府令第161號，即〈朝鮮人口動態調查規則〉，此規則於1938年開始匆忙實施，1939年又推行了「臨時國勢調查」。參見朴明圭、徐鎬哲，《殖民地權力與統計》（首爾：首爾大學，2003），頁67、119。

7　Michel Foucault（著），李圭賢（譯），〈第一卷・認知的意志〉，《性史》（首爾：Nanam，1990），頁148。粗體字爲原文強調之處。從這一觀點出發，有主張認爲中日戰爭的開戰，不僅止於「朝鮮人從日本人的周邊進入內部的瞬間」，也是殖民地居民被編入「管理生命的權力與統治體系」的過程。參見T. フジタニ，〈殺す権利，生かす権利：アジア・太平洋戰爭下の日本人としての朝鮮人とアメリカ人としての日本人〉，倉沢愛子、杉原達、成田龍一（編），《岩波講座ア

　　殖民地—帝國的「生命—政治」將全體殖民地人民驅進「公共」的領域，其終極目的在於使其重生爲「帝國的主體」。爲此，曾經橫亙於殖民地—帝國內部的差異性指標，必須激進地、策略性地予以抹除。「內鮮」必須一掃兩者之間各得其所的消極關係，黏合爲「一體」。作爲資訊的生成、交流、加工等手段及共同體(community)存在依據的溝通行爲(communication)，均須還原到「國語＝日語」此一同一性的內部。殖民地人民即使被召喚爲帝國的主體，也總是被要求在喚起異質性的朝鮮姓名上，疊加使用內地(日本)氏名，或者乾脆在大和系譜內重新起名[8]。這種將殖民地人民召喚爲「帝國主體」的系列過程，使得曾經和殖民地—帝國體制結構本質相關的內在性，其內／外位階秩序開始動搖。且管理和再生產殖民地人民「生命」的領域，轉變爲政治與權力博弈的場所，充斥著矛盾與鬥爭。而帝國的支配管理權，只有在將殖民地人民召喚爲「皇國臣民」的情況下，方能

(續)————————————————————

　　ジア・太平洋戰爭3：動員・抵抗・翼贊》（東京：岩波書店，2006）。此論文的修訂版〈殺生權力與救生的權力：第二次世界大戰期間作爲美國人而生活的日本人與作爲日本人而生活的朝鮮人〉，《亞細亞研究》51：2，2008。此外，爲減少誤會，筆者欲再附加一點。即此處引入傅柯的觀點，並非意圖說明中日戰爭之後方才出現「生命—政治」。凡在近代國家體制形成並運轉的地方，均可找到「生命—政治」。所以，雖存在殖民地這一條件的制約，但「生命—政治」在殖民地初期便已存在。此文中引入「生命—政治」觀點，僅僅意在說明中日戰爭開戰之後，隨著殖民地—帝國體制的變動，比起殖民地的領域，殖民地的居民以及作爲生命的人類，才是維持殖民地—帝國體制不可或缺的基礎，爲闡明這一(再)認識的側面，筆者才使用了「生命—政治」的概念。

8　例如，過去殖民地的國情調查中，分爲日本「氏名」和朝鮮「姓名」兩欄，有關朝鮮人的資訊和「內地人」的資訊被嚴格區分記載，「創氏改名」之後的1940年和1944年的國情調查中，則只有「氏名」一欄，由此可見，異質性和差別性已悄然被遮掩。參見朴明圭、徐鎬哲，《殖民地權力與統計》，頁107。

真正施展其威力；而這一支配權也只有在數量不斷擴充的「皇民」堅持其追求「皇民」的希求和欲望時，才得以被維持。

二、「是皇民，還是自殺？」

金南天的小說《愛的水族館》[9]，試圖捕捉「現代風俗」之貌。大興公司社長李申國的女兒李京熙，在父親所擁有的土地上建立了一處托兒所，說是要進軍社會事業。李泰俊《青春茂盛》[10]中，為了家庭生計被迫賣春做「酒吧女招待」的專科學校學生崔得珠，受到昔日老師袁先生的贊助，創立並經營了一家給社會弱者提供重生設施的「再樂園」，由此開始了「真正的生活」。鄭飛石《青春的倫理》[11]中的張賢珠，擔任一家名為「聖愛園」的婦產醫院及托兒所總務，隨著精神及肉體的復甦，實踐著「小國民」的「銃後輔國」[12]。崔寅奎導演的電影《沒有家的天使》（家なき天使，1941)中，牧師房成彬建立了一所名為「香鄰園」的流浪者宿舍，一方面教育流浪街頭的兒童養成勤勉勞動的生活習性，另一方面感化那些曾經壓榨過可憐兒童，對社會事業持有冷笑態度的大人，使其醒悟。戰爭年代，社會福利和公益事業的觀念及踐行，為何在文化再現中受人矚目？

流浪者、乞丐、殘疾人、行旅患者、麻瘋病患者、精神病患者等，管理這些所謂的「非正常人」的社會事業，自殖民地初期即在總督府主導下實施開展。初期主要是在「確立社會秩序」的層面上管理這些人。

9　金南天，《愛的水族館》（首爾：人文社，1940)。

10　李泰俊，《青春茂盛》（首爾：博文書館，1940)。

11　鄭飛石，《青春的倫理》（首爾：平凡社，1943)。

12　關於鄭飛石，《青春的倫理》中所表現出的法西斯的性別政治學，請參見鄭宗賢，〈美國霸權下韓國文學性別政治學的重建〉，《韓國文學研究》35，2008年12月，頁176-180。

也就是說，這些人被視爲污染或威脅「正常人」的危險因素，對此總督府通常採取遣送、隔離的管理方式。但是，進入1930年代後半期，此種社會事業開始轉換成爲一種「國民厚生事業」，其轉換的核心爲這項社會事業是「以全體人口爲對象的事業」[13]，而非以前那種社會事業，即「人口的特定部分，如流浪者、殘疾者等不適合社會的人，須通過對他們的摒除來保護全體人口，並以此追求社會安定」。在此脈絡下，京城府設置了「社會事業調查委員會」，開始在「兒童保護設施、醫療設施、經濟保護設施、勞動保護設施，以及其他普通救助事業的廣大範圍內，通過町會、方面委員等的協助，進行爲期兩年的綿密調查」[14]。1938年日本「內地」設立厚生省，1941年11月總督府隨之設置了厚生局，主管社會福利及國民體力的增強等事務。

如上所述，中日戰爭開戰前後，總督府的「生命─權力」之特性日益彰顯，如何有效管理、調節，以及再生產殖民地人口，爲其傾注精力的重點。促發殖民地權力特性發生此種變化的具體動因，在於試圖有效動員殖民地人民的殖民地─帝國的現實意圖，這一點毋需贅言。但是，當通過差別、排擠以及禁止等手段施加影響的權力，以「管理者」面貌出現之時，其變化爲殖民地─帝國的不均衡政治場域帶來的效果，絕不能用機械的因果論來說明。權力將居住在其領地內的全部人口（population）的生活視爲支配和政治的固有領域，因此無論願意與否，居民（population）都會現身於權力視線所觸及的公共場域。問題不在於殖民地權力能否透過在殖民地全體居民的厚生福利管

13　韓貴英，〈「近代社會事業」和權力的視域〉，金鎭圭、鄭根植（編著），《近代主體和殖民地規訓權力》（首爾：文化科學社，1997），頁341。

14　〈大京城發展的「癌」，調查都市的黑暗面〉，《朝鮮日報》，1939年5月6日。

理方面得到的成功，實現殖民地居民對其權力的支持與同意；問題核
心反而在於殖民地居民的生命已經成爲政治考慮的對象，隨而形成殖
民地人民的欲望在殖民地—帝國統合的方向中被調節的可行條件。

　　承上所述，讓我們來看看《愛的水族館》中「現代青年」金光浩
頗爲有趣的一番陳述。曾經認爲李京熙的慈善事業是僞善或自我陶
醉，而頗有微詞的金光浩，在確認了她熱情的眞實性之後，祖露了自
己爲何對慈善事業如此冷漠，他說道：

> 雖然我不清楚那是什麼，總之，我認爲自己對慈善事業或此
> 類事情的冷淡態度，就像是從哥哥那裡繼承而來的遺產。但
> 我並非京熙所認爲的那種惡劣的虛無主義者。首先，我忠實
> 於職業。不知爲何，我似乎從未對自己的職業有過絲毫懷
> 疑。爲什麼設立鐵路？我的知識和技術有何用處？我想過這
> 些問題。但我又可以很單純地拋掉這些想法。「愛迪生」在
> 發明電氣的時候，並未想過這種東西會被用於殺人技術吧，
> 即使他早知道，可能也不會中止電氣的發明，——我是這麼
> 想的。問題是，一旦將視線從技術轉移到社會，我就會被一
> 種悲觀主義所攫住。在我的周圍，擁擠著許多工人，其中還
> 雜有婦女或兒童。他們也有和我直接產生關係的時候。他們
> 的生活問題，孩子的教育問題……我不知該怎麼辦。我依然
> 無法從中找到值得認可慈善事業價值的精神原理。[15]

　　京熙認爲，光浩的立場即使不是「悲觀主義」，也是「懷疑主

15　金南天，《愛的水族館》，頁251-252。

義」[16]。通過上述告白，對將工具性、合理性的世界作爲「自身世界」而加以接受的技術人員光浩而言，其時而顯現的虛無主義態度，實則源自於遭受挫折的社會主義者哥哥(光俊)所留下的痕跡——那幽靈式的存在。在自身與世界的技術關係層面之中，他無所懷疑，但是只要一想到「社會關係」，光俊的幽靈便出現了。對光浩而言，社會事業以及慈善事業的局限與偽善清晰可見，那是因爲他的視線和洞悉社會「全體」變化的光俊的視野交相重疊。光浩的陳述包含兩種聲音，一是技術者的聲音，這種聲音全然不顧目的，只忠實於分配給自己的製作現場；另一種是革命者的聲音，即擔憂關係的全體性，竭力摸索能夠成爲行爲根據的「原理」。

　　最終，光浩認可了京熙的「事業」。看到不介意他的冷漠態度而踏踏實實工作的京熙，光浩再三感慨「在可能的限度內，竭盡全力！」[17]的珍貴。儘管他的判斷裡摻雜了愛情的成分，「革命家的聲音」最終還是被「技術者的聲音」完全壓倒。換言之，附著於光浩身上的光俊幽靈，此時已被京熙所替代，「社會變革」也已被「社會事業」替代[18]。光浩再也無需從社會實踐中尋求「精神原理」，也無需

16　金南天，《愛的水族館》，頁252。

17　同上註，頁272。

18　考慮到有關慈善事業的插曲，在《愛的水族館》中可以讀到總動員時代對「超越階級聯合」理想的拙劣模仿。超越階級聯合，即超越本階級的局限，與被支配階級結合，從夢想社會變革的「運動」開始，通過對被支配階級的管理，使其喪失抵抗力，將能量捕獲到體制內部的「事業」。如此看來，包括上文所舉例的李泰俊、鄭飛石的小說在內，我們可以發現，社會事業的主要實踐者均爲女性，這一點也頗爲意味深長。社會「大義」與(習慣化的)「母性」的結合，能有效縫合內在差別與敵對，但是，這些小說中所表現出來的作爲社會聯合紐帶的女性人物，其作用也被視爲「生命—政治」運作時社會分配發生變動的徵兆。

為技術關係與社會關係兩者之間的平衡煩惱。人們的生活被擄獲到「生命—政治」場域內部，正是在這裡，社會關係變為技術關係。

殖民地權力正是通過人口統計和社會保障等政策，強化管理並調節全體居民生活的「生命—權力」特色，同時殖民地人民的欲望因權力所操控的政治場域而大為受制。生命成為政治場所，殖民地全體人民因此被殖民地—帝國不斷擴大的政治場所擄獲，走向其場域外，不僅意謂著政治的排擠，還意謂著生命的排擠，即死亡。社會關係中的不平等、差別、壓制、禁止等業已結構化，如何才能令其發生根本變革，即如何顛覆殖民地權力以及擺脫帝國主義，這一課題已被如何調節後殖民欲望的課題所替代。具體而言，就是通過取消殖民地標識的方式，來解除殖民地—帝國政治場域內的不平等、差別、壓制和禁止等，這是一種技術上的解決方案；為此，殖民地—帝國權力給予民眾以解決的希望，而這希望的名字正是皇民化。

> 如果不知道除了追求民族主義、共產主義、無政府主義理想之外的生活道路，就不可以在日本國土甚至是在東洋生活。不得不自殺，或反抗進監獄，或逃亡國外。最終還是自殺吧。如果確實不愛日本這個國家，那麼，我認為與其成為帶著面具而生活的偽善者，不如自殺。如果不自殺，就不能不努力去愛日本這個國家。[19]

正如以獻身內鮮一體而表達如上決意的朝鮮知識分子所言，在皇民化的現實面前，選擇只有兩個——在日本這個國家內生活，抑或自

19　玄永燮，《朝鮮人の進むべき道》（首爾：綠旗聯盟，1938），頁117-118。粗體字為筆者所加。

殺。這種表達合理性的說法雖然有些誇張，但從引文中玄永燮的表述，可以十分清楚地看到，殖民地權力作爲「使人活著(faire)，由人去死(laisser)」[20]的「生命—權力」，試圖將殖民地全體人民一併擄獲的欲望。「生命—權力」企圖支配、管理並調節全部生活領域，在「生命—權力」的政治場域內，權力的外沿正是生活的外沿[21]。所以，在皇民化的企圖中，殖民地人民的生命在殖民地——帝國權力所操控的「生命—政治」的籬笆內被**內化**(interiorization)。內化，不僅意謂著殖民地人民的欲望順著殖民地—帝國權力所挖出的溝渠而流動，還意謂著「客觀存在的殖民地敵對，開始轉換成因身分認同[22]本身發生的鬥爭(非殖民地身分認同之間的鬥爭)」。

印貞植如此斷言道：「今日之朝鮮人的問題正是內鮮一體的問題，而非其外的任何東西」，即「內鮮一體之外的一切路線不過是迷惘」、「此(案：內鮮一體的)路線之外沒有任何其他道路」[23]。他將重整朝鮮農業、解決失業人口問題、發展中小工業，以及實施義務教

20　Michel Foucault，〈第一卷・認知的意志〉，《性史》，頁279。

21　但是，殖民地「『生命—權力』的內圍＝生活」，「周邊＝死亡」，這一等式是否眞的成立？正如歷史所證明的，這一等式是虛構的。關於「同化」和「皇民化」之間質的差異，Leo T.S. Ching如此說道：「從作爲日本人而生，到甘願成爲做好死亡準備的日本人」(Leo T.S. Ching, *Becoming 'Japanese': Colonial Taiwan and the Politics of Identity Formation*, Berkeley and Los Angeles: University of California Press, 2001, pp. 94.)皇民化正是以此轉換爲特徵。關於這個問題，後文還會詳細闡述。

22　同上註，頁96。關於此問題，權明雅一方面接受荊子馨(Leo T.S. Ching)的「皇民化」概念，但另一方面主張「成爲好的日本人」同時是伴隨著對「壞日本人」(間諜)的恐懼的過程。參見權明雅，〈女子間諜的神話與成爲「好日本人」〉，《東方學誌》130，2005年6月。

23　印貞植，〈東亞的重整和朝鮮人〉，《三千里》11：1，1939年1月，頁56。

育等美好未來積極納入內鮮一體的話語場域內。與他相同，金明植也
參與到這一話語場域內，要求「全面開展義務教育、義務兵役，實施
產業組合令，擴充憲法政治等預備設施」[24]。從這些轉向的知識分子
們的實踐中，可以看到諸如上述，內化過程中的頗具代表性的具體實
例[25]。1940年1月「朝鮮映畫令」頒布，其中新設「電影人登錄制」
一項，電影人的能力和資質「轉換爲國家登錄(國民)的資格問題」；
此後，殖民地電影人滿懷自豪，積極回應總督府的要求，從這一點亦
可發現與上述同一的內化過程之政治學意味[26]。但是，正如社會保障
要求和權力主張對皇民化的踐行所暗示的，殖民地的欲望裡有一個潛
在的危險，即它有可能沖垮殖民地—帝國權力所構築的堤壩。

24　金明植，〈進軍大陸與朝鮮人〉，《朝光》5：4，1939年4月，頁
　　49。

25　關於這些內鮮一體論者的欲望及其政治效果，參見黃鎬德，〈國語和
　　朝鮮語之間，內鮮語的存在論〉，《大同文化研究》58，2007年6
　　月；車承棋，〈抽象與剩餘〉，《尚虛學報》21，2007年10月。

26　「過去偶爾有個別電影人因不雅行爲對全體電影人造成不良影響，以
　　致受到普通社會的指責。之後，電影令可對這種個人的生活加以規
　　束，可以取消這種沒有資格的人的登記。取消登記即意謂著永遠離開
　　愉快的文化人圈」。原文出自安夕影，〈成爲電影演員和導演的方
　　法〉，《三千里》13：6，1941年6月，頁247。之後，經李和眞轉
　　引，粗體字爲原文強調之處，李和眞所加。(李和眞，〈像「國民」
　　一樣表演：宣傳電影中的女演員〉，《女性文學研究》17，2007年6
　　月，頁394。)安夕影的話對於「生命—權力」和「規訓—權力」之間
　　的結合方式提示了重要的暗示，即通過「人格」這一模糊的道德基準
　　的內化，「生命—權力」在自身之內，移入「規訓—權力」並與其結
　　合，由此使內化的政治學得以有效地啓動。也就是說，在「一視同
　　仁」之內，一方面捕獲全體殖民地人口，另一方面通過形式多樣的
　　「忠誠」，進一步加速內化過程。

三、殖民地—帝國的舞蹈術

　　皇民化的技術從一開始就獲得了生物學意義上的比喻。「**形、心、血、肉，一切都必須成爲一體。**」[27]南次郎總督的內鮮一體論，雖然源自**否定**一部分「主張協和的內鮮一體論者」的相對自律性論和權力要求的意圖，但是實際上在指示朝鮮人和日本人的結合方面依然存在不少問題。殖民地—帝國的「生命—權力」將殖民地人民召喚爲「皇國新民」，這項舉動看似單純，但其目的絕不單純；也就是說，他們的目的不僅僅在於拉動戰爭合作，在這一過程中，通過「內鮮」的生命結合和再生產，人種混合的可能性被作爲國策而置於檯面。由此，出現了所謂的「內鮮結婚」[28]問題，內鮮一體論者試圖在這裡尋找超越殖民地和殖民地宗土國之間距離的槓桿。

　　作爲國策的「內鮮結婚」，始於1920年4月世王子李垠與日本土族梨本宮家族長女方子的政略結婚。1921年6月，「內鮮人通婚法案」作爲總督府99號令被提上日程，朝鮮人與日本人結婚時的複雜行政手續因此得以簡化[29]。法案制定之後，「內鮮結婚」顯然增加，尤其是中日戰爭開戰前後，隨著皇民化政策的正式推行，朝鮮男性與日本女性之間的「內鮮結婚」亦隨之大幅增加。積極誘導朝鮮男性與日

27　南次郎，〈聯盟本來の使命議論より実行へ──窮極の目標は内鮮一體総和親・総努力にあり〉，《總動員》2，1939年7月，頁57-58。粗體字原文強調之處。

28　總督府對「內鮮結婚」政策的明確指示，可以從1938年9月〈朝鮮總督府時局對策調查會〉中的諮文事項「加強獎勵内鮮人通婚的適宜措施」中得以確認。參見，蔣龍京，〈日帝末期内鮮結婚論與朝鮮人的肉體〉，《歷史問題研究》18，2007，頁196-197。

29　參見鈴木裕子，《從軍慰安婦・內鮮結婚》(首爾：未來社，1992)，頁75。

本女性結合的原因，可以說乃在於殖民地—帝國需要年輕的朝鮮男性肉體[30]。因爲殖民地人民的生命，首先被當作潛在的軍事力和勞動力看待。雖然發動戰爭的殖民地—帝國的直接利害關係起著支配作用，但生活和感情領域的「內鮮」結合依然產生了無法直接還原爲目的所預期的效果。

結婚是一種與共同體本身的再生產直接相關的制度，常作爲介入私有領域的公共領域而存在。然而，政策所獎勵的「內鮮結婚」之上，不僅有殖民地—帝國的再生產和生命動員這一政治目的，還有對人種結合的優生學憂慮，以及「生命—權力」對人口調節與管理的關照；除此之外，還滲透著殖民地人民試圖脫離業已結構化的差別化世界之後殖民欲望。因此，「內鮮結婚」本身是充滿矛盾的場域，且頗具爭議性。在這一場域內，殖民地—帝國、私有的／公有的、感情／習慣等相關的對立項互爲滲透，在這裡包含皇民化理念銘刻入身體的過程，而試圖超越殖民地的強烈意願也表現地淋漓盡致。

李光洙的小說〈誠心相見〉（心相觸れてこそ）[31]中，在北漢山失足負傷的日本人兄妹東武雄和文江被朝鮮人兄妹金忠植和石蘭救助，由此在私有關係中結成「內鮮」的這一特定場域，**好像倒置**《血淚》(1906)中玉蓮和井上之間的關係似的。李光洙的小說中，作爲日本人的救助者而出場的忠植，是一位京城帝大醫學系畢業後就職於大學醫院外科的醫生—技術者。由於從未眞正面對面瞭解過，所以「內地人」與「朝鮮人」相互之間存在不少誤解和偏見，而推倒此兩者之間壁障的契機正源自朝鮮人的「技術性貢獻」，這

30　參見大屋千尋，〈對雜誌《內鮮一體》所表現的內鮮結婚樣態的研究〉，《間SAI》創刊號，2006，頁209。

31　〈誠心相見〉原刊於《綠旗》，1940年3-7月。李京勳(編譯)，《春園李光洙親日文學全集Ⅱ》(首爾：平民社，1995)。

多少有些意味深長[32]。

　　但是，坦誠相見的「內鮮」，如何才可能實現？直接的技術貢獻雖然提供了敞開心扉的最初契機，但在「內鮮」兄妹之間愛情與友情日益加深、進而切身感受到處於「一個祖國」之下的共同性這一過程中，技術貢獻並未發揮決定性的作用。使其確認互相之間的同質性的，準確地說，讓「內鮮」兄妹進入同一個共同性的，既不是對「祖國」的陳腐的愛國主義使命感，也不是強調內鮮一體的模式化話語。「內鮮」反而是通過舉止和禮節這種感性形式的參與，而進入某種共同性的。

> 石蘭給東武雄換額頭上的毛巾。石蘭上身前傾，儘量注意不讓自己的衣服觸碰到東武雄的身體，她用雙手將溫熱的毛巾從東武雄的額頭上輕輕拿開，浸入盆子的水中，然後，儘量不出聲地將事先浸在水中的毛巾擰乾，再次向前弓起上身，用雙手放到東武雄的額頭上，一點一點、一處一處地按壓，平整好，直到確認都放好了，才恢復到剛才那樣端莊的姿勢。[33]

32　作為「醫生—技術者」的忠植，戰爭期間自願參軍，成為一名軍醫官。在戰場上，他又一次為負傷嚴重的東武雄——東武雄亦出身京城帝大法律系——療傷。同時，自願參軍，成為一名戰地護士，並和忠植一起為東武雄療傷的石蘭，自願擔任起東武雄的「眼睛」和「嘴巴」（雙目失明卻依然參軍成為宣撫官）。這不能不令人聯想起玄永燮的話：「半島人的特殊技術即是我們的個性」，也就是說，玄永燮試圖通過這一獨特的「技術的」角色尋找朝鮮人在日本中心主義的「大東亞」中所處的地位。參見，玄永燮，〈「內鮮一體」和朝鮮人的個性問題〉，《三千里》12：3，1940年3月，頁38。

33　李光洙，〈誠心相見〉，李京勳(編譯)，〈誠心相見〉，頁14。下文引用時筆者直接在引文後標註頁碼。

照顧患者的用心與極度節制的舉止，在這裡得到極爲突出的呈現。如此端莊行事的石蘭，當然伴隨著「純粹美麗的眼睛」（頁15）和流暢的日語。看到這樣的石蘭，東武雄感慨「那語氣、那禮儀，似乎沒有一點不同啊」，他在感慨中深刻體會到了「內鮮」的同質性。在這裡，於特定形式中的節制舉止、美麗，與「日本人式的」，形成了一個整體。

這篇小說中，不同年齡和性別之間的「內鮮」交叉，一應俱全。具體言之，比如因東武雄兄妹和忠植兄妹的相遇，雙方父親——東陸軍大座和金永俊——之間的會見，東武雄兄妹和金永俊的會面，以及東武雄父母和忠植兄妹的會面。在這些彼此交叉的會面中，當然也包含東武雄兄妹和忠植兄妹異性之間的見面。通過這些會見，小說中的每個人物幾乎都發生了變化，也就是說日本人對朝鮮人，朝鮮人對日本人，都發自內心試圖去理解對方，而促發這些變化的決定性契機在於「禮儀舉止」。通過極度謹慎的態度和極爲節制的舉止，「內鮮」自發參與到某種共同性之中，而這種共同性不是別的，正是「能征善戰的祖國」（頁61）。

在李光洙未完成的長篇〈他們的愛〉[34]中，舉止與禮節也在消泯「內鮮」之間誤會和偏見的決定性瞬間結合在一起。京城帝大醫學部預科學生朝鮮人李原求在升二年級時，失去父親，經濟隨之陷入困境。同年級的西本忠一試圖「扭轉一個朝鮮人李原求的心，使其成爲眞正的親皇新民」（頁112），出自這一使命感，他向自己的父親醫學博士請求讓李原求做自己妹妹的家庭教師。對此，西本博士認爲，扭轉一個朝鮮人的心，這種事從「一開始就是沒有希望的」（頁113），

34　李光洙，〈他們的愛〉，原刊於《新時代》1941年1-3月。下文引用時直接在引文後標註頁碼。

於是予以堅決拒絕。「博士甚至不希望自己的傭人是朝鮮人，博士夫人貴美子也不希望」（頁113）。但是，看到努力說服家人的西本忠一，西本博士最終被迫無奈同意。

　　然而，問題在於李原求。因為直到此時，對他而言，「日本家庭」還是一個陌生且非常遙遠的世界。李原求在「去吃飯之前起身的同時要順便整理一下房間，大門內和從自己房間能看到的庭院也要掃除。而且，洗漱這樣的事情，必須在房東家人永遠都不知道的情況下做完。這是李原求從父親那裡接受的訓練，絲毫不能動搖。」（頁119）。李原求習於受過訓練的生活習慣，這種生活習慣首先和「衛生」相關。他力求不在「內地人」面前流露出絲毫的「不潔」，在這方面李原求甚至顯示出病態的誠心。「襪子和內衣這樣的東西，要在去學校之前包好帶走，到清涼的小溪裡清洗」（頁119）。正是確認了這種清潔意識和誠心的行為之後，西本博士才向李原求敞開心扉。同樣，李原求對「內地人」家庭的「秩序」和禮節感觸頗深。西本博士「一家人總是很威嚴」，「衣著和坐姿，以及開關門，生活中的所有方面都從未喪失過禮節」（頁122），通過如此清潔的舉止和禮節，「內鮮」進入一個共同性之中。在這一過程中，小說似乎還暗示了西本忠一的妹妹道子和李原求之間互生情愫。

　　在李光洙以所謂的「內鮮結婚」（或「內鮮戀愛」）為主題的小說中，為何有如此節制的舉止和禮節，這當然有其獨特的直接原因。首先，這與作為阻擋「內鮮結婚」主要障礙的「風俗習慣的各異」[35]相關[36]。因此，這裡還存在一個意圖，即是為讀者展示互為異質的風俗

35　平野進，〈內鮮一體調查機關確立の急務〉，《內鮮一體》12，1940年12月，頁60。

36　玄永燮說：「朝鮮人洗臉的方法、繫繩子的方法、裹包袱的方法，甚至坐姿的差異都是造成內鮮結婚者生活不幸的實例，關於這些我非常

與習慣的過程。但在李光洙小說中，舉止和禮節在更爲根本的層面
上，顯示出與皇民化政治過程的牽連。相較那種藉由眾多歷史根據或
現實利害關係而試圖說服內鮮一體正當性的修辭學，以及依據殖民
地—帝國權力政策而提出的各式各樣的皇民化制度所帶有的強制性，
舉止與禮節則是作爲訓練身體的社會形式，通過反覆執行
（performance），而與發揮政治作用的皇民化**實踐**場域密切相關[37]。舉
止與禮節這種感覺形式屬於實踐的形式，它不僅通過特定方式駕馭著
感情，還通過社會地位的差異來維持位階化的共同性，進而通過身體
技術，使主體得以生成。通過身體運動，社會關係得以產生與再生
產，這種形式的機制即可被稱爲「**舞蹈術的政治**」[38]。

　　與體現皇民化理念的言行——內鮮一體的強調、愛國心的吐露、
朝鮮語的廢止主張、「皇國臣民誓詞」的奉讀、神社的參拜、宮城的
遙拜等等——相比，在個人與個人相遇的時間和場所，必須遵守的禮
節、舉止、著裝等禮法無法全部納入皇民化，與直接的政治脈絡相

（續）

　　清楚。」玄永燮，〈內鮮結婚論〉，《新生朝鮮の出發》（大阪：大
　　阪屋號書店，1939），頁102。

37　荊子馨將中日戰爭開戰之前的日本殖民地同化政策和之後的皇民化政
　　策嚴格區分開來，他認爲「同化」是規劃（project），與此相反，「皇
　　民化」則是實踐（practice）。參見Leo T.S. Ching，頁96、104。

38　「舞蹈術政治」這一概念，是酒井直樹在18世紀日本特定的話語空間
　　中，分析政治和古典閱讀之間關係時使用的術語。對於在統治性層面
　　上思考禮和樂的荻生徂徠等學者，他逐一進行了分析。在闡釋社會現
　　實和共同性的理念構成問題時，爲說明這是一種「與身體的運動相關
　　的制度」，他使用了「舞蹈術」這一概念。參見，酒井直樹（著），川
　　田潤（等譯），《過去の聲》（首爾：以文社，2002），頁401-458。在
　　本文中，爲試圖說明在皇民化的理念指示作用所明確展露出的言表和
　　行爲之前，反而是通過特定方式而禮儀化的行爲首先產生出作爲意義
　　作用之可能性條件的想像關係，爲此，筆者採用了「舞蹈術的政治
　　學」這一概念。

比，禮節、舉止與著裝相對而言比較自主，所以可以稱其爲「間接行
爲」。而這種間接行爲，與其說和給予的狀況以及明示的意義相關，
毋寧說缺乏指示功能。例如，謹慎的舉止和關照對方的禮法，就無法
全部還原爲「皇國新民」的道德。但是，因爲這種舉止和禮節不屬於
既定情況，所以反而展示了「**主體在維持與現實的想像關係中作爲理
念的實踐體系之變動**」[39]，亦即令人想像愛情和友情得以產生的那種
人與人的邂逅以及被關照的世界本身。而且，形式化、禮節化的間接
行爲──在特定情況下，其意義並不急迫──因爲主體是依據行爲者
外部規則而施展演技的，所以只要具備必要的氣量，那麼通過演技的
訓練，無論誰都可以占據主體的位置。總之，內化規則的主體之間，
其互換逐漸成爲可能，並由此而獲得「共同性」[40]。所以，不屬於記
號和指示對象緊密結合的情況之下的行爲舉止、禮節等間接行爲，反
而超越了受到制約的政治脈絡，生產出和現實結成特定的想像關係、
並在這一關係中占據位置的特定主體，最終成爲一種更爲根本的政治
場所。舞蹈術通過訓練使社會規則銘刻於身體，把它感覺性地內化，
所以我們是否可以認爲，舞蹈術是使得皇民化的各種信號得以存活並
被民眾理解的一種技術。而「帝國的新民」這一稱呼，是否可以說正
是在依據這一舞蹈術而獲得的「感覺──審美式的（aesthetic）」秩序之
中，通過行爲舉止和禮法之實踐而被製作的主體？

四、公民的煉金術

　　殖民地──帝國的「生命──權力」試圖擄獲全體殖民地人民的直接
目的，在於戰爭和生產的動員，在這一過程中啓動的「生命──政

39　同上註，頁430。粗體字爲原文強調之處。
40　同上註，頁430-431。

治」，其最終目的則在於內化殖民地人民的欲望。而舞蹈術可以說就是將「內鮮」親密的私人會見變成可能，以及使感覺─審美秩序重新銘刻於身體的實踐，反覆進行、從而催生新主體的一種內化技術形式。皇民化正是這一「內化的舞蹈術」逐漸滲入體內並自然化的過程。

李光洙對皇民化的舞蹈術以及由此而獲得的感覺─審美秩序，所具有的重要性，極為自覺。他在以懺悔錄的形式披露皇民化意志和企圖的〈寄同胞書〉（〈同胞に寄す〉）（《京城日報》，1940年10月1-9日）一文中，作出這樣的結論──「最終將要到達的地方（窮極するところ）」，既非創氏改名，亦非徵兵制，而是「內鮮」之間的私人會見得以實現的共同性世界。

> 君啊，來我家吧。簡陋粗糙的家庭，甚至不能招待一杯茶，
> 食物或許也不合您的口味。但是，君啊，請來我家和家人一
> 起共進晚餐吧。
> 而且，可否蓋上我沾有污垢的被子，在我狹窄的暖炕上和我
> 共枕，安靜地聊天？也請我到您美麗的家吧。請您親切地給
> 我改一改生疏的禮節法。用您家純粹、溫和、親切、柔和的
> 氛圍將我包圍吧。
> 也就這些，最終只有這些。您和我從現在開始大約四分之一
> 個世紀誠心誠意需要努力的畢竟只有這些。[41]

這裡也分明存在「內鮮」之間的位階。但是，不管這位階，「內

---

41 李光洙，〈寄同胞書〉，李京勛（編譯），《春園李光洙親日文學全集Ⅱ》（首爾：平民社，1995），頁137。

鮮」依然內含著分享同一空間、互相溝通的可能性。爲了想像一起吃飯睡覺聊天的場面，在必須作爲前提的共同性之中，民族的差別無法被顯現。而且，如果說通過創氏改名、以及日本語的使用等政策，朝鮮人的民族標誌幾乎被取消，那麼最終存留下來的就只有「禮節法」的差異了。由此可見，李光洙試圖取消強加給朝鮮人的本質主義差別標誌，將其轉變爲禮節法的「熟練性位階」。

由此，差別被差異代替，內地人與朝鮮人之間某種本質主義的區別也無法成立，即使成立也不行。在這一前提下，「內鮮結婚」的可能性才得以出現，反面觀之，「內鮮結婚」也是證明沒有差別關係的現實性證據。金龍濟將「內鮮結婚」稱爲「內鮮一體的完整體」[42]，玄永燮則斷言「倘若內鮮結婚不可能，內鮮一體即無法實現」[43]。由此可見，正是這種無差別的皇民化欲望在起作用[44]。

那麼，「內鮮」成爲一體，準確地說「朝鮮人成爲日本人」，到底意謂著什麼？

這一時期「日本（人）」這個詞，根據不同語境而具備不同意義，這種用法恰好反映了殖民地（人）在「帝國日本」內所占據的法律、政治地位。首先，作爲地理分界線，同時也是法律、政治分界線的「日本」一詞，具有雙重意義。等同於「內地」的時候，日本指的是日本列島，其中主要指本土；但是，等同於「帝國」的時候，日本則將朝鮮、臺灣等殖民地也囊括其中。例如，中日戰爭期間，日本提出所謂

42　金龍濟，〈我觀內鮮結婚〉，《內鮮一體》1，1940年1月，頁60。

43　玄永燮，〈內鮮結婚論〉，《新生朝鮮的出發》（京城：大阪屋號書店，1939），頁96。

44　尤其是這一時期的大眾媒體上，有關「內鮮結婚」的爭議層出不窮，從中可以解讀出這種欲望。有關〈內鮮一體實踐社〉（社長朴南圭＝大朝實臣）的「內鮮結婚」論和「內鮮結婚」贊助事業，參見大屋千尋，〈對雜誌《內鮮一體》所表現的內鮮結婚樣態的研究〉。

的「大東亞共榮圈」構想，並號稱「日滿支」統一時，殖民地完全從
屬於「日」的標誌下。如此看來，「日本」在帝國內部指的是分化，
在帝國外部則指統合。

其次，作爲人種、民族分界線，同時也是法律、政治分界線的
「日本人」一詞，也具有與此相應的雙重意義。等同於「內地人」的
時候，日本人指的是長期居住在日本本土並使用日語的特定民族，通
常被稱爲大和民族。不過，問題出在等同於「日本帝國」新民時的日
本人。因爲，一方面，居住在「日本帝國」領土上的所有人民必須被
認爲是「日本人」；然而，另一方面，又被區分爲「作爲日本人的日
本人」和「作爲日本人的朝鮮人(以及作爲日本人的臺灣人)」。對於
如何處理朝鮮人的國籍問題，第一任朝鮮總督寺內正毅曾向東京帝大
教授、後來歷任京城帝大校長的法學學者山田三良諮詢，山田如此回
覆道：

> 一直以來，因爲合併，韓國新民理所當然地取用日本國籍，
> 但是，正因如此，我們不得不注意的是，韓國人不會完全和
> 日本人相同，他們只是作爲外國人取得日本國籍而已。總
> 之，本國的日本人和韓國的日本人(作爲日本人的韓國人和
> 作爲日本人的日本人)之間在公法上應該予以何種差別，已
> 成爲國法上的問題。[45]

和「日本」一樣，「日本人」的界定在帝國內部是分化的標誌，

45　轉引自山田三良，〈併合後二於ケル韓國人ノ國籍問題〉，1909年7
　　月15日；小熊英二，《日本人的境界》(日本：新曜社，1998)，頁
　　155。粗體字爲轉引者所加。當然，總督府並沒有完全採納山田的意
　　見，但其政策的基本框架來源於此。

在帝國外部則是統合的標誌。日鮮合併前後時期，朝鮮人「只是作為外國人」的日本人，其原因有二，一是日本以間島地區的朝鮮人為藉口，試圖介入中國利權的政治、經濟目的，二是企圖藉此取締抵抗日本統治的「不逞鮮人」（即抗日朝鮮人）的意圖[46]。日本在帝國內部通過戶籍法和禁止轉戶籍等措施，為朝鮮人貼上區別和差別的標籤；但是，當帝國向外擴張時，日本卻總是將朝鮮人看作日本人。也就是說，朝鮮人在國籍上是日本人，但在戶籍上卻永遠被排除在外。如此看來，「成為日本人」不僅意謂著要成為帶有日本國籍的日本人，還應該進一步成為擁有日本戶籍的日本人。換言之，從過去處於帝國邊緣，因利害衝突引發問題時才被召回日本內部的存在，亦即只有在日本考慮到帝國安全，需要處罰、禁止和排擠時才被權力所掌控的「外地人」，變為將自己的名字正大光明地記入公共領域，積極地（positive）投身於政治場域的「公民」。

正如「內鮮結婚」的象徵性表達所暗示的，通過日本人和作為日本人的朝鮮人的結合，即通過作為**民族**的朝鮮人和日本人的結合，期待生成作為公民的日本人。這種通過不同人種、種族、民族的混合，從而生成公民的技術；亦即讓那些依靠自然契約而結成團體的存在互相融合，從而生成人為秩序內的新主體的技術，即可被稱為「**公民的煉金術**」。公民的煉金術何以是煉金術，其原因正在於各種自然存在的融合與公民主體的誕生之間存在某種飛躍。所以，決定這種煉金術

46　例如，日俄戰爭中取得勝利的日本，在和朝鮮簽訂「乙巳保護條約」之後，即曾在保護朝鮮人的名義下向間島地區派兵。只有在與國家利害密切相關時，才將朝鮮人視為居住在「外國的」日本人。正如1909年，日本和清政府簽訂「間島條約」，日本放棄了間島地區的朝鮮（即日本的）領土權和治外法權，獲得在清政府領土內的建設鐵路利權，由此可見，只要取得一定的利益，朝鮮人隨時都可以被剔除於日本人之外。小熊英二，《日本人的境界》，頁156-158。

成敗的不是自然的、種族的本體性，而是環境。

> 朝鮮人之間，讀過大學的人之間，尤其是學習的人，他們的
> 臉越來越像日本人。早年流浪上海的時候，看到在西方人的
> 銀行裡工作的支那青年，他們的容貌居然和西方人非常相
> 似，當時就頗為驚詫，看來人的面貌是隨環境而變的。尤其
> 是地理位置，其影響更大。朝鮮人永遠是朝鮮人，內地人永
> 遠是內地人，這實在是可笑的觀念[47]。

玄永燮自認為是激進主義者[48]，他將自己「合理的」思考推向極
致，在這種視線下，所有的東西上都掛不住任何神秘的固有意圖。在
他看來，朝鮮人，當然還有中國人，甚至連日本人也無法永遠排除異
己，固守自己的存在論位置。這些東西總是會混雜在一起，而且也有
可能放棄作為自己的自身。根據文明進化論，人種隨時可以脫離自然
化。玄永燮說「人種似乎帶有永遠不變的遺傳因素，但這不過是謊
言。」[49]對他而言，內鮮一體也不過是文明進化論中的一個過程。根
據進化論的位階秩序，「朝鮮人成為日本人」是自然的，他們所力圖
成為的日本人，在是日本人的同時，又是超越日本人之上的[50]。

通過公民的煉金術，試圖從殖民地民族飛躍成帝國公民的玄永燮
之流的「徹底一體論」，從歷史的觀點看，不過是個妄說。但藉此可

47　玄永燮，〈內鮮結婚論〉，頁98。
48　「我自認為我在本質上是激進主義者。」參見玄永燮，〈日本民族的
　　優秀性〉，《新生朝鮮の出發》，頁108。
49　玄永燮，〈內鮮結婚論〉，頁97。
50　因此，對玄永燮而言，內鮮一體是「世界一體的序曲」（同上註，頁
　　101）。

以看到，隨著中日戰爭開戰後總督府權力帶上「生命─權力」的特
色，內鮮一體、皇民化政策爲殖民地─帝國地政學帶來急劇變動，從
而生成的獨特政治空間在哪一支點到達臨界點。也就是說，殖民地─
帝國權力爲了動員殖民地人民的能量，爲他們的欲望準備了出口，雖
然殖民地─帝國力圖將殖民地人民帶上忠誠之路，但在這一過程中也
不得不徹底地受到暗藏其間的「忠誠的政治」所制約。

　　總督府爲了戰時動員而將殖民地人民驅進公共領域，宣布「內
鮮」統合的信號，但其實是害怕殖民地人民出現在公共領域，害怕
「內鮮」統合[51]。大多數的歷史評價都認爲，這一時期殖民地─帝國
權力的支配政策在於「民族抹殺」，但實際上，「民族抹殺」從帝國
支配階層的立場來看也是並不理想[52]。殖民地─帝國權力，試圖將那
些在戰時情況下擺脫殖民地─帝國體制並威脅體制安全的後殖民地欲
望拉向內化之路，從而達到生命動員和體制再生產的目的。但是，這

51　事實上，對於作爲國策而受獎勵的「內鮮結婚」，總督府本身自始至
　　終的態度也頗爲模糊，未見多大的熱情。關於這一點，可參見蔣龍京
　　〈日帝末期內鮮結婚論與朝鮮人的肉體〉。

52　殖民地─帝國的意見相左也同樣出現在總督府─帝國政府內。對於南
　　次郎總督的內鮮一體政策，日本內地政府和支配理念提出猛烈抨擊和
　　質疑。總督府和帝國政府之間的矛盾非常微妙。例如，對於創氏改名
　　的實施，不僅朝鮮人，就連內地日本政府的領導階層也提出猛烈批
　　評。參見水野直樹(著)，鄭善太(譯)，《創氏改名》(首爾：如山，
　　2008)。曾經對亞洲太平洋戰爭時期的戰時體制進行批評的自由主義
　　評論家清澤洌，也對創氏改名進行了猛烈的抨擊：「讓朝鮮人改用日
　　本名，這等於僭用日本人的信用(？)──總督府的惡行，簡直已經達
　　到無法用言語表達的地步」。轉引自清澤洌。《黑暗日記》，1944年
　　5月29日)；小熊英二，《民主與愛國》(日本：新曜社，2002)，頁
　　854。此外，歷任京城帝大教授的安部能成，在與和辻哲郎一起參加
　　的思想懇談會上，強烈阻止日本人和朝鮮人的混血。土井章(監修)，
　　《昭和社會經濟史料集成》第16卷(日本：巖南堂，1991)，轉引自小
　　熊英二，《民主與愛國》，頁197。

種內化方式，衍生出殖民地—帝國體制無法承擔的過度親密性；而且，這個過度親密性甚至比那些試圖擺脫體制的意願更爲可怕，更有可能成爲動搖殖民地—帝國體制的主要原因。

五、結論：「生命—政治」和「死亡—政治」的同一性

殖民地—帝國體制，只有當殖民地和帝國之間的存在論距離維持在一定程度時才能存在。但是，中日戰爭開戰後，殖民地人口的掌控和動員成爲必要，這種必要戰略性地消除了曾經和殖民地—帝國的結構本質相關的差別標籤；與此同時，頗爲悖論的是，這種必要性也使得殖民地和帝國之間的距離變得岌岌可危。在掌控人口（居民）的過程中，總督府權力進一步強化了「生命—權力」特色，殖民地人民的欲望逐步內化於殖民地—帝國的「生命—政治」場域。隨著內化的推進，皇民化政策的實施和後殖民的規劃不斷糾纏在一起，難以區分，於是一個特殊的政治場域得以形成。在這一政治場域內，在比直接、外在的政治言行更爲根本、內在的層次上，作爲實現皇民化技術的舞蹈術，更能推進殖民地—帝國的共同性及其共同命運的內化過程。也正是在這一場域內，把被認爲「可能的東西」的「內鮮」結合，當作殖民地存在論得以飛躍的契機的夢想，遂得以出現。

如此一來，殖民地生命和欲望的內化，引發了自發的對帝國的忠誠，當然這也是非常危險的。因爲皇民化的完成不僅暗示了殖民地的消滅，也暗示帝國將隨之崩潰的不安[53]。但是，在殖民地—帝國體制

53　當然，這裡需要更爲嚴密的例證，一般來說，殖民地—帝國從啓動「生命—政治」伊始，所謂的「殖民地化／後殖民地化」、「整體化／個別化」等運動，都脫離了規範的意義論場，和悖論、理念等領域互爲融合。企圖消泯朝鮮人民族身分的政治行爲，被引向特定的方向——例如不分「內鮮」的方向——之時，殖民地／帝國體制的存在就有

內部矛盾激化以前，日本戰敗了，帝國隨之解體，而內鮮一體以及皇民化實驗的成敗，也永遠成爲了未知數。事實上，這一實驗本身早已內含了不可能性。構築這種不可能性的同一化／差異化、擄獲／排擠等種種矛盾與悖論，而後似乎於戰敗後殘留在日本內部的無數「在日朝鮮人」命運中重新復燃。

　　「使人活著(faire)，由人去死(laisser)」的「生命—權力」，將殖民地人民的生命內化於「生命—政治」場域內，這一內化使得權力視線所駐留的地方成爲殖民地人民唯一的生活領域。而權力作用的領域和生活領域的重疊，又使得「生命—政治」必然導致例外狀態的常態化。在以「戰時＝非常事態」作爲條件的「生命—政治」場域內，通過擄獲作爲生命的人類，使得那些「原本位於法律秩序邊緣的赤裸裸的生命空間逐漸等同於政治空間」[54]，「法」與「事實」變得不可分割，所有依靠土權權力的一切卻因此而成爲可能，所有一切都被禁止。

　　「『生命—權力』的內部＝生活」，正如將這一假設作爲現實而接受的玄永燮所言：「朝鮮人離開日本，一天也無法生活，他們**只能在日本生活，作爲日本人而死。**」[55]但是，也正如這句話背後所流露的，對生活的掌控同時也是對死亡的掌控。「生命—政治」，同時也是「死亡—政治」(necropolitics[56])[57]。只是這「死亡—政治」所擄獲

（續）────────────

可能炭炭可危，與此相反，企圖凸顯朝鮮人民族身分的政治行爲被導向特定的方向──例如地方性(Locality)──之時，反而可能成爲維護殖民地—帝國體制安定的後盾。

54　Giorgio Agamben(著)，朴進佑(譯)，《Homo Sacer》（首爾：新浪潮，2008），頁46。

55　玄永燮，〈內鮮一體完成への道〉，《新生朝鮮の出發》，頁92。粗體字爲玄永燮所加。

56　參見 Achille Mbembe, "Necropolitics," *Public Culture* 15(1), 2003. Mbembe認爲現代世界，尤其是911之後的世界，在說明生活乃從屬於死亡—政治方面，傅柯的生命—政治概念已經不夠充分。製造了大量

的死亡是「『生命—權力』的周邊＝死亡」，即與那些被拋棄的生命不同，這種死亡是「完成生活的死亡」，是「組織化的死亡」。所以，「生命—政治」／「死亡—政治」，從死亡中驅散恐懼，灌滿某種充滿性，或是通過這種充滿性，消除恐怖，管理恐怖。甚至可以說，在這裡，恐怖被「榮譽」替代。對內地的年輕人而言，是「神性的實現」[58]，而對朝鮮的年輕人而言，則是「三千萬朝鮮同胞的名譽」[59]。

　　如果非要對玄永燮的陳述進行過度闡釋；那麼，生活就相當於「日本」，而死亡即相當於「日本人」。作爲皇民的生活雖然遍布於日本帝國的廣大領土，但是這種生活的完成，只有在獲得日本人這一資格時才可能實現。而且，殖民地—帝國的「生命—權力」提出，這種資格必須和死亡交換。在這裡，「生命—政治」和後殖民地欲望彼此遭遇的終極支點得以顯現，這支點不是別的，正是「作爲日本人的死亡」。

（續）————————————————

　　人身傷害以及死亡的政治，讓無數人口成爲活死人(Living dead)的政治，爲闡明此種政治，Mbembe使用了死亡—政治概念。因爲亞洲—太平洋戰爭期間的東亞狀況和現代世界的政治狀況之間存在無法還原的支點，所以這裡無法直接使用Mbembe的概念。此文使用這一概念僅僅是爲了揭示「生命—政治」的「背面」。

57　權明雅，〈淫亂與死亡的政治〉，《現代小說研究》39，2008年12月。此文中權明雅認爲，以恐怖爲根基的主體化過程是通過不斷生產社會敵對，以及徹底泯滅敵對的方式來實現的，在此她使用了「死亡的政治」這一術語。與此相反，本文使用「死亡—政治」這一術語是爲區別於「生命—權利的外沿＝死亡」這一術語，在與生命—權利交疊的領域發揮作用的政治。那麼，「被管理的死亡」，與其說引起的是恐怖，毋寧說是將恐怖置換爲「榮耀」。

58　田邊元，〈死生〉(1943)；《田邊元全集》第8卷(東京：築摩書房，1964)，頁260。

59　李光洙，〈感謝學兵〉，《每日申報》，1943年12月10日；李京勛(編譯)，《春園李光洙親日文學全集II》，頁416。

第二章

議題回顧與展望

王惠珍

　　筆者的博論〈龍瑛宗研究——臺灣人日語作家的軌跡〉中以龍瑛宗(1911-1999)作爲主要的研究對象，在探究他的閱讀、創作等文學活動的過程中，思索這位作家與同時代作家的同質性與異質性。臺灣日治時期的作家們大都有留學日本的背景，但龍瑛宗卻未曾留過學。他的兩次帝都經驗分別是1937年榮獲《改造》雜誌第九屆懸賞創作獎之旅，與1941年第一回大東亞文學者大會之旅。就其臺灣內部族群關係而言，他是戰前少數的客籍作家，故鄉北埔毗鄰山區，因而與原住民有所接觸，亦是戰前少數書寫原住民族群的作家之一。因個性和文風的關係，卻與福佬人爲主的臺人文學集團較爲疏離，置身於以日人爲主的《文藝臺灣》集團。擅於寫景的他因職務調動的關係蟄居花蓮，花蓮的峻嶺大洋成就了他的山海書寫，是戰前少數書寫東部風土的少數作家之一。這位充滿異質性的作家，因他的特殊性而使臺灣新文學的內涵更形多元而豐富。

　　學位論文中以凸顯龍瑛宗文學的異質性爲主。日後，轉而探討他與日治時期臺灣作家們的同質性議題，撰寫〈殖民地作家的文化素養問題——以龍瑛宗爲例〉(2006)一文，利用龍瑛宗的藏書及其作品相互參照，釐清他如何透過帝國圖書雜誌等出版品，提升自己的文化教養，累積個人文化資本，進而說明這些書籍與創作之間的外緣關係。於是其他戰前臺灣知識分子的閱讀內容、過程、心得等，亦成爲筆者

所關心的議題。

　　於〈戰前臺灣知識分子閱讀私史：以臺灣日語作家為中心〉一文中探討「圓本」與「文庫本」究竟提供殖民地知識分子怎樣的閱讀可能？隨著帝國版圖的擴張和日語的普及，臺灣的讀書市場成為日本內地書商銷售過期雜誌和二手書的重要市場之一，因物質性文化資源的流通，提供了殖民地知識分子怎樣的閱讀文本？他們又如何取得這些資源有效地轉化積累個人的文化資本，以作為殖民地現代化的知識基礎。其次，以日治時代臺灣作家的藏書與個人日記為研究資料，說明戰前臺灣知識分子可能的閱讀內容，釐清他們如何透過日譯本的閱讀建構個人的知識體系。最後，探討於戰時支那相關書籍出版熱潮中，他們進行怎樣的閱讀建構他們的支那知識與想像，以期勾勒出戰前殖民地知識分子的閱讀私史。

　　今後，將研究視野擴及其他東亞地區，進行可能的比較性研究，如在中國上海30年代趙家璧亦曾模仿日本文庫本的形式，發行《中國新文學大系》等*。日帝的其他殖民地區中圓本、文庫本出版書籍的流通，究竟對當地的讀書市場與在地文化產生怎樣的影響？將是筆者日後所繼續關注的議題。

---

* 　劉禾(著)，宋偉杰(等譯)，〈《中國新文學大系》的制作〉，《跨語際實踐——文學、與被譯介的現代性》(北京：生活‧讀書‧新知三聯書店，2002年6月)，頁308-341。

戰前臺灣知識分子閱讀私史：
以臺灣日語作家爲中心*

前言

　　日治時期臺灣文化場域中的知識體系主要可分爲中文（古典／白話）和日文兩部分，隨著帝國統治時間的增長和皇民化運動的推動，尤其是在1931年制定「國語普及十年計畫」之後，日文人口與日俱增，1942年全臺日語的普及率已達60%[1]。可知，由於帝國殖民地教育政策的逐步落實，進而培養出新的日文閱讀消費群。反之，中文圖書市場卻在總督府的圖書檢閱制度、讀者減少、書籍輸入不易等負面因素的影響下日趨萎縮[2]。由於島內日文出版品並無法滿足這群新興的日文讀者的閱讀需求，他們轉而直接訂購日本內地的書報或以其他方式取得閱讀資源。

*　本文爲國科會補助之研究計畫「日治時代臺灣作家的文化教養問題」（NSC95-2411-H-126-010）之部分成果，承蒙補助，謹此致謝。本文原刊載於《台灣文學學報》16，2010年6月，頁33-52。

1　臺灣總督府官房情報課（編），《大東亞戰爭と臺灣》（臺北：臺灣總督府，1943）。
2　關於日治時期中文圖書出版販售情況可參閱春丞（黃邨成），〈日據時期之中文書局〉（上）、（下）（《臺北文物》3：2、3：3，臺北：臺北市文獻會，1954年8月、12月）；蔡盛琦，〈日治時期臺灣的中文圖書出版業〉（《國家圖書館館刊》91：2，2002年12月），頁65-92。

　　閱讀慣習的養成與個人家庭的社經地位有著相當密切的關係，根據當時臺灣菁英的回憶錄[3]，可知他們自幼因家庭經濟條件較爲優渥，在閱讀無虞的學習環境中，培養自己的閱讀興趣，累積文化資本（lecapital culturel），進行文化「再製」（reproduction）以利個人的社會階級[4]。相較於這群菁英，一般青少年到圖書館閱讀課外讀物的情形，卻不盡理想。小學一年級到四年級生閱讀課外讀物的學生雖逐年增加，但因升學考試的關係，五、六年級的學生大都因準備升學，而以閱讀參考書爲主，而預計就職的學生因閱讀對其日後忙碌的生活無益，因此與閱讀活動更形疏遠[5]。在臺勤於閱讀者大都屬於受過教育的富裕階層，受限於語言和經濟問題等，誠如日本內地的一般閱讀「大眾」並不存在[6]。

　　在日本都市的讀書階級與農村的讀書青年在閱讀型態上有著相當大的差異，農村青年只能利用農閑閱讀講義錄刻苦自學，或參加青年團借閱輪讀一般雜誌和與農業相關的資訊[7]。同樣地，在殖民地臺灣

3　參見范昭明，〈少年俱樂部的誘惑〉，《少年李登輝》（臺北：商周文化，1995），頁154-160；楊銓基，〈我的課外讀物〉，《楊基銓回憶錄》，（臺北：前衛，1996），頁40；張文義，《回首來時路──陳五福醫師回憶錄》（臺北：吳三連基金會，1996），頁77-78。

4　關於文化「再製」的相關定義討論可參閱丘天助，《布爾迪厄文化再製理論》（臺北：桂冠，1998年3月），頁13-15。「再製」一詞係指社會階級運用各種經濟和文化資源，以維繫自己世代地位的現象和過程。

5　加藤春成，〈青少年と讀書〉，《臺灣時報》231，1939年2月，頁60-66。

6　中島利郎，〈第五章日本統治時期臺灣文學(一)──臺灣の「大眾文學」について〉，《日本統治期臺灣文學研究序說》（東京：綠陰書房，2004年3月），頁127-146。

7　高田知和，〈農村青年の読書経験に関する個人生活史的考察〉，《出版研究》33，2002，頁147-170。

亦存有城鄉、階級等的身分差異問題，因此本文將對象設定以日語作家為主的知識分子，試圖梳理他們的閱讀經驗，從物質文化層面探討他們的閱讀材料與當時日本內地的出版文化產業的關係，即日本國內為消解書籍生產過剩的壓力，出版業者如何藉由書籍販賣的管道，將帝國的知識體系傾銷到殖民地，而殖民地知識青年又如何借力使力，藉由大量閱讀積累自己的文化資本，建構屬於殖民地的知識體系，展開本土文化論述。

　　本文首先將探討殖民地宗主國的出版型態，如昭和初年「圓本」（えんぽん）與文庫本的譯本大量出版，使得昭和知識分子不必如明治知識分子般得閱讀原文書方能獲取新知，而是透過譯本直接迅速廣泛粗淺地涉獵歐美文化[8]。而這樣的物質資源究竟提供殖民地知識分子怎樣的閱讀可能？隨著帝國版圖的擴張和日語的普及，臺灣的讀書市場成為日本內地書商銷售過期雜誌和二手書的重要市場之一，因物質性文化資源的流通，提供了殖民地知識分子怎樣的閱讀文本？他們又如何取得這些資源有效地轉化積累個人的文化資本，以作為殖民地現代化的知識基礎。其次，筆者將以日治時代臺灣作家的藏書與個人日記為研究資料，說明戰前臺灣知識分子可能的閱讀內容，釐清他們如何透過日譯本的閱讀建構個人的知識體系。最後，將探討於戰時「支那」[9]相關書籍出版熱潮中，他們又進行怎樣的閱讀以建構其「支那」相關知識？以期勾勒出戰前殖民地知識分子的閱讀私史。

8　丸山眞男、加藤周一，《翻訳と日本の近代》（東京：岩波書店，2009年1月），頁53-60。

9　本文中的「支那」一詞援引戰前日人對「中國」不帶歧視意味的稱呼用法，故以「」標誌。

一、書籍資源的取得

日本內地在關東大地震之後，出版業者爲吸納重建事業資金，刺激民眾購買書籍的欲望，大量廉價發售「圓本」(一圓一本)和文庫本(口袋型書籍)，由於出版品的量化，使得讀書行爲不再是貴族們的專利，轉而流行普及於一般大眾之中，特別是都市的一般受薪階級，讓他們得以隨時輕易購書閱讀，進而達到讀書大眾化的效果，產生所謂的「讀書階級」[10]，同時也因「新中間層」[11]的讀書階級的出現，而促使日本讀書消費市場更形活絡。

「圓本」全集中最具代表性的是改造社的《現代日本文學全集》[12]，它的廣告資訊的流通在日本內地與殖民地臺灣只有數日之差，在此全集刊行之後，其它的「圓本」全集廣告亦陸續在《臺灣日日新報》上刊載。雖然島內的購讀能力和消費總量，無法與內地的讀者群相提並論，但就圖書資訊傳遞的時效性，並未出現太長的延遲。內地的出版社爲爭奪出版銷售市場，各家紛紛競相發行全集類的叢書，最後竟出現供需失調、生產過剩的現象，爲消解庫存壓力，書商

---

10 永嶺重敏，〈第六章サラリーマン読者の誕生〉，《モダン都市の読書空間》(東京：日本エディタースクール出版部，2001年3月)，頁203-243。

11 「新中間層」泛指大正末年、昭和初期由受中高等教育者所共同形成的獨自生活型態、價值觀、趣味嗜好，具階層性的文化集團之文化菁英。竹內洋，《学歴貴族の栄光と挫折》(東京：中央公論新社，1999)，頁312。

12 改造社的《現代日本文學全集》菊判，各卷平均500頁，註上6號的假名小鉛字，三段組一冊一圓，從大正15年(1926年)到昭和6年(1931年)爲止，共發行62卷和別卷共63卷。在臺灣於1926年11月4日的《臺灣日日新報》上首見該全集之廣告。

轉而將那些庫存書籍、二手舊書和過期雜誌運往海外殖民地販售[13]。

　　若從殖民地作家的藏書來觀察殖民地知識分子的閱讀經驗，如龍瑛宗藏書、賴和藏書、楊雲萍藏書、《呂赫若日記》[14]中的購置書單等紀錄中，皆可發現他們都藏有改造社和春秋社等所發行的「圓本」全集叢刊。姑且不提廉價傾銷至臺的「圓本」對殖民地讀書市場的功過，如因大量日文譯本的流通，易使臺灣文化界欠缺以在地語言翻譯西方知識，進行文體或在地知識近代化的動機。值得注意的是，但因「圓本」在殖民地的文化場域的流通，刺激殖民地青年的大量閱讀的欲望，如此的購讀行為也成為同時代作家共同的閱讀經驗。也就是說，昭和初期的「圓本」熱潮隨著帝國殖民勢力擴及殖民地並發揮其影響力，成為容易取得的閱讀材料，提供殖民地知識分子系統性的知識內容。

　　購書閱讀的消費行為是當時「新中間層」累積文化資本藉以「立身出世」的重要手段。購書、讀書、藏書有其階級象徵的意義，這樣的行為被視為知識菁英的一種身分上的矜持，「書籍」象徵著他們作為讀書階級的社會威信[15]。因此在〈植有木瓜樹的小鎮〉中，作者有意突顯陳有三的書籍費占總薪資的八分之一，另一位重要人物社會主義青年林杏南之子也自述購讀內容，箇中原因不外乎作者想要以購書閱讀作為強調身為殖民地新興知識分子的身分表徵。但很顯然地，閱讀近代「知識」並未替他們謀求真正的幸福，反成為他們痛苦的根源，最終仍未擺脫被殖民者的宿命，抑鬱而終，或在昏暗的殖民空間

13　參見拙著，〈殖民地作家的文化素養問題——以龍瑛宗為例〉，《後殖民的東亞在地化思考：臺灣文學場域》（臺南：國立臺灣文學館，2006年4月），頁47-71。

14　呂赫若，《呂赫若日記》（臺南：國家臺灣文學館，2004年12月）。

15　永嶺重敏，《モダン都市の読書空間》。

中承受生命的挫敗。

　　根據龍瑛宗(1911-1999)[16]、王詩琅(1908-1984)[17]、楊逵(1906-1985)[18]此一世代的回憶，可知殖民地的臺灣知識青年們取得書籍的管道，除了因留日關係直接在日本內地購讀、郵購，或向圖書館借閱之外，購讀舊書和內地傾銷至殖民地的廉價舊書報亦是他們在臺取得閱讀資源的重要管道。例如，王詩琅爲彌補個人學歷上的不足，與內地的農村青年一樣，直接向內地書店郵購中學講義錄自學。在《臺灣日日新報》也經常可見到早稻田出版部的講義錄廣告，自學者可能因講義錄內容艱澀半途而廢，但卻也刺激他們自學的欲望。對受限家庭經濟條件而無法留學的本島青年而言，廉價「圓本」套書便成爲滿足他們求知欲和累積自我文化資本的重要素材。藉由系統性全集式的大量閱讀提升知識的質量，以期趨近日本內地的一般知識階層的水準。對殖民地青年而言，在殖民地社會制度中存有許多壓抑和差別性待遇，但在知識領域裡他們仍試圖透過汲取現代新知進行知識武裝，以期擺脫帝國對殖民地本土文化的箝制，並反省思考臺灣社會內部文化的後進性等問題。

　　在臺流通的書籍都得接受臺灣總督府嚴格的檢閱[19]，其中，單行本的左翼思想書籍雖遭到查禁，但含括於《世界大思想全集》(春秋社)等圓本全集中的社會主義思想理論性的書籍，仍散見於一些個人藏書中，如龍瑛宗的藏書。河原功則從吳新榮的剪報集中，爬梳他如

16　龍瑛宗，〈讀書遍歷記〉，《民眾日報》，1981年1月28日。

17　王詩琅，〈我的苦讀〉，《民眾日報》，1980年12月20日。

18　戴國煇，〈楊逵憶述不凡的歲月——陪內村剛介訪楊逵於東京〉，《臺灣史研究的回顧與探索》(臺北：南天，2002)。

19　河原功，〈日本統治期臺湾での「檢閲」の実態〉，《東洋文化特集：日本の植民地支配と檢閲体制——韓国の事例を中心に》86，2006年3月，頁165-214。

何在總督府嚴格的檢閱制度之下，從綜合性雜誌或左派雜誌中汲取左翼思想[20]。因此，可知在社會主義思潮席捲世界之際，臺灣知識分子仍透過各種可能的閱讀管道培養個人文化教養並武裝反抗思想。

二、殖民地作家的藏書記憶

　　戰後帝國政權退場、國民黨政權入主臺灣之後，戰前知識分子的左翼閱讀材料、圓本全集大都因白色恐怖家人深怕受累而被焚毀化為灰燼塵土[21]，目前只能透過僅有的作家藏書或日記，在歷史的皺折處翻閱屬於他們的帝國藏書記憶。

　　在視訊媒體尚未出現的日治時期，書籍閱讀是一般人吸收現代新知的主要管道。書籍的流通直接影響到讀者的閱讀內容，因此解開殖民地作家的藏書密碼，將有助於我們瞭解日治時期臺灣知識分子的閱讀經驗。因為這些閱讀經驗影響著殖民地青年對自我未來的想像。以黃得時的閱讀經歷為例，他曾於東京舊書攤購得高須芳次郎〈東洋文藝十六講〉、萬里閣發行的《大支那大系》〈支那戲劇篇〉和岩波書店《漱石全集》，而影響他決定求學的方向[22]。也在這樣的因緣下使他成為當時臺灣少數的中國文學研究者，戰時以翻譯《水滸傳》著稱。以下試圖分析賴和、龍瑛宗藏書，以探究殖民地作家的閱讀活動，打開殖民地時代的圖書記憶，期待能夠與他們的閱讀經驗相逢。

　　《賴和紀念館藏書目錄》中的書籍以賴和的藏書為主，但其中部

20　河原功，〈吳新榮の左翼意識「吳新榮旧蔵雜誌抜粋集(合本)」からの考察〉，《2007年臺日術交流國際會議論文集》，2007年9月8-9日，頁108-113。

21　劉捷，《我的懺悔錄》（臺北：農牧旬刊社，1994），頁130。呂芳雄，〈追記我的父親呂赫若〉，《呂赫若日記》，頁492。

22　黃得時，〈晴園讀書雜記〉，《臺灣文學》2：1，1942年2月，頁200-204。

分雜有家屬如賴賢穎等人的藏書。中文藏書分爲「工程」、「中國文學」、「中國哲學總論」等[23]，其中以中國現代作家的作品(小說月報叢刊)和西方文學的中譯本數量最多。在雜誌期刊方面，中國現代文學史的重要期刊收有《小說月報》、《現代評論》、《甲寅》、《語絲》、《莽原》、《駱駝草》等。這些中國現代文學的書報雜誌資料主要是曾在北京大學留學的賴賢穎寄送給賴和的，而賴和又將這些雜誌置於客廳供其他友人如楊逵、吳慶堂、楊守愚等人閱讀。因此可知，中國現代文學的知識透過留中學生的寄送挾帶，擺置於臺灣知識分子的藏書中，成爲他們文化裝置的一部分，而這些文學雜誌的作品甚至成爲賴和創作甚爲重要的參照資料，如魯迅〈過客〉「走」的意象曾出現於賴和的〈前進〉[24]，而徐玉諾刊載於《小說月報》和《晨報副刊》上有關生死主題的作品亦對賴和的創作有直接的影響[25]。可見，書報物質文明的流動對於作家創作有其深刻的意義。

日文藏書中除了一般書籍之外，他還收藏了多套圓本全集(雖然並未收全)，譬如：神田豐穗編的《世界大思想全集》(東京：春秋社，1927年)，神田豐穗編的《大思想インサイクロベヂア》(東京：春秋社，1930年)，佐藤義亮編的《世界文學全集》(東京：新潮社，1930年)，近代社編的《世界戲曲全集》(東京：近代社，1927年)，《現代日本文學全集》(東京：改造社，1926-1929年)，《世界美術全集》(東京：平凡社，1927年)等。此外尚有，作家全集《フィリツ

23　該目錄的分類並未根據一般的圖書分類法，類別細項太多而顯得雜亂無章，有待進一步重新分類整理。

24　陳建忠，《書寫臺灣‧臺灣書寫：賴和的文學與思想研究》(高雄：春輝，2004)，頁304。

25　秋吉收，〈賴和與徐玉諾──「臺灣的魯迅」與大陸新文學的關係〉，《彰化文學大論述》(臺北：五南，2007年11月)，頁120-142。

プ全集》（東京：新潮社，1929年），《トルストイ全集》（東京：改造社，1939年）等；同時，也藏有不少岩波書店等出版的文庫本，足見昭和初年的帝國書籍出版品「圓本」和「文庫本」，儼然成爲殖民地知識分子生活中不可或缺的文化裝置。若細究書籍內容，可發現其中夾雜了不少社會主義思想的相關書籍。從賴和與賴賢穎的藏書內容，亦可察覺殖民地兼具舊漢文素養的新文學運動者透過中文的書報閱讀，進行對中國新文學運動內容的瞭解，以資作爲臺灣新文學運動發展的參考，同時也透過日文譯本等的閱讀資源獲取西方文化新知與並開拓其世界視野。

　　龍瑛宗是日治時期少數的藏書家之一，因爲戰前日語是他主要汲取知識的語言，所以戰前的藏書以日文書籍爲主，他的日記、創作與藏書的關係皆有跡可尋[26]。他在座談會上關於「私淑作家及其理由」[27]的話題中，自道「少年時屠格涅夫、之後是果戈裏，最近則是關心左拉」。可見，外國文學是他主要學習模仿的對象，對其作品風格影響甚深。在〈讀書遍歷記〉一文中業已詳細地陳述他的讀書經歷，在此不再贅述。但值得注意的是，戰前除了魯迅文學之外，龍瑛宗鮮少論及中國現代文學，直到戰後初期編輯《中華日報》「日文版」文藝欄，爲因應戰後初期臺灣文化重建之需，方才提出自己對於中國文學、政治、歷史等的見解，而那樣的知識內容並非是戰後建置的，而是在戰爭期間閱讀「支那」相關書籍和中國現代

26　參見筆者，〈殖民地作家的文化素養問題——以龍瑛宗爲例〉，頁
　　47-68；〈浴火鳳凰——關於龍瑛宗的臺南時期兼論《女性素
　　描》〉，「張文環及其同時代作家學術研討會」（臺中：靜宜大學中
　　文系，2003年10月18日），頁183-207。

27　〈臺湾代表的作家の文芸を語る座談会〉，《臺灣藝術》3：11，1942
　　年11月。

文學等的日譯本，所積累的知識，對於中國現代文學他則以世界文學的評斷標準進行評論[28]。關於中國社會的發展他則認為「現在的中國文化是不足以向世界誇示什麼的落伍國家，但過去卻有優良的文化，但中國的歷史性發展，因『亞洲式生產模式的停頓』與世界帝國主義對中國的經濟侵略，中國步上嚴重的破滅性經濟破壞的過程，再加上上部構造政治的腐敗，中國文化因此開始停頓退後。」[29]可知，他深受戰前黑格爾的「亞洲式生產模式的停頓」的論調所影響，此論調是日本明治以來支撐脫亞入歐的國家戰略的中國認知，即所謂「東洋式的停滯」、「東洋式的專制」的概念，如此的中國認知為昭和知識分子對軍事性侵華而帶來中國舊社會的解體與更新之歷史實踐，提供正當化的理論[30]。亦由此可知，誠如葉榮鐘所言：「臺人對祖國的實情，所可能的入手資料皆是經日人剪裁、染色的加工品[31]」。戰前臺人的中國觀因受戰爭期的日本「支那學」傳播內容的影響，而受到帝國之眼的影響，有其偏頗之處。

自認學歷不足的龍瑛宗除了進行前述的左翼閱讀之外，亦藏有不少與教養主義相關的書籍。與臺北高校學生社團「新聞部」發行的刊物《臺高》第十八號「讀書傾向調查」[32]中羅列的教養書籍進行比

28 王惠珍，〈龍瑛宗の読んだ中国文学——日本語の翻訳による受容〉，《中國文學會紀要》27，關西大學中國文學會，2006年3月，頁131-150。
29 龍瑛宗，〈中國古代の科學書——宋應星の《天工開物》〉，《中華日報》，1946年9月16日。
30 子安宣邦，《「アジア」はどう語られてきたか》（東京：藤原書店，2003年7月），頁141-142。
31 葉榮鐘，〈臺灣省光復前後的回憶〉，《葉榮鐘全集 2 臺灣人物群像》（臺中：晨星，2000年8月），頁447。
32 引自蔡錦堂，〈日本治臺後半期的「奢侈品」——臺北高等學校與近代臺灣菁英的誕生〉，《2007年日臺學術交流國際會議論文集》（亞

對，則可發現相關書籍在他的藏書中皆可尋獲。特別是河合榮治郎的著作，譬如入選讀書傾向調查單項的《学生と科学》、《学生と教養》、《学生と生活》、《学生と歴史》、《学生と生活》等。從這份問卷調查可知在昭和教養主義的影響下，當時臺北高校學生的知識水準與閱讀內容與內地高校生的差異性並不大，而勤於自學的他也以這些書籍提升個人的文化學養。昭和10年代起教養主義雖經歷中日戰爭、太平洋戰爭的時代，但在高校生中仍相當盛行，其中以河合榮治郎的一系列「學生と○○」學生叢書系列，五年間不斷地出版，並且成爲最暢銷書籍，對於昭和10年代日本舊制高校生、大學生的教養主義方面影響甚鉅。在某種意義上，這些學生教養刊物與帝國主義的宣傳讀物間存有對抗效果，並使學生對人性有較深入的洞察[33]。同時，小可窺知如龍瑛宗這樣的日語世代如何透過自學提升自我的文化教養。賴和與龍瑛宗各屬殖民地不同世代的知識分子，從他們的藏書內容可知他們受限於世代及語言的關係，各有偏好，但同時也反映出中、日文書籍在臺的流通消長與他們的藏書／閱讀／創作活動之間有著密不可分的關係，同時亦對他們知識的選擇取向產生莫大的影響。

三、總力戰時期的「支那」閱讀

　　日本出版界爲因應帝國「興亞」和建設「大東亞共榮圈」的時局宣傳之需，而趁勢大量地出版翻譯所謂「支那學」的叢書，如創元社的「支那叢書」、人文閣的「支那文化叢書」、岩波書店、東成社的「現代支那文學叢書」等。總力戰期間有關「支那」的思想、習俗、

（續）─────────

　　東關係協會、國史館，2007年9月8-9日。）

33　筒井清忠，〈近‧現代日本における教養主義成立と展開〉，《社會科學研究》20：1，2000年3月，頁1-20。

文學等概說性的書籍大量地被譯出，雖然書籍或譯者的水準良莠不齊[34]，但它畢竟帶動了「支那」熱。吉川幸次郎卻認為這樣支那學的熱潮，是「外熱內冷」的現象。因為即使有大量支那書的翻譯，但誤譯的現象卻隨處可見，甚至連汪精衛的聲明出現嚴重的誤譯，竟也被刊載在報紙上。對支那問題的關心其實是因應外在客觀環境的需求罷了[35]。姑且不論譯本良莠的問題，但總力戰時期「支那」翻譯熱的影響不只在日本內地的中國認知，亦刺激殖民地知識分子如呂赫若、吳新榮等人的購讀「支那」研究的興趣，滿足他們閱讀中國的欲望。雖然這些知識內容難免帶有帝國觀點，但這些知識卻直接影響戰時臺灣知識分子的中國想像，和他們在戰後初期時面對中國接收政權的態度。

　　日記是瞭解記主個人生活經驗的重要題材，從作家日記裡則可一窺作家閱讀私史和創作歷程，以下試就《呂赫若日記》[36]與《吳新榮日記全集》[37]戰時日記的內容為考察對象，試圖釐清他們戰時「支那」閱讀的實際情況。

　　《呂赫若日記》(1942-1944)寫於太平洋戰爭爆發後，戰爭動員如火如荼地展開之際。根據日記內文，可知他的戰時創作情形與購讀傾向。因地利之便他亦向中央書局借閱綜合雜誌《中央公論》、《改造》、《文藝春秋》和文藝雜誌《新潮》、《知性》等。在專書閱讀

34　竹內好，〈翻譯時評〉，《中國文學》68，1940年12月，頁314-319。

35　吉川幸次郎，〈翻譯時評〉，《中國文學》76，1941年9月，頁256-261。

36　呂赫若，《呂赫若日記》。本文參考譯文，另行改譯部分，文責筆者自負。

37　吳新榮，《吳新榮日記全集》(臺南：國立臺灣文學館，2007)。本文參考譯文，另行改譯部分，文責筆者自負。

方面，他則以戲劇理論與文學作品為閱讀重點，除了博覽日本文學和日譯本的世界文學之外，對中國傳統戲劇、通俗小說亦展現出高度的興趣，譬如：《還魂記》、《好逑傳》、《桃花扇》、《清宮二年記》、《今古奇觀》[38]、《三國志》等，以及中國現代文學如林語堂的《京華煙雲》、老舍的《駱駝祥子》等口譯本。當時雖已有松枝茂夫譯的《紅樓夢》（岩波文庫，1940年）[39]，但呂赫若亦計畫翻譯《紅樓夢》，這或許與他描寫臺灣人家族生活的創作主題有其內在關係。

　　戰時呂赫若在日記中明言，希望藉由「有關中國的書籍閱讀，來看臺灣生活」（1943/2/10），但因語言和譯本的限制，使得他的閱讀題材大都局限於古典通俗小說、戲曲方面，對於現代中國小說的涉獵則較少。同時，他也比較東西方小說與日本小說間的差異，認為「短篇小說當以日本為範本，長篇小說當學西洋、支那」（1943/5/22）。而「研究中國非為學問而是我的義務，是要知道自己。想寫回歸東洋、立足於東洋的自覺的作品」（1943/6/7）。他在戰時東洋回歸的思想基礎下，展開具批判性的「支那」閱讀。除此之外，他對於戰時「支那」的相關知識如卡爾‧庫羅《支那人氣質》（1943/3/13）、井岡咀芳《滿支習俗考》（1943/5/21）、高田眞治《支那思想の研究》（1943/6/5）、平原北堂著《支那思想史》（興亞思想全集）（1943/6/7）等

38　在《臺灣文學》3卷2期和3卷3期中可見清水書店所出版的《今古奇觀》的廣告，廣告文〈著者の言葉〉中還特地提到：「現在是大聲疾呼新東亞建設的時代，為了完成這個目的，對於最大的鄰國中國我們得更加了解。」可見此書的發行乃是打著「大東亞建設」之名義，趁此時勢而推出的譯作。

39　葉石濤於〈日治時代《紅樓夢》在臺灣〉中，談到張深切、呂赫若談過閱讀《紅樓夢》的經驗，此外他本人與妻子亦皆閱讀過岩波文庫出版的《紅樓夢》日譯本。參見，葉石濤，《追憶文學歲月》（臺北：九歌，1999年8月）。

亦進行閱讀。

　　《吳新榮日記全集》(1933-1967)的時間橫跨總力戰前後，除1938年1月起至1945年8月以日語爲主，其他則以中文爲主時而混雜臺語語彙。本文藉由爬梳戰前日記，可略窺他的「支那」閱讀。中日戰爭爆發後在臺中文圖書的出版幾乎不可能，大多只能以日文寫作出版，當時臺灣作家曾將一些中國古典名著翻譯成日文出版，如黃得時改譯《水滸傳》，楊逵翻譯《三國演義》，劉頑椿翻譯《岳飛》、黃宗葵翻譯《木蘭從軍》等[40]，臺灣新文學作家們試圖從禁用漢文政策的縫隙中，展開中國通俗白話小說的日譯，而如此的日譯活動之所以可能，不外乎是受到戰時「支那」出版環境的影響。因爲根據黃得時改譯的《水滸傳》訴諸讀者的廣告詞「爲了瞭解支那，根據他的代表性文學瞭解它的生活和思想是最能觸及眞相的」。可窺得出版社的出版動機(《臺灣文學》3：2)。而清水書店亦在以臺灣作家爲主的《臺灣文學》上刊登佐藤春夫譯注《平妖傳》(《臺灣文學》4：1，頁47)、中島孤島譯編《改訂西遊記》(頁94)的廣告。《吳新榮日記全集》中記載「臺灣藝術社因出版《西遊記》而大賺了錢。因此他願在文化方面犧牲一些無所謂」(1942/8/16)，又「和徐清吉、黃庚申兩位和父親、我坐在客廳聊天，若無其事的在談《三國誌》、《水滸傳》」(1942/4/15)。可見，戰時爲滿足中國古典白話小說讀者群的需求，日譯本曾普遍流通於臺灣島內的讀書市場中。

　　島內的日譯中國通俗小說雖多少滿足閱讀「支那」的欲望，但吳新榮仍習慣直接向內地出版社郵購書籍，或請居住於日本內地的親友代購「支那」相關書籍，譬如：《唯物史觀支那史》、《支那古代社會史論》、《吾國與吾民》、《赤色支那》、《東洋古代文化史

40　辛廣偉，《臺灣出版史》(石家莊：河北教育，2001年5月)，頁16。

談》、《支那醫學史》、《蔣介石》、《支那及び支那人》、《現代支那批評》等。同時，從日記內容可感受到中日開戰之際吳新榮的苦悶心境，而閱讀是他排遣抑鬱瞭解戰況的手段之一。他的「支那」閱讀活動與日本戰時出版業者有系統地出版「支那」相關研究書籍有其密切的關係。

　　1937年後漢文閱讀人口萎縮，臺人透過中文獲取中國知識的路徑受到阻礙，從日記閱讀履歷可知，殖民地的知識分子唯有仰賴帝國選擇性的文化譯介出版，方能取得中國文化、歷史等相關資訊。面對中日戰爭爆發後，《吳新榮日記全集》中記載著「我每當讀書，便對自己的精神墮落感到自責，感嘆這時代的苦悶與行動的無力。今起兩三天內，決心讀破《唯物史觀支那史》」（1938/1/15）、「我們相信歷史是波動的，現在正處於波底，下一波必會在波峰！因此，我們將樂觀地在下一個時代迎接欣喜的和平之到來」（1938/1/20）。其中，可知中日戰爭時臺灣知識分子夾雜在殖民宗主國與祖國間的尷尬處境和無奈感，除了相信和平即將到來之外，透過閱讀認識「支那」也是他們綜觀全域、安頓自我的方法之一。日記中他直言個人讀後感和書評，譬如「讀完林語堂的《吾國與吾民》。此書並無如我期待的給我們好教誨。唯一佩服的是作者的博識與對中國民族的缺點攻擊得體無完膚。雖然他一再提倡中國固有文化，但最後極力主張中國唯有法治才能得救。此說令人感服。若說我讀此書的感想，則一言以蔽之：中國民族不會亡」（1939/4/20）、「威爾斯的《世界文化史大系》、郭沫若的《中國古代社會研究》、和這本石川三四郎的《東洋古代文化史談》，是我歷史研究之根源與文化認知之書籍吧」（1939/8/15）、「今天讀完了石丸藤太著《蔣介石》。昨天讀過的《汪兆銘》著重於日支事變後，而這本《蔣介石》則寫事變之前。兩者都以日本人客觀公平的立場做正確的評傳。《汪兆銘》的作者稱汪兆銘為聖人，而《蔣介

石》的作者則稱蔣介石爲偉人，可謂好對稱。這聖人和偉人如今各走
各的路而左右了中國的命運，又可說是很諷刺。我想與其稱他們爲聖
人、偉人，倒不如以英雄政治家來得貼切。此二人將以各自的特長，
來處理中國的未來」（1940/6/10）、「今天也收到中央公論社寄來的尾
崎秀實的《現代支那的批評》和村上知行的《支那與支那人》兩書。
驚訝於印刷裝訂的精美。前者著眼於政治、經濟方面；後者是社會文
化方面的論述都與支那問題相關，是我愛讀的書。可謂現代日本的支
那通的雙璧」（1940/7/12）、「今天讀完了佐藤春夫的《支那雜記》。
此人理解支那文，愛支那的詩，但不瞭解支那這個國家，也不喜歡支
那人，這是怎麼一回事？雖然如此，我也多少被養成愛朗讀詩的心
情，但對於賣弄文字的隨筆很不喜歡」（1943/9/12）。根據上述引述，
可知身爲殖民地臺灣知識分子的吳新榮相當關心當時的中國情勢與政
局轉變，並勤於對中國的政經社會、歷史文化進行全面深入的認識與
瞭解，甚至記述中國共產史《赤色支那》[41]亦是有所涉獵。對當時的
名人蔣介石和汪兆銘有其個人的評定。而「回顧中國歷史，我設定如
下八聖：帝／周文王／孔子／老子／李世民／李白／岳飛／孫文，若
舉臺灣的一聖：鄭成功／再加上現代的誰：則可成爲十聖」
（1939/6/23）。可知，戰時他對中國文化認同甚深，思考中國文化道統
體系時，亦將臺灣的聖人納入其中。同時，也將詩仙李白納入其中，
可知他對詩人的重視程度。總之，他在閱讀「支那」的同時，亦對臺
灣的未來命運多所思考。

　　王詩琅在他的回憶文[42]中很清楚地勾勒出臺灣知識分子如何透過

41　大久保弘一，《赤色支那》（東京：高山書院，1938）。

42　下村作次郎（編），蔡易達（譯），〈王詩琅先生口述回憶錄——以文學
　　爲中心〉，《陋巷清士：王詩琅選集》（臺北：弘文館，1996年11
　　月）。

中文書籍與日文書籍，統合多語的知識來源路徑從而建構自己的知識
體系。有關外國文學的翻譯，他並不讀中文譯本，而選讀日譯本。在
中國現代文學方面，王詩琅最熟悉還是魯迅，因有私塾漢文的學養基
礎使他得以直接閱讀魯迅的雜感、郁達夫的〈沉淪〉等。他雖也曾試
圖翻譯茅盾的〈子夜〉，但只翻譯了幾頁，便因前往中國而停筆。張
冬芳亦曾在《臺灣文學》上日譯老舍〈離婚〉的第一、二章[43]，但因
刊物停刊而作罷。可見，中國現代文學除了魯迅文學之外，戰時在臺
的日譯本傳播不似古典通俗小說文學那般熱絡。而這股在臺古典通俗
小說的翻譯熱與臺灣大眾文學之間的關係，則有待進一步釐清。

　　上述的《呂赫若日記》和《吳新榮日記全集》中所提及的「支
那」書籍出版年份，大都是在1937年中日戰爭爆發後到40年代前半的
出版品。因此可知他們的閱讀取向與因戰爭而發展出的「支那」知識
的出版傳播，有著密切的關係。1937年在臺雖然漢文欄被廢止，以中
文傳遞中國古典或現代文學的資訊迴路受阻，但是它們卻轉以日文為
媒介繼續使中國知識在臺灣文學場域中流通。雖然一切的「近代」知
識被日語所統馭，但殖民地知識分子卻利用日本活絡的出版流通，戰
時「支那」出版的有利條件，尋求另一種獲得「中國」知識閱讀傳播
的路徑，建構屬於他們的精神系譜。

四、結論

　　「圓本」全集、文庫本滿足殖民地作家閱讀世界文學和思潮的閱
讀欲望，提供他們累積文化資本的物質條件。從作家的藏書、訪談、
日記中足以窺見他們部分的閱讀行為和閱讀經歷。而現存的殖民地作

43　老舍(著)，張冬芳(譯)，〈離婚〉(第一章、第二章)，《臺灣文學》
　　3：3，1943年7月。

家的書房藏書價值不單是書籍物體本身，同時也留存帝國知識體系在
殖民地流布、播遷、展演的意義。

　　戰前臺灣作家的翻譯活動，相較於中國現代文學作家魯迅、周作
人、茅盾等人，致力於翻譯工作者並不多，除了臺灣讀書消費市場規
模不大之外，也與臺灣讀者具中文或日文外語能力有關，他們可以直
接借助中譯本或是日譯本，大量閱讀世界文學，因而翻譯的必要性反
被削弱。譯本的流通因戰爭的關係，使得輸臺的中日譯本在數量上必
有所消長。因讀者教育背景和世代的差異，如受過私塾漢文教育並曾
受過中國白話文洗禮的世代(如賴和等人)；完全以日語創作的日語世
代(如張文環、呂赫若、龍瑛宗等人)；跨語世代(如葉石濤、林亨
泰、陳千武等人)，對譯本的選用皆受限於個人對中日文的熟稔度而
互異，其中戰後的跨語世代不少是藉由中譯本學習中文。戰後初期雜
誌甚至以中日文對照編排方式，如《新新》、《中華》等，而中日對
照譯本，如東華書局出版的中日文對照文藝叢書，除了沈從文的作品
之外，由楊逵一人戮力進行日譯中國30年代作家，透過翻譯活動轉介
中、日文化。可見，臺灣知識分子在個人的知識體系的建置活動或跨
語活動中，與譯本的選讀有其相當密切的關係。

　　臺灣新文學運動中，雖然作家大都借助中譯本和日譯本大量汲取
世界文學的養分，但是如賴和、楊逵、張我軍等人卻曾積極地投入譯
介外國文學思潮[44]。但值得注意的是臺灣文學在文化現代化的過程
中，爲試圖消解日本中心／臺灣邊緣的殖民關係，試圖借「日語」之
便，進入世界文學之林。戰時在大東亞共榮圈的大纛下，張星建也意
識到翻譯文學在臺灣文學場域中的重要性，他認爲「本島爲保有作爲

44　鄧慧恩，《日治時期外來思潮的譯介研究──以賴和、楊逵、張我軍
　　爲中心》(臺南：臺南市立圖書館，2009年12月)。

南方共榮圈基地的樣子，今後將致力於獨自文化的創造，非得提升島民的一般生活到世界水準不可。而且鑒於本島的特殊性，非得計畫振興翻譯文化不可」[45]。同時，他也提及張深切和呂赫若皆著手進行翻譯的工作。可知，總力戰時期的譯介活動、作家的創作與臺灣文學建構自我文化主體，三者之間有著密不可分的關係。而戰爭末期的譯介語言只能選擇帝國語言——日語，無法使用在地的臺灣話文回饋「大眾」，使臺灣話文成為進入敘事層次[46]，譯作只能滿足日語閱讀群的需求。物質文化隨著帝國主義入主臺灣讀書文化市場之後，臺灣的譯介活動日漸被收編進入帝國語言文化體系中；相對於此，殖民地原有語言(中文／臺灣話文)的譯介活動更形萎縮，遑論透過翻譯活動獲取殖民近代化的自主性。日語閱讀活動成為臺灣文化通往近代化的一條重要路徑。戰後陳儀政府禁用日語之所以引起臺灣知識分子的強烈反彈，不外乎這一條與世界文化接軌的路徑被斷絕。

帝國出版產業界基於本位主義的物質流通，卻意外開拓殖民地知識青年閱讀視野，提供他們開闊的世界想像，同時也形塑了一部分的殖民地知識體系。在這形塑的過程中，他們並非是完全是被動地接受，在現代化的進程中，透過閱讀積累文化資本，轉而反省殖民社會體制，對帝國展開批判。為了不讓臺灣本土文化完全被收編進入日本文化中，強調臺灣的「特殊性」與展望未來的「世界性」，是他們慣用的論述模式，希望以此來解消殖民時期來自同化運動的壓制，乃至戰後初期亦以同樣的模式面對中國化的當局壓力。身處邊陲位置的臺灣知識分子雖然一直對自我文化定位的充滿著焦慮感，但這股力量卻

---

45 張星建，〈翻譯文學について〉，《臺灣文學》2：1，1942年2月。

46 陳培豐，〈由敘事、對話的文體分裂現象來觀察鄉土文學：翻譯、文體與近代文學的自主性〉，《臺灣文學的東亞思考》(臺北：文建會，2007年7月)，頁190-237。

是展開臺灣本土論述和社會向上提升的主要動力。而透過釐清他們的閱讀經歷，窺見日治時期知識分子文化教養積累過程，他們共同努力深化現代臺灣文化的足跡便顯得清晰可見。

第三章

議題回顧與展望

金 杭

　　是否可以將殖民地朝鮮的風景片面地截取爲「思想」(thought)？
這是最初的疑問。在法律、制度、政治、經濟、文學等組織有關殖民
地朝鮮認知的範例目錄中，是否可以將思想嵌入其中？倘若將思想放
入目錄之中，那麼殖民地朝鮮的風景將會如何豐盈飽滿？事實上如果
回顧既有研究，即可發現此種思索幾近絕望。因爲戰後被建構的「韓
國思想史」或者「韓國哲學史」，對殖民地朝鮮的「思想」並未賦予
其作爲「思想」的資格。雖然戰後大學裡從事哲學研究的人皆是殖民
地朝鮮的哲學家，但在大學「哲學系」的分科中，殖民地朝鮮哲學思
想一直是被忘卻的領域。雖然「思想」在文學或批評的脈絡中有提
及，但將思考世界、人類以及自然等根本問題的「思想」作爲最終考
量的殖民地朝鮮研究，可以說幾乎處於空白狀態。所以，筆者試圖通
過「思想」重新考察殖民地朝鮮的風景。

　　從朴鐘鴻殖民地時期的文章中導出「我們—我—存在」的思維，
正是這種嘗試的成果之一。像殖民地朝鮮這樣遭逢思想空前危機的局
面，似乎再也找不到第二例。究其原因並不在於帝國統治的暴力性或
急劇變化的世界局勢，反而在於「世界」、「人類」以及「自然」皆
以經濟、政治、科學以及文學的概念或用語去理解，所以「思想」本
身喪失了其價值。借用海德格的話來解釋，當存在喪失其固有意義
時，只有闡明存在的技術性用語和概念橫行亂舞，或許「民族」或

「階級」等政治主體的命名正是技術性地接近人類的顯著例子。朴鐘鴻追隨海德格試圖和這種「思想危機」鬥爭，具體而言，可以說朴鐘鴻思考了能夠與民族主義和社會主義對抗的政治主體的根源性發軔。當然，探討此種嘗試成功與否並不在本文論述範圍之內。不過，殖民統治結束後依然技術性地命名政治主體或共同體的思想，成爲支配性模式，因此，可說思想的固有性陷於危機的情況本身，並不曾發生根本性變化。我們是否可以從這一點上去審視根深柢固的殖民統治殘餘？所謂殖民地經驗的比較，絕不可能以空蕩蕩的範疇爲前提。反而會大膽反問並解構這種比較範疇所蘊含的技術性傾向。通過「思想」這個截面重新審視殖民地風景的研究，可謂是邁向這種反問與解構的第一步。

「我們─我─存在In-dem-Wir-sein」哲學轉向：

朴鐘鴻與海德格

一、戰爭，方法學上的快樂

　　所謂的「總力戰體制」，指的是當國家內的全部生活都被召喚成戰爭才具有意義的體制。從被應徵入伍的年輕人的步伐，到為家人準備早餐的女人的操勞，如果不被戰爭這一終極審判所召喚並評價，那麼，生活就無法觸及許可與禁止的門檻，此種體制就是總力戰體制。在這裡，無論平時通用的實證法(positive law)，還是習慣(customs)，都喪失(suspended)了其效力。所以，年輕人的步伐與女人的操勞，都無法依據某種準則而運作。他們／她們的步伐與操勞是在所有準則都消失的空間裡反覆的「決斷」，在這一點上它們是無限自由的，但在永遠被「戰爭」這一總體性大災難所吞噬這一點上，它們無與倫比地具有從屬性。就此意義而言，總力戰不僅是生活的全部被戰爭這一巨大黑洞所吞噬並被剝奪了自由的整體主義，同時也是生活和行為以及思維的所有側面都喪失了遵循的準則，只剩下絕對決斷的無秩序本身。戰爭是大災難，所以，被它吞噬愈深，生活就如斷線的風箏，愈益飄浮其中。永遠的「中間狀態」，乃是沒有任何決定的、暫停的狀態，但同時又是無法被人類駕馭、命中注定的殘局之引力所緊緊攫住

的狀態，亦即自由被完全剝奪、同時自由又能無限伸展的這種空間，正是總力戰體制。

　　這正是「戰爭」與「國家／法」互爲矛盾的悖論性空間。所謂的十五年戰爭期間，帝國日本平時法定通用的條例均被逐一剷除。當然並非所有的條例一併被中止，與「戒嚴」（martial law）相應的措施不知不覺地被累積下來，結果到了太平洋戰爭開戰時，憲法保障的個人基本權利大部分被中止效力。思想統制已毋庸多言，甚至全面打出「重要產業統制」的口號，生產活動中的自律性消失得無影無蹤。但是，無論聽起來如何荒謬，在這可怕的整體主義統制體制下，人類的生活，尤其是「思維」（Denken），依然能夠享受無限的自由。譬如，從感染熱病似地圍繞「帝國日本將會主導的新世界秩序」而展開討論的「近代超克」座談開始，到因在戰爭中發現了擺脫歐洲普遍主義哲學與歷史學的契機，而難以掩飾興奮的那些京都學派哲學家們爲止，在他們看來，「戰爭」是中止歐洲生產「法則」，創造新秩序的重要契機。在這裡，「思維」可以享受無限的自由。當分類「世界」並賦予秩序的準則（不管它是什麼樣的東西）喪失效力的時候，「思維」將在崩潰與危機中獲得製造某種新事物的無限自由。近代日本最負盛名的文學評論家小林秀雄（1902-1983）曾如此說過：

> 有非常時期這樣的話。日本帝國今天所遭遇的危機即可謂非常時期。但沒有所謂的非常時期的思想。必須銘記只存在我們於平時愼重積攢的思想。再說一遍，沒有非常時期的思想。只有非常時期的政策。[1]

1　小林秀雄，〈事変と文学〉，《小林秀雄全集VII》（東京：新潮社，1939），頁57-58。

若有所疑惑，則沒有像今天這樣疑惑遍地都是的時候。所有
的一切都可疑。但此時，你是否依然面帶苦惱，執著於想質
疑就能質疑的觀念之某個一角或者理念的碎片，在信還是不
信之間猶豫不定？想懷疑的話，那就懷疑一切。似乎在嘲笑
人類的精神，赤裸裸的事物之運轉將顯現。而且，如性欲一
般無法懷疑的你的利己主義，亦即愛國心將顯現。只剩下這
兩個。從這裡必須重新站起來的時候，就是非常時期。[2]

正如丸山眞男（1914-1996）所指出的，小林秀雄是日本文學評論
家中罕見地理解思維抽象性的人物[3]。丸山眞男所言的思維抽象性，
指的是思維具有無法還原爲主體認知或物件物質性的固有存在論地
位。丸山眞男以這一原則爲基礎，道破無法還原爲主體認知或階級社
會性的政治行爲論，小林秀雄則主張無法還原作家的體驗、生活、或
社會／經濟／政治等外部世界的文學論。小林秀雄通過笛卡爾對瓦萊
里《趣味先生》（Monsieur Teste）的註解，說明了他的方法論原理：
「笛卡爾認爲趣味先生用『完全傾注自己的注意力，關注自我之
事』，來說明內心的島嶼，即環島一周，到達『還原爲形態與運動
的』人性之海。（形態與運動當然並不意謂著理解的抽象形式。這裡
指的是瓦萊里經常掛在嘴邊的『眞正的無秩序』。）質疑位於傳統、
慣例、約定、結論之上的理解，到達眞正的無秩序，並盡其所能地將
之嵌入自我的內心，這種精神所獲取的孤獨，迥異於浪漫主義文學所

2　小林秀雄，〈神風という言葉について〉，《小林秀雄全集
　　VII》，頁75-76。
3　丸山眞男，〈近代日本の思想と文學〉，《日本の思想》（東京：
　　岩波書店，1958）。

發明的孤獨。」⁴

最後一句，「迴異於浪漫主義文學」所指，尚含有另一層意思，即「同時也迴異於現實主義文學的社會性」。《趣味先生》所理解的我思（cogito）並非自我之內的自閉型存在，而是超越現有的「理解／意義」，試圖與「外部世界」「遭遇的我」。此時的「我」，是所有認識的出發點，同時也是終結點的我思（cogito），絕不可能成為生活在固定世界的安定存在。因為這個「我」為了成為「我」，一定要不斷地去理解外部世界，並使意味化的準則（傳統／慣例／約定／結論）失去效力。小林秀雄的方法論原則，就是不斷破除理解世界並意味化的框架，從而面對作為「真正無秩序」的世界。對他而言，批評無異於是獲得「我」的「我思」。

對這樣的小林秀雄而言，「戰爭」正是世界自身作為真正無秩序而前進的事件。所謂「非常時期」，就是缺乏得以依靠的確定法則或原理的狀態。所以，人類只能面對赤裸裸的事物之運轉和自身的性欲。此時，小林秀雄的方法消失了，因為世界自身已經展示出赤裸裸的事物之運轉，通過批評方法去和事物調和時，不再需要思維的力量。所以，小林秀雄一言道破不需要「非常時期的思想」，而需要「非常時期的政策」，即「實踐」。但是，這同時也是方法學上的快樂。到達這一時期，思維即使不讓它運轉，觸目所及的世界本身會自動成為赤裸裸的事物之運轉方法的領導。也就是說，「思維」即使什麼都不做，也可以體驗獲取一切的極致快樂。這可以說就是小林秀雄這位稀世批評家所展示的總力戰體制下思維之自由（毋庸多言，這自由非常悖謬，所以這自由也是一種麻痺）。

或許，應該將總力戰體制下的文學或哲學思維，揣度為小林秀雄

4　小林秀雄，〈テスト氏の方法〉，《小林秀雄全集II》，頁321。

展開的「方法學上的快樂」。因為在近代超克論或世界史哲學中，可以感知到的那個奇怪的熱潮，正是源於快樂。此種情況在殖民地朝鮮也一樣。下文所要關注的哲學家朴鐘鴻(1903-1976)，在通常被形容為黑暗、惡劣、鬱悶、危險的空間，即總力戰體制下的京城，通過「我們─我─存在」(In-dem-wir-sein)的哲學轉向，醉心於自己獨創的思維方法。這種方法使民族主義與馬克思主義的世界／生活的「近代化理解／意義化」框架失去效力，是對可以揭示共同生活過的／生活下去的這些人的存在主義共存可能性的探索。他試圖將無法命名為近代民族和階級的──「無國家民族」──朝鮮的生活，通過「我們」這個「赤裸裸的共同存在的名字」進行思維。總力戰體制下朴鐘鴻的關鍵字──「危機」或「轉換期」──即可在這一脈絡下理解，這是一位原無法服務於「帝國」、「階級」或「民族」的哲學家試圖忠實自己思維的旅程。下文力圖通過朴鐘鴻曾經身處的哲學磁場及其對海德格的讀解，考察其在「總力戰／危機／轉換期」中，嘗試思維解放的珍貴思想。

二、通往海德格的路口

1922年，19歲的朴鐘鴻開始在《開闢》上連載〈朝鮮美術的史學考察〉一文，為時一年有餘。

此文一開頭便談到「吾人自認吾民稟承審美天性，本有美術技巧，以擅長創造之民族自居。當以美術之國而矜誇於世。(中略)天職於吾人，時至今日尚無一本美術史，實屬吾人之無上羞恥，不堪痛嗟哉」[5](1922，《全集BI》，頁3)。後來，朴鐘鴻回憶撰寫此文時的情

5　本文引用《朴鐘鴻全集I-VII》(首爾：螢雪，1982)時，採用(出版年度，《全集卷數》，頁數)的標識方式，引用《朴鐘鴻全集I-VII》(首

形，如此說道：「我讀過的第一本與哲學相關的書籍是高山樗牛所著《美學及美術史》。(中略)封面右上角有一行令人觸目驚心的文字，大意爲『我們不得不超越現代』。(中略)這美術史是日本的美術史。閱讀時，我在很多地方發現日本美術的源流是韓國美術，爲此我時常感到一種難以抑制的興奮」(1962，《全集VII》，頁250-251)。

　　這裡所提及的高山樗牛(1872-1902)是一位英年早逝的日本思想家。朴鐘鴻所讀的《美學及美術史》是高山樗牛逝後出版的全集第一卷，收集了美學和美術史相關的論文。其中〈敦促編纂日本美術史〉(1895年)一文是如此開始的：「以世界美術國自誇的我邦，尙無一部本國的美術史，吾輩無法不時時浩歎。」[6]由此可知，朴鐘鴻的《朝鮮美術的史學考察》受到高山樗牛的影響頗深。總論的大部分也借用了高山樗牛敘述日本美術史的文字。譬如，朴鐘鴻的文中有關個人收藏美術作品不予公開的弊端(《全集BI》，頁4)；朝鮮畫的筆法非重實物描摹而重印象，這一現象令人聯想到西方流行的印象派(《全集BI》，頁13)，諸如此類的批評都和高山樗牛文中所指出的日本美術情況及特徵，極其類似。當然，朴鐘鴻的朝鮮美術史敘述並非全部依靠高山樗牛。事實上，他的敘述整體活用了由高山樗牛完成的美術史知識，並通過實地調查和整理當代文獻撰寫而成。筆者在這裡多少有些繁複地介紹高山樗牛的影響力，實際想說明的並不是他對朝鮮美術史敘述的影響，而是高山樗牛所代表的19世紀末日本思想界的磁場對朴鐘鴻的重大影響。

　　高山樗牛是一位直到1880年代依然沉醉於排斥西方文物的所謂

(續)————————————

　　　　爾：民音，1998)時，採用(出版年度，《全集B卷數》，頁數)的標
　　　　識方式。
　6　　高山樗牛，《美術及び美術史》(東京：博文館，1914，增補5版)，
　　　　頁408。

「日本主義者」，但是進入1890年代之後，他通過介紹尼采而成了道破本能解放的思想家。他的美術思想以對德國理想主義（Idealismus）的批判爲特色，其具體的批判對象是當時最著名的文人森鷗外所譯、影響力巨大的哈特曼（Edward von Hartmann）《審美綱領》。森鷗外曾於1891年中期與日本近代文學的嚆矢坪內逍遙展開「沒理想」論爭。針對主張無視理想，以事實描寫爲根本的坪內逍遙，森鷗外認爲藝術的本質應該是追求理想。這是日本展開的第一場美學論爭。

　　1899年，隨著東京帝國大學「美學（Aesthetik）」講座（這是世界最早開設的美學講座）的開設，論爭逐漸上升爲當時學界／輿論界的焦點。森鷗外的理想主義，以最具說服力的解說成爲通用常識。而高山樗牛的美學就是對此的反論。他基於美學的範圍「應該在享樂（hedonic）的範圍內追求」[7]的主張，反對森鷗外基於哈特曼的理想主義所提出的理論。此時，爭論的焦點是何爲美的標準。理想主義認爲美的標準是超歷史的「規範」，而高山樗牛卻主張，「美」應以規範所給予的知識爲前提，「如果作爲直接經驗則無法取得認同」。[8]亦即，高山樗牛認爲，應該在知識或規範之前的快樂／不快樂（hedonic與否）等直接體驗中揣度審美意識。他將尼采視爲解放本能的哲學家，也可以從這一脈絡加以理解。上文提及的令朴鐘鴻印象頗爲深刻的「我們必須超越現代」這句話，也可以在這種思維的軌道中加以理解。

　　所以，朴鐘鴻從接觸哲學伊始，就與「超越現代」的宣言站在一起。此時的現代，正如森鷗外的理想主義所代表的，是將人類生活解釋並規定爲普遍知識或規範的時代。19世紀末20世紀初的日本，以尼

7　高山樗牛，《美術及び美術史》，頁10。
8　高山樗牛，《美術及び美術史》，頁25。

采或柏格森(Henri-Louis Bergson)等哲學家爲代表的本能與生存哲
學，作爲新哲學而備受青睞。恩斯特‧馬赫(Ernst Mach)的經驗論，
以及古斯塔夫‧希歐多爾‧費希納(Gustav Theodor Fechner: 1801-
1887)的精神物理學等也被引介。這些無論如何都不屬於同一傾向的
思想譜系，卻在日本形成一股潮流，而這正是由於上文所提及的特殊
文化氛圍所致。生存、本能、純粹經驗(馬赫)、唯物論心理學(費希
納)等哲學思想，在文學與美學領域作爲反駁理想主義的武器、在認
識論領域作爲反駁主知主義的武器而被引進。這一時期，所有的日本
年輕哲學家們試圖擺脫從西方引進的科學中心主義與合理的啓蒙主
義，開拓以直接生活體驗和本能爲基礎的哲學思維。其代表性的人物
就是西田幾多郎(1870-1945)。朴鐘鴻除了高山樗牛外還深究過西田
的哲學，可以說，朴鐘鴻就是在這一時期的日本思想界磁場中，揭開
了自己的哲學思維之幕。

> (因爲厭倦哲學概論書籍)所以開始對西田的書感興趣。我記
> 得最早閱讀的是《意識的問題》，還有《藝術與道德》。這
> 兩本書都對我的哲學思維起到了提升與幫助作用。很多人都
> 說西田的《善的研究》這本書很好，並廣爲流傳，但我卻認
> 爲這本書並非那麼出色。可以看出，此書受了柏格森或杜威
> (John Dewey)的影響。所以他強調根本經驗。但因主客未
> 分，所以我認爲哈特曼的無意識哲學相對而言更勝一籌。
> 《關於自覺與反省的直觀》一書，讀得非常吃力。但此書的
> 探索緊隨當時頗爲流行的新康德學派路線，未能開拓出新的
> 領地。總之，西田的書每出一本我就讀一本，從未遺漏過。
> 並非只有我這樣，這在當時幾乎是非常普遍的。(1962,
> 《全集VII》，頁254-255)

　　這裡，重要的不是朴鐘鴻對西田哲學的貶抑，由此我們可以獲知的事實是朴鐘鴻通過西田接受了當時哲學界的潮流。西田是一位從經驗論到心理學，從費希特（Johann Gottlieb Fichte）到新康德學派，從新康德學派到黑格爾，脈絡繁雜、不斷變換立場的人。換言之，西田對歐洲哲學家的動向極為敏感，而朴鐘鴻通過西田，可以體驗到當時歐洲哲學的各種流向。在此，又出現一位，他就是西田最為寵愛的弟子三木清。京城帝大時期經常與朴鐘鴻進行哲學討論，且當過朴鐘鴻婚禮伴郎的李在熏回憶道：「日本哲學家中，朴君對三木清的評價尤其高。三木清從海德格的存在論立場出發，試圖分析當時風靡日本思想界的馬克思主義，朴鐘鴻對這一點很感興趣[9]。」

　　三木清是1923年出席馬堡大學（Marburg U）海德格研討會唯一的一位外國人。1923年，對於海德格哲學的成立來說，是非常重要的年份，因為這一年研討會的主題正是亞里斯多德的《自然學》。直至1989年才得以面世的《納托普報告》被看作是《存在與時間》的草稿文，海德格1922年為應聘馬堡大學的教授職位向當時的哲學系主任納托普（Natorp）提交了這篇論文。這篇論文原題是〈對亞里斯多德的現象學解釋〉，《存在與時間》的哲學基底就是在這篇論文中奠定的，而三木清恰好出席了以納托普報告為主要內容的研討會[10]。得益於此，三木清在《存在與時間》出版前，就出版了題為《巴斯卡關於人的研究》一書，此書從存在主義立場對巴斯卡進行了研究，可以說是在日本，不，應該是在全世界出版的最早的海德格研究專著。如同當

9　崔正鎬（編），《先生之路——追憶朴鐘鴻博士》（首爾：一志社，1977），頁37。

10　三木清，〈讀書遍歷〉（1940），《三木清全集》（東京：岩波書店，1966），頁420。

時其他京城帝大的學生，朴鐘鴻對海德格的接納正是通過三木清[11]。

　　如上所言，朴鐘鴻從高山樗牛—西田幾多郎—三木清等日本思想界的磁場中學習哲學思維。在他正式成為哲學信徒的1929年後，日本思想界的關鍵字正是「危機」與「不安」。1925年治安維持法確立、1928年共產黨大拘捕、1929年經濟大恐慌等等，1920年代中期後的日本社會，因思想壓制和經濟不景氣而面臨巨大轉折期。思想界也未能例外。1929年，三木清言道：「思想的問題，如今已變成思想的危機問題。」[12]他強調時代已是轉向的時代。但是，三木清並非僅僅討論政治和經濟危機對「思想」的影響，他認為思想的危機就是思想的生命，而且，應該將危機看作開啓新思想可能性的絕好契機。「洞徹思想危機必然性的思想家是自由的思想家，在他面前，『危機』是不可能作為所謂的危機而存在的。」[13]因為所謂的思想危機是，現有思想已經喪失其妥當性，墮入獨斷論的狀態，而自由的思想家就是批判獨斷論，啓動新思想的人。

　　所以，三木清所言的「危機」，無異於徹底批判並解構現有思想的價值或意義，為新思想奠定基石的「契機」。就此意義而言，自由的、批判的思想家必須時時刻刻將自己放在「危機」之中。對此，三木清如此言道：

　　　費希特(Johann Gottlieb Fichte)在《現代的特徵》中將人類生

11　朴鐘鴻於1929年進入京城帝大。到朴鐘鴻畢業的1934年為止，在日本發表過海德格研究論文者有三木清和田邊元，局限於京都帝國大學哲學系的少數人。其中，三木清不屬於大學，他因頗為活躍的新聞活動而成為這一時期最廣為人知的哲學家。

12　三木清，〈危機における理論的意識〉(1929)，《三木清全集II》(東京：岩波書店，1966)，頁241。

13　同上註，頁243。

活分爲五種根本時期，他所生活的現代即其中的一個時期，即人類歷史的第三時期，這一時期的特徵是「罪惡旺盛的狀態」，他強調將這樣的現代視爲危機的實踐重要性。但是，如若依費希特所言，人類歷史的全部時期是先驗的，那麼，認爲其中的現代這一時期是特別具有危機性的觀點將難以成立。因爲在這一體系內，所有時期已被設定，現代只是其中的一個過渡時期，它無法具備特別的危機之意。與此相反，當現在帶有絕對意味之時，危機也可以在第一時間被思索。危機可以在從瞬間到瞬間飛躍的非連續性時間中被思索，這種時間是主體的、事實性時間。所以，危機意識是作爲事實超越存在這一關係的一個意識而產生的。[14]

　　三木清認爲，只有現在，此時此處被絕對思考之時，危機才可以被思考。危機，一定是在從瞬間到瞬間跳躍的間隔中孕育而成，當某種外在規則或準則不妥當時，以及處在「主體的事實性時間」時，危機才可以被思考。上面引文中，三木清試圖綜合運用海德格與新康德學派的術語，來闡釋危機哲學。「事實對存在的超越關係」一言，正是他這種分析思惟的充分顯現。在此，三木清通過「存在」這一術語，指出海德格所言的「實際的事實性」（Tatsächlichkeit），這個實際的事實性是分離於主觀而被給予的物件世界，當這個世界喪失意義並被解體，就是「危機」產生之時。此時，主觀與物件世界(客觀)停止互相分離而存在的局面，在這個無意義的世界中，思維生成「危機

14　三木清，〈危機意識の哲學的解明〉（1932），《三木清全集V》（東京：岩波書店，1966），頁24。這裡無法詳述，以朴鐘鴻、安浩相、朴致佑、申南澈爲主而創刊的最早的韓文哲學雜誌《哲學》第2輯所載朴鐘鴻〈危機的哲學〉一文引用了三木清的論述。

意識」，即「主體的事實性時間」。換言之，只有區分主觀與客觀並賦予秩序的現存意義網被解體，新意義網生成的「斷裂瞬間」，才是思考危機的意識產生之時。三木清將海德格的「根本的事實性」（Faktizität）解讀爲這一斷裂的絕對瞬間，並稱此爲「辯證法思維」。[15]通過此次命名，三木清試圖尋找將危機定格爲秩序的崩潰和創造的新途徑。

　　朴鐘鴻接受了被三木清用「危機意識」嫁接的海德格。與其說朴鐘鴻不滿足於海德格雄壯的存在論，毋寧說他試圖在被稱爲「危機」的現在中，與作爲西歐形而上學解體者的海德格接軌。即，如果說海德格將西歐形而上學的存在忘卻與現代化技術支配視爲問題，那麼，朴鐘鴻則試圖通過戰爭，對駐留在現有秩序的崩潰與尚未到來的新秩序間的深淵之思維進行探討。所以，「危機之時，正是哲學應該竭盡其使命之時」（1935，《全集I》，頁386），這個時刻，與其說是朴鐘鴻所處的客觀情況，毋寧說是朴鐘鴻爲了啓動自己的哲學而呼之欲出的一個時刻。所以，他需要一個契機，即超越海德格將此在之存在統一爲「關念」（Sorge）這種存在狀態的契機。接下來，需要考察朴鐘鴻與海德格的相遇了。

三、閱讀海德格的朴鐘鴻

　　1956年，結束一年遊學的朴鐘鴻，在歸鄉途中順道去了一趟德國。此行主要目的是拜訪海德格。他拜訪了海德格位於托特瑙堡（todtnauberg）的山莊後，以略帶興奮的語調感慨道：

　　　正如海德格教授於1926年，亦即距今31年前，在他的《存在

15　三木清，〈危機における理論的意識〉，頁244。

與時間》這本名著的扉頁中所寫的，他就是在托特瑙堡寫下了獻給他老師胡塞爾的獻辭。(中略)海德格教授在此期間，一頁一頁地寫下現代哲學的重要歷史。如今的現代知識分子，幾乎無人不曉他的大名，他已經對現代人的精神生活產生了巨大的影響，並將永遠照亮20世紀哲學史。(1957，《全集VII》，頁114)

從朴鐘鴻全集中的日記部分可以窺見他和當代西歐哲學家會見後的種種感想，不過，這般興奮的語調卻頗為罕見。當然，上述引文屬公開的刊行物，可能因此會有所差異，不過與同是公開刊行物的其他文章，如評論雅斯貝爾斯(Karl Theodor Jaspers)的文章相比，依然可以推測出朴鐘鴻對海德格有多麼仰慕。發表此文後，朴鐘鴻計畫寫一本《海德格研究》。不過此書只寫了緒論和第一章，最終未能完成[16]。如果當時此書出版了，那麼我們即可從此書中獲知，完成學位論文二十年後的1950年代，朴鐘鴻又是如何評價海德格。即使如此，我們依然可以通過他解放後執筆的多部哲學概論中的海德格部分，看出他對海德格哲學而非人品的評價。

Heidegger的先驗決斷性可以說是內向現實把握的極致，據此，本來的自我存在脫離世人，使我成為脫離世界飄在空中的孤立存在，其實，並非如此簡單。「此在」作為世界─我─存在(In-der-Welt-sein)具有世界性。時間性讓理解存在變得可能，這也是因為時間顯現了統一的視域(Horizont)。而且，應該注意的是，Heidegger試圖通過依據先驅決斷性而

16　此書的緒論和第一章收錄於《全集III》，頁382-408。

脫離出來的本來的自我存在，闡明本來的共同存在何以產
生。從這裡，具有內向孤獨的我非尋找可以重回社會的道路
不可。但是，另一個新社會將如何展開？這裡不得不指出，
剔抉否定日常世俗的現實社會的頹廢性非常強大，而與此相
比，必須依靠本來的實存才能形成的新社會積極建設性非常
微薄。而且，上述問題在具體行動方面如何得以實現？我們
依然無法從Heidegge那裡獲知。（1954，《全集III》，頁
294）[17]

　　這裡，朴鐘鴻認為海德格哲學的空白正是「必須根據本來的實存
才能形成的新社會積極建設性」。而且他認為，海德格的人類存在成
為本來存在的方法太過「向內」。這也正是讓許多研究者認為，朴鐘
鴻的辯證法論理核心是向內與向外的態度統一之證據。就此意義而
言，可以認為朴鐘鴻的辯證法是海德格與黑格爾的揉合，但這裡重要
的不是對他的辯證法進行詳細分析。應該加以注意的是，朴鐘鴻辯證
法的主軸之一正是海德格，進而言之，他的辯證法正源自海德格哲學
的空白。上述引文中朴鐘鴻對海德格的評價，正是他對1934年提交的
京城帝大畢業論文的簡要概括。所以，可以說，他的實踐思維源於對
海德格的解讀，而朴鐘鴻對三木清的海德格解讀的再吸收，更是起了
決定性作用。此時的問題是，向內的本來的存在，與向外形成的「共
同存在」，以及讓此變得可能的「具體行動」，這些指的到底是什
麼？朴鐘鴻的「我們」這一哲學術語正是對上述問題的最好闡釋。

　　朴鐘鴻於1934年提交的畢業論文——〈關於海德格的關念〉相對
而言篇幅較短。他在共八小節的論文中，用前半部分的六小節，概括

17　朴鐘鴻所寫的哲學概論書中，有關海德格的內容幾乎相同。

整理了《存在與時間》的緒論和第一章。首先，他說明了海德格存在問題的形式結構，之後著重概括了此在的存在論，即基礎存在論被引入的原因是此在的「理解」（Verstehen）。世上的存在者中唯有通過存在（sein），於理解存在並生活下去的「此在」（Dasein）分析中開始存在分析，海德格的這句話被朴鐘鴻忠實地概述出來。在對《存在與時間》的緒論和第一章前半部分的總結概括中，朴鐘鴻所強調的正是這一基礎存在論「不是展開此在的完全存在論，也絕不是一個具體的人類學論述」（《全集BI》，頁210）[18]，這正是闡明其論文方向的重要部分。

當然，朴鐘鴻的這一批評源自海德格，但是，朴鐘鴻的引用並非單純地引用，而是為了提出自己的解讀框架而加以強調。首先，基礎存在論並非此在的完全存在論，這暗示了海德格論述的某種欠缺。朴鐘鴻在論文的最後兩小節中，對此進行了批判。其次，基礎存在論並非一個具體的人類學，這一點是朴鐘鴻在海德格哲學中最為關注的一點。朴鐘鴻將海德格哲學當作半生課題的契機就在於此，如此言之並不為過。論文前半部分的六個小節，正是對這一點的解讀。所以，閱讀此篇論文應該注意的一點是，朴鐘鴻從海德格那裡抽離出脫離具體人類學「對人類存在的研究」的可能性，他的海德格批判正是對這一可能性的提議。

那麼，脫離具體人類學的人類存在，這種研究到底是什麼？朴鐘鴻從源於基礎存在論的「此在的存在狀態」開始論述。他跟隨海德格的觀點，認為此在的存在狀態是實存性（Existenzialität）、根本的事實性（Faktizität）、頹廢性（Verfallenheit）。實存性和範疇（Kategorien）這

18　此論文用日語寫就，翻譯根據引用者。螢雪出版社的全集中，因日語錯字難以辨認幾乎無法卒讀，謹此說明。

兩種存在論特徵是有所區別的。範疇使存在者們還原到差異和位階的體系。舉例而言，從水到水瓶，從水瓶到桌子，從桌子到教室，從教室到學校，從學校到首爾，從首爾到韓國……依此類推，存在者的存在結構向上位範疇無限溯及並具體化，這就是範疇式的存在。此時，人類成為在由「類」和「種」屬結成的巨大範疇表中，根據差異和位階而被分類的存在者，而在這種結構中，人類學也只有通過差異和同一性這一相對規定才能奠定基礎。實存性作為與這種範疇差異和位階相區分的存在論結構，是一種規定「在那裡＝此在(Dasein)」的上下位之沒有根據的狀態。所以，不是存在於世界之內(in der Welt sein)的東西(存在於世界的人類)，而是在範疇區分之前，已經和世界在一起的「世界—我—存在」(In-der-Welt-sein)這一存在結構。

「世界—我—存在」和世界產生關聯的狀態正是「根本的事實性」。誠如上述，這是和實際的事實性(Tatsächlichkeit)相區分的一種狀態。不管是某種方式的主觀，還是上位範疇，後者已經是在之前／之下給予的存在者(Vorhandensein)們的存在狀態。但是，根本的事實性不是這樣的主觀或範疇關聯，而是通過「理解」(Verstehen)而結構化的存在狀態。日常的人類存在和世界結成的關係，正是「心情」(Stimmung)的狀態中最具特徵的狀態。在某種普遍知識或範疇理解之前，人類日常地存在於世界，此時，人類存在並不將世界物件化，而是藉此和心情結成關係。這種人類存在和世界的關係聯結才是根本的事實性。

如此，具有以實存的「根本事實性」為基礎的存在結構，以「人類存在」存在於日常性中。日常的世界內，人類和事物通過工具的關聯形成世界(錘子在成為錘子之前，和「手—釘子—牆—相框」等形成一個根本的事實性)，他人和「閒談」(Gerede)的關聯，形成他人(das Man)的世界。海德格稱此為頹廢性(Verfallenheit)。在這工具關

聯性和他人的世界中，人類的存在被埋沒於世界，停止了對自己固有性的覺醒。即實存的「根本事實性」的「此在」，其存在方式被拋在工具和他人之中，喪失自己的固有性。

朴鐘鴻從海德格那裡開始探索人類存在，而非具體的人類學，其原因就在此。無論是狄爾泰(Wilhelm Dilthey)還是謝勒(Max Scheler)，無論以何種方式，人類學都通過普遍的知識或範疇把握人類。但是，海德格試圖通過這種知識或範疇成立之前的世界，來把握人類存在。去除知識和範疇，只遙望人類存在的時候，顯現的存在狀態正是實存和根本的事實性，此種存在狀態正是將埋沒於日常頹廢性中的人類存在視爲思維出發點。

朴鐘鴻指出，海德格從「關念(Sorge)」中尋找並分析這種人類存在的實存統一性，這有別於齊克果(Soren Aabye Kierkegaard)的實存主義(《全集BI》，頁243)。上文朴鐘鴻所注意的海德格的基礎存在論，將人類存在的存在狀態規定爲合理的倫理意義之上的「沒有根據」。因爲，在知識或範疇之前，已經和世界形成關聯，而且「理解」這個存在而存在的人類存在，是一個從概念上不可能把握(begreigen)的存在。換言之，人類存在已經在根源的意義網之前和世界共存，這可以說就是三木清所謂的意義上的「危機」存在。齊克果的單獨者，正是這種實存的人類，他爲了讓實存的人類和絕對的超越者相遇，即爲了克服這個不明原因的危機，需要「跳躍」。所以，齊克果的實存總是在世界之外尋求超越的奇蹟。

但是，海德格沒有從世界之外尋求超越的可能性。海德格並不要求尋找擺脫這個危機(海德格稱此爲不安〔Angst〕)的可能性，而要求永遠滯留在這個危機中並直視自己的存在狀態。作爲有限存在的人類自我消失的體驗，即試圖體驗死亡這不可能的體驗的時間境域內，海德格試圖揭示存在的根源性結構，其原因即在此。而朴鐘鴻對海德

格的批判也集中於此。雖然他認爲海德格的實存的決斷具有非常高強度的主張，但基礎存在論無法成爲完全的存在論的準備工作。因爲，即使去除所有抽象的普遍知識或範疇，從最具體的日常人類存在的狀態出發，最終，海德格得出滯留在「不安」之內的內在的人類這一非常「片面的抽象的」結論。

對此，朴鐘鴻反駁道：「必須從具體的全體立場出發」（《全集BI》，頁248）。而且他引用謝勒的「共同社會」來暗示這個具體的全體立場。他問道：「這個共同社會不是海德格所言的existenzial或das Man，是否可以這樣認爲，在我們首先作爲個人而存在之前，作爲具體的社會性存在已經存在？」（《全集I》，頁247）這裡，朴鐘鴻提出作爲海德格空白的具體的全體實存。這一具體的全體實存不是別的，正是「我們」。

> 哲學的主體，同時也是課題，是首先作爲眾人的社會性存在的「我們」。這無法從孤立的個人主觀深處獨自獲得，也無法因萬人共通的人類性而獨自獲得，此時，眾人的社會性存在作爲最具體的存在成爲問題。如果說我們的哲學必須是最具體的「我們」的哲學，那麼我們的哲學無法成爲空曠的人類學。（1935，《全集BI》，頁384）

所以，對朴鐘鴻而言，「我們」既非馬克思主義的勞動階級，亦非自然的從屬性的「民族」。而且，對他而言，比起個人，「我們」也不是用上位範疇可以設定的。這是在空曠的人類學的另一端，作爲「最具體的存在」而存在的實存。他的思維不是海德格的「世界—我—存在」，而是將危機視爲絕對契機的「我們—我—存在」(In-dem-Wir-sein)的哲學轉向。他的這種哲學轉向是於1930年代所謂的

「轉換期」話語中，試圖超越民族主義和馬克思主義的努力。下面，則具體了解這次轉向所表露出的1930年代朴鐘鴻的哲學片段。

四、從「世界─我─存在」到「我們─我─存在」

1933年，最早的韓文哲學雜誌《哲學》發刊。裝飾創刊號的刊頭論文，正是朴鐘鴻的〈關於「哲學研究」的出發點的一個疑問〉。文中，朴鐘鴻首先強調自己的哲學非課堂哲學，而後他主張哲學的出發點應該是在概念或認識之前的具體存在把握。此時，朴鐘鴻的批評對象正是「邏各斯」概念。

> 從已經具備「邏各斯」的形態，接受「邏各斯」自身支配的概念性事實中，我是否能尋找出「哲學研究」的出發點？用同一的「邏各斯」解決「邏各斯」規定的概念事實，這從來都被認為是最學術的態度。但是，我認為是否得從「邏各斯」之前的活生生的事實本身再上一步？忘卻現實基礎的時候，哲學只不過在陳腐的偶像之前徘徊。溯及「邏各斯」以前，難道這不過是在非常模糊不定的基礎上試圖建立哲學的愚蠢舉動而已嗎？不，在那裡，有伴隨著我們日常生活實踐的自明的存在理解。我們的出發點不是正在那裡嗎？（1933，《全集BI》，頁328）

朴鐘鴻將這個出發點命名為「實踐的第一位的根源的存在」，稱作「現實的存在」。「我的結論是這樣的。我們的『哲學研究』之出發點是『這個時代的、這個社會的、這片土地的、這個現實的存在本身』」（《全集BI》，頁331）。這裡，重要的是朴鐘鴻所言：「這個時代，這個社會，這片土地」，絕不是和其他時代、社會、土地相比

而獲得的認識或概念。在此文的姊妹篇〈哲學研究的實踐基礎〉（《哲學》2，1934）中，朴鐘鴻認爲，所謂的「現實的存在」就是熟知（bekennen）而非認識（erkennen）日常現實（《全集BI》，頁333）。這和海德格將此在的存在方式的特徵歸結爲「理解」（Verstehen）一脈相通，德語Verstehen原意爲「聽懂」，就此意義而言，可以說這是人類已經在日常方面，將「聽懂」他人和世界進而生活下去，視爲哲學出發點的意思。這樣的現實存在的存在方式，朴鐘鴻稱其爲「實踐」[19]。所以，「這個時代、這個社會、這片土地的現實存在」，不是通過單純比較研究「各自不同的概念認識的特殊性」而達成的，而是通過查明現實的實踐基礎內在關係的態度，成爲哲學的出發點。

　　朴鐘鴻所言的哲學的出發點，也是結論。「這個時代、這個社會、這片土地的現實存在」，既是哲學思維出發的據點，同時也是必須通過哲學思維內在諸多關係而查明的存在性。所以，這一時期，可以說朴鐘鴻的哲學遠離基於主客區分的認識論或黑格爾的歷史哲學。他認爲哲學的出發點，即滯留於現實存在，這才是「哲學研究」的本職。「關於出發點的疑問，最終成爲對『哲學研究』本身的疑問」（1933，《全集BI》，頁320）。所以，朴鐘鴻認爲將「現代」視爲自己哲學思維中固有的出發點，乃理所當然。而且，他將這種「現實」定義爲「極限狀態」。

　　　　那麼，現代的情形如何。一般而言，歷史進程中，尤其是某
　　　　一特定的社會會陷入極限處境。這裡，所謂的極限狀態，即

19　就此意義而言，現有的研究者將常識水準的理論和實踐代入朴鐘鴻的
　　哲學，多少有些輕率。對朴鐘鴻而言，所謂的「實踐」是指與他人和
　　世界交涉並生存下去的存在方式本身。

因極度窘困而徘徊不定的人的存在狀態。在陷入死胡同境地的困境下，即使竭盡全力，在他面前，也惟有一死，此種人的存在窘迫。在這樣的死亡面前，所有權威、氣勢都偃旗息鼓。此時，人的存在的整體成爲問題。此時的問題是最具體的。(中略)處於極限狀態下的人，只能通過更加感性的具體實踐，而非觀想的思維，來克服自身的困境。(中略)實踐實際上是人的感性的社會活動，不可能是現實存在之外的其餘物。在我們的感性的實踐面前，某種觀念的存在也和微薄的關照一同消失(1934，《全集BI》，頁341-343)。

　　如上所言，對朴鐘鴻而言，「現代」是「極限狀態」，是「感性的具體實踐」(《全集BI》)成爲哲學問題的時期。但是，應該注意的是他這種主張源自這一時期的輿論狀況。他指出：「起初，他的理論從實踐基礎產生，是對現代的把握和表現，所以，在拯救並發展其實踐基礎方面，曾有所幫助，並占據他絕對的、前提的位置，如今卻成爲抑制其基礎的發展並使其固定下來的閒置形式」(《全集BI》，頁345)，此時，他擔心的不是別的，正是馬克思主義的理論傾向[20]。所以，朴鐘鴻思考作爲「本質上社會性的」(《全集BI》)「感性的具體的實踐」時，必須摒棄「民族」或「階級」這種「觀念」或「範疇」。因爲「民族」或「階級」是將現實的存在理論化、概念化後，作爲認識外在的把握方式，所以，朴鐘鴻選擇了「我們」這一日常用語。

20　1933-34年間的日本，轉向不斷。由此，馬克思主義的理論主義傾向成爲批評的標靶。

感性的實踐，在本質上已具有社會性。我在同一處境中進行
社會生活，所以同一制約可以左右我的哲學研究。在這
裡，哲學，與其說將作為我的哲學，毋寧說將作為我們的哲
學而出現。「哲學研究」的出發點不是作為個人的我，而是
帶有同一的實踐基礎的我們。所以，「哲學研究」的實踐基
礎也不應該從「我」尋找，而應該從「我們」中尋找。實際
上，我認為如何規定我的實踐、我的「哲學研究」，就等於
如何規定我們的實踐、我們的「哲學研究」（《全集BI》，
頁346）。

朴鐘鴻試圖通過作為「我們—我—存在」的「我」，實現哲學轉
向。此時，「我們」當然是「朝鮮人」，問題是，這個哲學轉向在
「朝鮮人」這個規定中具有何種獨特性。朴鐘鴻在〈「我們」和我們
哲學的建設之路〉一文中如此主張：「我已經作為今日朝鮮人的一員
而存在，這難道不是無法否認的事實？(中略)我在這個時代這個社會
這片土地上出生，從哪裡能夠找到比這更嚴肅的事實。(中略)在我成
為獨特的我之前，我已經作為平凡而嚴肅的事實的我而存在。(中略)
平凡的事實即嚴肅的事實，其根據最終也不在此外」(1935，《全集
BI》，頁383)。朴鐘鴻認為，作為在「朝鮮」這片土地上的「朝鮮
人」，沒有比如此社會性的出生這一「單純的事實」更確定的事實
了。那麼，這個「朝鮮」完全不是概念或認識的，而是作為「具體的
感性的存在」的「現實存在」，這一主張的根據何在呢？即在朝鮮
「民族」這一普遍的範疇(類)，不是日本／法國／德國／英國……等
可以用人種差別確定的下位範疇，而是「實踐的第一層的根源的存
在」，這一點如何來論證？朴鐘鴻的「我們—我—存在」的哲學轉向
正是對這一問題的回答。在1935年的〈朝鮮文化遺產及其傳承方法〉

一文中，朴鐘鴻試圖對這一問題作出回答。

> 「朝鮮的」文化遺產這一命題本身，已經承認把文化遺產看
> 作朝鮮的特殊性。但是，我們的現實社會生活在全部形成一
> 定的社會「集團」的今日，其所意謂的特殊性，不能等同於
> 世界上頗爲流行的偏狹的所謂民族性。不，是否可以說，正
> 因爲不能等同，所以我們課題的問題性才具有其重要意義，
> 尤其是對現代的我們而言。我的論述首要目的在於，在情況
> 許可的範圍內，著力闡明從另一邊尋找「朝鮮的」特殊性。
> （《全集BI》，頁367）

　　在這裡，朴鐘鴻批判了馬克思主義和民族主義。此文的總體主旨是「朝鮮文化遺產」既不能依靠馬克思主義階級分析，也不能以對基於排他的民族主義特殊性的強調而結束[21]。上面的引文中，對「形成社會『集團』」的批評，正是對「朝鮮的」文化遺產乃特定階級產物的批評。「偏狹的所謂民族性」一言，指的是排他的民族性。朴鐘鴻的言辭雖然略微曖昧，但從文章的總體主旨看，朴鐘鴻認爲，社會集團形成的文化擴展爲民族性；反之，民族性還原爲一個社會集團的階級產物，這兩點在思索「朝鮮的文化遺產」方面，都是不合適的。所以，朴鐘鴻拋出這樣的疑問，即「是否正因爲無法等同，所以我們的課題的問題性才具有其重要意義，尤其是對現代的我們而言。」那麼，無法還原爲民族或階級的「朝鮮的文化遺產」對「現代的我們」而言具有「重要意義」的原因是什麼？朴鐘鴻如何看待？在此，朴鐘

21　在此文中，朴鐘鴻通過提及白南雲，批判馬克思主義。這一時期，朴
　　鐘鴻在文中提及並批評朝鮮知識分子，此文實屬特例。

鴻引入基於主觀情感的「傳承」的「實踐」契機。

> 面對被苦悶和不安包圍的虛無之淵，我們堅強地忍耐並思索
> 著現階段的立場，此時，主觀「情感」的緊張得以持續，在
> 傳承朝鮮文化遺產方面，辯證法揚棄的重大瞬間得以實現。
> 不，在這種「情感」的緊張所致的苦悶與不安的生死關頭，
> 只有那些從不懈怠，竭盡全力的人，才親自體驗辯證法的揚
> 棄之法，他切實的客觀認識也成爲可能。正如我們所目擊
> 的，因爲文化遺產的傳承是偉大的創造性傳承，所以我們的
> 努力不能不帶上沉痛的色調，只有在這裡，我們的自我才得
> 以覺醒，認識自我的新視界才得以打開。而且，能夠對我們
> 的重大課題——即文化遺產傳承——竭盡全力的人，正是那
> 些能夠勇敢承受這可怕的磨鍊的人。(《全集BI》，頁382)

　　傳承即創造，如果將朴鐘鴻的這一論證法推到極點，那麼「朝鮮
的文化遺產」，只有通過此絕對瞬間，用主觀情感而忍受危機，才可
能傳承。因此，朝鮮的文化遺產，既非從過去傳承而來的固定實體，
也非特定階級根據自己的利益而創造的理念。可以說，它只是在矛盾
與否定之間顯現出來的創造性瞬間本身。「朝鮮＝我們」，對朴鐘鴻
而言，這是「絕對瞬間」的「實踐」，正是可以用「我們—我—存
在」來命名的「現實存在」。所以，對朴鐘鴻而言，「朝鮮＝我
們」，是顯示此地之危機存在性的術語，下面所引他的這段話即可依
此脈絡加以理解。

> 實際上，是因爲我們所遭遇的危機，我們所面對的極限狀
> 態，所以才是眞正意義上的危機和極限狀態。那麼，我們到

底是誰？即使連以草根樹皮維持生命都不可能，背井離鄉流
浪過滿洲的曠野、西伯利亞的荒原，在日本內地的都市躑躅
徘徊，朝鮮人永遠都是朝鮮人。失去故土的他們，遠離故
土，又怨恨又想念的情懷，永遠不會從他們的心中消失。
（1935，《全集BI》，頁396）

　　從這裡，可以讀出與費希特主張相類似的「命運共同體」
（Schicksa lsgemeinschaft）。但是，縱觀上述，與費希特不同，朴鐘鴻
不是從內心的同質性中找到所謂的「命運」的「共同性」。他的「我
們」總是具有「危機」關係結構的世界性存在。所以，可以說朴鐘鴻
的「我們─危機─極限狀態」，與海德格的「世界─不安─時間」處
於同一軌道。在朴鐘鴻看來，海德格試圖從個人的實存性中尋找此在
的存在結構，但是，他自己卻將此在的存在結構看作是「我們」這一
社會的歷史的實存性[22]。據此，朴鐘鴻試圖對「轉換期」的世界秩序
重建提出自己的哲學對應，即通過「我們─我─存在」這一哲學轉
向，主張超越馬克思主義和民族主義這一「現代」秩序的創造性倫
理，此時總力戰／危機／轉換期，對朴鐘鴻而言，正是展開思維之自
由空間。

五、危機的哲學，決斷的倫理

　　行文至此，筆者考察了1930年代以「我們─我─存在」命名的朴
鐘鴻的哲學轉向。從當時的脈絡來看，這個轉向帶有克服馬克思主義

22　當然，這是對海德格哲學的不充分理解。對海德格而言，此在屬於無
　　法與「個人」重疊的存在論範疇，而朴鐘鴻卻在無意識間將「個人」
　　和「我」視為同一。對此，可以參照論述海德格的「此在」與「語
　　言」的書，Giorgio Agamben, *Language and Death*, Minesota UP, 1991.

和民族主義的意味，也是在時刻變換的情勢下，試圖努力將「朝鮮＝我們」哲學化。換言之，1930年代朴鐘鴻的哲學課題，不是理論上規定的「民族」，而是從具體現實中思維「我們」這一命運共同體。那麼，這個努力是否成功？對此，很難馬上予以回答。不，這裡應該說不可能。因為，在這一階段，無法確定什麼才是成功的尺度。本文試圖做的只是忠實地復原1930年代朴鐘鴻的哲學思維，以及他如何將當時的總力戰體制視為哲學研究的絕好機會之種種突破性企圖與實際努力。據此，他提倡總力戰體制下的生活應該擔待「決斷的倫理」。

> 總之，處於危險之中的現代世界的現實，不能不刺激我們的哲學訴求。雖然根據社會和民族現實情況的不同，相應哲學的傾向也不可避免地各異，但是，我們應該拋棄重複既有觀念形態的愚蠢行為，而應該將既有觀念拋進現實的大熔爐，重新在可實現的基礎上，努力嘗試建設新興的哲學。（《全集ＢⅠ》，頁365）
> 一如現代，在日常倫理方面，沒有一定標準，幾乎接近混亂狀態的現狀，歷史上並不多見。……決斷，我認為這就是現代所訴求的倫理。……決斷，是全人類的冒險，是以全體生命為賭注的「遊戲」。……決斷，因為是全面的，所以在所有領域重新帶有廣泛的訴求。……決斷的倫理雖然受到現代的制約而被要求，但其最基本的特徵反而穿越並超越了現代的制約，通過重新左右制約，得以建設將來。實際上，現代要求的是作為能夠拯救現代自身混亂的真正叛逆者、自我否定者的決斷的倫理。正如懷念衝出母體降臨世間的新生兒面孔，現代要求的正是決斷的倫理（《全集ＢⅠ》，頁422-423）。

　　朴鐘鴻認為現代哲學的課題，正是拋棄既有觀念型態躍入現實。當然，並不是哲學在這一端，而必須躍入現實的另一端，朴鐘鴻認為「躍入現實」本身即是「哲學」本身，這已毋庸多言。所以，對朴鐘鴻而言，「哲學」是從「危機」這朵花中開出的思維精髓。這正是「全人類的冒險」，同時也是「以全部生命為代價的遊戲」，即「決斷的倫理」。所以，朴鐘鴻的1930-40年代，無疑是充滿生活意義的時期。當眼前無數年輕人被帝國的炮灰淹沒之時，即「我們」處於危機之時，他的思維卻散發出無與倫比的奪目光輝。從這一意義上，可以說，朴鐘鴻服務的對象是「哲學」，而非「帝國」，亦非「民族」。後來主張「四一九市民革命(1960)」和「五一六軍事政變(1961)」的理念連續性，強調「我們」更生可能性的這位哲學家，與其說服務於權力，毋寧說忠實於自己的「哲學」。當然，前文已經反覆言及，這裡筆者要關注的並非他的政治歸結。於他而言，與其說哲學服務於權力，毋寧說是令所有生活和現實都服務於哲學。這一事實令人聯想到他極為仰慕的海德格之政治宿命，且在這一點上，他為現代韓國知性史研究留下無法輕易解決的問題，確屬事實。

第四章

議題回顧與展望

石婉舜

　　臺灣的戲劇活動最早在漢人社會中展開，屬於漢人「神廟劇場」文化的一環。此一神廟劇場傳統扎根本土社會，即使在現代化過程中也未曾消失，甚至更加蓬勃。以戲院售票演出為主的現代劇場的歷史，始自20世紀之初殖民地城鎮戲院的興建，與神廟劇場平分秋色，共構臺灣現代戲劇史的兩大範疇。1960-70年代之際，由於人們生活形態的改變，許多國家的戲劇活動都喪失它在民眾休閒生活中長期佔有的重要地位，取而代之的是深入每個家庭的電視螢光幕，臺灣也不例外；人們不再有出門看戲的需求或欲望，使戲劇活動局限在廟會野台與校園之中。此後戲劇一方面開始走向小(分)眾化，不接受公部門資助則岌岌可危的情況，也屢見不鮮。另方面，戲劇作為一項專業在學院中卻逆勢開展，國立大專院校設有戲劇科系者從1980年代以前僅有1所陸續增加到今日的5所，積極作育新世代從業者。當代的劇場工作者處心積慮地讓戲劇走出窘境，或者跨領域結合其他藝術表現，或者跨文化結合不同戲劇元素，或者結合社區營造，或者結合教育應用……，使劇場此一歷史悠遠的文化傳承能綿延不絕，演化更多元的新面貌。

　　具有現代學術意涵的臺灣戲劇研究始於日治晚期(如下文提到的黃得時)，戰後1961年呂訴上出版通史性質的《台灣電影戲劇史》(臺北：銀華，1961)，對臺灣戲劇發展提出全面而詳細的總體觀照，該

書儘管已被指出錯誤不少，卻由於其敘述本身具有史料性質，時至今日仍是研究者的重要參考。1970年代本土意識興起，台灣戲劇研究自此獲得開展。在此階段，研究者普遍採用劇種學方法，分別就各戲曲劇種的美學源流、發展、傳播與影響等面向，提出豐沛的研究成果；其中曾永義《臺灣歌仔戲的發展與變遷》(台北：聯經，1988)提出本土劇種歌仔戲歷史的詮釋框架，影響後繼研究者至今。1980年代台灣社會走向民主化，過去戒嚴時期在黨國史觀下被遮蔽的歷史經驗，率先成爲研究焦點，楊招濃〈日據時期臺灣話劇活動研究(1923-1936)〉(臺北：中國文化大學藝術研究所碩士論文，1984[1994出版])、焦桐《臺灣戰後初期的戲劇》(臺北：台原，1990年)、邱坤良《舊劇與新劇：日治時期臺灣戲劇之研究(1895-1945)》(臺北：自立晚報社，1992)等專著具有先驅性意義，臺灣戲劇史的重述工程正式展開。2003年，第一本「臺灣戲劇史」的大專教科書出版——林鶴宜《臺灣戲劇史》(臺北：空中大學，2003)，顯示「臺灣戲劇」作爲一個本土的知識範疇已然在學院中立穩根基。20餘年來，有關臺灣戲劇的專題研究成果不僅不斷豐富、更新中，而研究者在一般戲劇文史科系背景之外，也有來自社會學、人類學、建築學、新聞傳播學等不同學科訓練背景出身的研究者加入，帶來方法學上的刺激。

由先行研究可知，日治時期由於發生了「戲院的興建與普及」、「本土劇種歌仔戲誕生」以及「現代戲劇(新劇)發軔」等重大事件，俱屬全島性規模的公共事件與集體經驗，富含象徵意義，影響人們的生活與文化傳承至今；因此，不論是要探索發生在戲劇領域的臺灣人的現代化經驗，還是要瞭解「臺灣戲劇」本身的特殊性的問題，日治時期都具有研究上的必要性與關鍵性。新世紀以來，有關日治時期戲劇的研究呈現多元開展之趨勢：在前述曾永義、楊招濃、邱坤良的先驅性研究之後，葉龍彥、徐亞湘、徐麗紗、石婉舜等學者結合新史

料，進一步深入日治時期的戲院狀況、中國戲曲在臺灣的傳播、歌仔戲音樂、殖民統治與戲劇發展的關係等課題，並提出具有突破性的研究成果；另外，臺灣與日本兩地的臺灣文學研究者以及相關領域之碩、博士研究生，也相繼就知識人的戲劇活動、地區戲院經營、劇團個案以及歌仔戲表演文化等面向，做出研究補充、貢獻。展望未來，日治時期戲劇研究的繼續深化，將有助提供臺灣戲劇研究一個具有歷史縱深的宏觀視野，推展新階段的研究。

黃得時與太平洋戰爭期的布袋戲改造*

> 那個時候正遇上蘆溝橋事變，一直到日本在臺的總督換成長谷川清來管臺灣的時代。(中略)所有的外臺戲都停，不能演。在臺灣的戲劇界布袋戲的同業連帶家族有好幾萬人可以說是萬分的痛苦……
>
> ——李天祿口述，電影《戲夢人生》[1]

前言

布袋戲這種主要以手指操弄的偶戲，並非臺灣所特有，它源自中國東南沿海地區，跟隨早期移民渡海來臺。布袋戲移入臺灣社會以來，隨著時代變遷、社會變化與人們審美意識的改變，藝師們不斷求

---

* 本稿曾以〈「臺灣味」的發現與搶救——戰時布袋戲改造與臺灣知識人的「地方文化」建構〉爲題，宣讀於「總力戰的文化事情：殖民地後期韓國與臺灣比較研究」學術工作坊(新竹：清華大學，2009年7月25-26日)。論文修訂過程承蒙施淑教授、柳書琴教授、陳偉智先生惠賜寶貴意見，謹此致謝。後以〈被動員的「鄉土藝術」：黃得時與太平洋戰爭期的布袋戲改造〉爲題刊載於《台灣文學研究集刊》8，2010年8月，頁59-84。

1 摘錄自電影《戲夢人生》(侯孝賢導演，1993)中，布袋戲藝師李天祿的旁白敘述。

新求變的結果是，每個世代的臺灣人都擁有屬於自己世代的布袋戲經驗。今天臺灣的布袋戲除了仍在神廟劇場活躍之外，也已演繹出影視化之後的新品種（如「霹靂布袋戲」），以及在實驗劇場中結合人／偶跨界演出的新風貌；2006年初一項由臺灣政府機關主辦的「臺灣意象」票選活動，布袋戲甚至榮登榜首[2]。可知布袋戲被視爲可以表徵臺灣文化的重要地位。

儘管深受觀眾歡迎，但布袋戲此一庶民戲劇在文化界受到重視，卻不過是1970年代晚期以降臺灣主體意識興起之後才有的事。在那之後，布袋戲藝人的經驗與技藝被快速整理、紀錄，使得原本遺留史料有限的庶民劇場，在隨波逐流、幾乎是自生自滅的命運下，也終能被看見。在這個過程中，布袋戲的「台灣性」受到注意與討論，呂錘寬、邱坤良、呂理政、詹惠登、謝德錫、江武昌、陳龍廷、羅斌、林茂賢、吳明德、邱一峰……等學者專家，分別從名家特長與風格、歷史源流、音樂特徵、戲神信仰乃至戲偶工藝的物質文化等研究角度，做出重要貢獻。

本論文延續筆者對戰爭期戲劇活動的關注[3]，旨在探討既有布袋

2　2005年11月到2006年2月間，臺灣政府新聞局舉辦一系列總標題爲「SHOW臺灣！尋找臺灣意象」的全民票選活動，宣示「希望藉此喚起全民對臺灣這塊土地的關注，凝聚共同情感，進而促成代表臺灣的意象，在國際上發光發亮，提昇臺灣的國際能見度」。最後，24項象徵物中，由「布袋戲」脫穎而出，擊敗「玉山」、「臺北101」（當時的世界第一高樓）、「櫻花鉤吻鮭」等熱門選項，奪得第一。作爲由政府宣傳部門策劃的該活動，在舉辦過程中雖不乏「定義標準何在」、「投票部隊」一類批評，但是，在營造一項引發國人關注與討論的話題的這個層次上，堪稱是成功的。

3　筆者繼研究太平洋戰爭期的新劇運動團體「厚生演劇研究會」與劇作家林摶秋之後，發表〈「黑暗時期」顯影：「皇民化運動」下的臺灣戲劇(1936.9-1940.11)〉一文於《民俗曲藝》第159期(2008年3月)，該文後收於吳密察（策劃），石婉舜、柳書琴、許佩賢（編）《帝國裡

戲研究中討論未稱充分的太平洋戰爭期布袋戲改造。發生在日本殖民統治末期的此一劇場史事件，主要起因於日本殖民政府為因應蘆溝橋事變之後「大東亞戰爭」的局勢，在殖民地臺灣推動「皇民奉公運動」，致使布袋戲從遭到官方禁演卻又起死回生。呂訴上在《臺灣電影戲劇史》（臺北：銀華，1961）中，概述了戰中布袋戲改造之事實以及黃得時主導改造計畫的大致要點，然而，筆者在調查研究過程中發現，呂說實為對事件當事人黃得時於事件發生之時所撰篇章的直接節錄與翻譯[4]，讓人不免產生對歷史事件欠缺客觀檢驗的疑慮。呂書之後三十年，呂理政在《布袋戲筆記》（臺北：臺灣風物，1991）中，基於深入且及時的田野調查成果，以「戰爭中的布袋戲」專節詳細闡述了戰中劇團在接受改造之後的上演狀況與新創劇目，從而有以下結語：「到了臺灣光復以後，日本風格的布袋戲已成為過眼煙雲，但是這段時間裡，布袋戲開始採用大型舞臺布景、西洋音樂伴奏，以及新劇場觀念的介入，造成了光復後布袋戲逐漸在形式上、內涵上，求新求變的重要因素之一。」[5]無異指出戰中布袋戲改造具有銜接戰前／戰後布袋戲發展的關鍵性。只是呂理政在行文之間並未對黃得時的參與有任何著墨，因而反倒教人好奇黃得時所扮演的角色。二呂之後，

（續）

　　的「地方文化」：皇民化時期的臺灣文化狀況》（臺北：播種者，2008年12月），頁113-174。該文主要釐清總督府對待民間戲劇活動的態度早在中日事變爆發之前即有轉變，且在事變爆發的加溫下走上「舊劇漸禁主義」，並探討此一政策性轉變如何衝擊原有戲劇生態與殖民地台灣社會，達到全面性的影響：在破壞原有的神廟劇場傳統之外，尚刺激殖民戲劇理論（即「皇民化劇」）的出現、模糊化歌仔戲與新劇的既有界線、帶動職業新劇的一時景氣……等。

4　呂訴上主要參照黃得時〈人形劇とその歷史〉（1943）一文；黃得時在1941-1945年間撰寫了多篇偶戲（布袋戲為主）專論，筆者稍後將就這幾篇文章的撰寫動機、發表時機及其重要內容做出說明與檢討。

5　呂理政，《布袋戲筆記》（臺北：臺灣風物，1991），頁17。

陳龍廷的《臺灣布袋戲發展史》（臺北：前衛，2007）在發現新史實、提出新詮釋以及重新爬梳歷史脈絡上做出貢獻，美中不足地卻未關注戰中變革及其影響。整體而言，劇場史方面的研究成果雖說迭有突破、累積，卻又在關鍵問題上未能彼此承繼，徒留後人疑問與困惑。

另一方面，黃得時作爲臺灣重要的文藝評論家、作家與文學研究者，在1930年代的殖民地文壇嶄露頭角，1940年代前葉成爲戰爭期文化界的活躍人物。戰爭期他發表的多篇臺灣文學史論述，由於文中樹立臺灣主體的本土文學史觀，向來被文學研究者視爲具有與帝國主義的外地文學史觀分庭抗禮的重要性。然而，檢討戰爭期文學發展或者研究黃得時的論文雖說爲數不少，但在面對黃得時主導布袋戲改造一事，論者卻大多點到爲止、未能深入。難道是黃得時在此事上的官方協力角色與既有的文學史定位產生矛盾，而使論者選擇迴避？這個問題顯然有待面對。

再者，從晚近吳密察策劃出版的《帝國裡的「地方文化」：皇民化時期的臺灣文化狀況》（臺北：播種者，2008）來看，太平洋戰爭期間反映在民俗調查研究與文學論爭上的殖民地臺灣的文化復甦現象，不只在文藝思想與文化認同上顯示研究價值，其也因作爲戰後「臺灣研究」的學術起源，而對今日研究者別具反思意義[6]。筆者認爲，若將布袋戲改造放在與該書的關聯上來看，則其具有提供戰爭期藝文動員案例，以及瞭解戰中文化人所扮演腳色的研究價值。

總而言之，戰中布袋戲改造計畫的研究對於不管是要深入戰爭期

6　詳見收錄於該書的吳密察，〈《民俗臺灣》發刊的時代背景及其性質〉，頁49-82；柳書琴，〈誰的文學？誰的歷史？──日據末期臺灣文壇主體與歷史詮釋之爭〉，《帝國裡的「地方文化」──皇民化時期臺灣文化狀況》，頁175-218。

藝文動員狀況，還是要開展有關戰前／戰後布袋戲的延續性課題，都有其必要性，另對於黃得時研究，也可望在先行研究的基礎上做一補充。在研究方法上，本論文把布袋戲改造事件置於臺灣劇場史的脈絡底下加以考察，依序還原事件發生的背景與經過、探究改造者的關懷面向、並通過當時文化界與觀眾的回應反思事件本身，代作結論。

一、皇民化運動下的戲劇狀況

　　日治時期的布袋戲，相對於臺灣社會其他的「偶戲」傳統，既不若傀儡戲的儀式功能強，多在拜天公、祭煞等祭儀場合演出，也不似皮影戲的流傳僅侷限於南部高雄地區，而早在19世紀移入初期即流播南北，並在20世紀初期，迅速發展在地特色，成爲歌仔戲以外，另一普及全島的庶民戲劇。相較於戲院中活躍地進行商業演出的歌仔戲，布袋戲的上演主要配合神誕節慶場合，只要容納得下戲棚的露天或室內空間都可以進行【圖一】[7]。20世紀初期以降，隨著殖民統治趨於穩定，迎神賽會活動擴大舉辦，北中南布袋戲名家輩出，戲劇題材也不限於其他戲曲劇種的現成劇目，演師們從民間流傳的歷史故事、話本小說，乃至當代報紙連載的通俗小說等廣泛取材、不斷翻新[8]。

　　讓上述榮景幻滅的是「皇民化運動」；一個由地方警察倡導、臺灣總督府事後追認的激進式同化主義運動[9]。以1937年蘆溝橋事變作爲歷史的分界點來看，短短三、四年間，原本漢人社會的信仰、習俗

7　一般布袋戲戲班的規模不大，通常由兩位演師(主演者與助手)以及四位樂師組成。日治時期布袋戲演出時普遍使用的舞臺叫做「戲棚」，是高、寬各約五、六尺，深約二尺的一座佛龕似的木雕舞臺。

8　本論文有關臺灣布袋戲的源流與發展，主要參考呂理政《布袋戲筆記》以及陳龍廷《臺灣布袋戲發展史》。

9　蔡錦堂，〈再論「皇民化運動」〉，《淡江史學》18，2007年9月，頁227-245。

圖一　日治時期報紙轉載的嘉義地方廟會的布袋戲演出照片。

（圖片提供／江武昌）

等受到嚴厲的壓制，並復受到嚴密的社會監控；固有的習俗傳統，此時正如指間流沙般迅速地流失[10]。在戲劇方面，原本臺灣總督府在1930年代中期形成「提倡新劇、改善舊劇」方針，在蘆溝橋事變後轉向「舊劇漸禁主義」，加上強制改變臺人宗教信仰的「寺廟整理運

10　此處概述的1937-1941年間戲劇狀況之詳情，可參考石婉舜〈「黑暗時期」顯影：「皇民化運動」下的臺灣戲劇(1936.9-1940.11)〉，《帝國裡的「地方文化」：皇民化時期的臺灣文化狀況》，頁113-174。

動」帶來之衝擊，兩者相乘的結果，導致漢人社會中向來與宗教祭祀緊密結合的神廟劇場文化[11]，一時消失。原本「神誕必演戲慶祝，家有喜，鄉有期會，有公禁，無不先以戲者」所依存的時空秩序，遭受嚴重的破壞。由於頓失演出場合的緣故，那些原本活躍於廟口、稻埕的戲班紛紛解散，藝人們就此星散流離[12]。

　　跟神廟劇場的蕭條景況並存，1937-1941年間，城鎮的戲院猶然提供人們尋歡作樂的去處。只是在「皇民化」人囂下，主流的歌仔戲界很快地出現變貌，如知名的臺北新舞社，早在蘆溝橋事變爆發前夕即聞風轉舵地轉型，宣布改演「新劇」，而一般戲班則標榜「改良戲」、「新歌劇」、「皇民化劇」，藉以跟戲曲此一漢人傳統文化做切割。此際如雨後春筍般湧現的「新劇」職業戲班，真正循著新劇運動者的腳蹤追求戲劇現代化的團體屬於極少數，而大體上是由歌仔戲班轉型以及臺、日投機商人新設所帶動的一時景氣。總之，此時以戲院為主要活動舞台的劇界，呈現詭譎的活躍氣氛；相對在城鎮以外的農漁村，勞動過後欠缺娛樂的景況則益形嚴重。此一嚴峻的態勢，在

11　車文明在《中國神廟劇場》中界定中國的「神廟劇場」為古代縣以下廣大鄉村唯一的公共劇場類型，在大中城市的公共劇場中，神廟劇場也與勾欄瓦舍、茶園酒樓平分秋色，其並未隨著戲劇藝術的發展與社會歷史的演進而切斷與神廟的關連，反而繼續發展並且不斷完善，形成世界上獨特的戲劇文化現象。參見車文明，《中國神廟劇場》（北京：文化藝術，2005），頁2-4。

12　同樣在戰時「精神總動員」的要求下，日本內地也有民俗藝能活動相關的禁止令，然而日、臺兩地相較，類似神廟劇場一類臺灣固有信仰、習俗文化的禁止，卻並非只是戰爭期的一時抑制，而是臺灣總督府意圖把漢文化徹底從殖民地臺灣的社會構造中拔除，此即山本有造所說的，是殖民地臺灣與朝鮮在戰爭期間所承受的「多一道的枷鎖」——「皇民化」；參見山本有造，〈一視同仁、一億一心——以所謂「皇民化政策」為中心論點〉，《臺北文獻》143，2003年3月，頁89-105。

日本近衛內閣啓動「新體制運動」前後，出現了鬆動的跡象。

二、戰中「娛樂委員會」的設置

第一次歐戰結束後，新興的法西斯國家相繼針對餘暇時間的利用問題，發展出以全民爲對象的積極性指導機構。譬如義大利在1925年創設的O.N.D.，先是以體育爲中心，從各類運動、競技、旅行的推動，逐漸擴大到教養、慰安、娛樂等等面向的餘暇指導；其本質是一種以國家主義爲基調的健民運動。又如納粹德國在1934年設立的K.D.F.，則在義式的健民運動基礎上進一步加以全面化與組織化，最終目的是貫徹國民精神、擴充強化生產及建設高度國防國家。日本在第二次近衛內閣時代（1940.7-1941.10）所成立的「大政翼贊會」組織，以及其推動的「新體制運動」，即是出自於對納粹德國K.D.F.運動的仿效[13]。

「新體制運動」影響臺灣總督府對於過去顯然過激的皇民化政策做出調整，吳密察的研究指出1941年1月《臺灣時報》（臺灣總督府機關報）所刊載的「皇民化的再檢討」特輯，「具有內地『大政翼贊會文化部』地方文化運動臺灣版官方宣言的性質」[14]。這個特輯以新任總督長谷川清與總務長官的〈新年獻詞〉爲首，而在中村哲所撰寫的總論性文章中，批判了在此之前不考慮臺灣特殊狀況的皇民化政策之不當，同時「提示此後的皇民化的施政原則乃是必須留意臺灣人的反應及其效果，提供方便合理的內容引導臺灣人改變，而不是單方面地

13　石川弘義（監修），《余暇・娛樂研究基礎文献集解說：第Ⅱ期（第15卷～第29卷）Ⅱ・解說》（東京：大空社，1990），頁189-193、221-225。

14　吳密察，〈《民俗臺灣》發刊的時代背景及其性質〉，《帝國裡的「地方文化」：皇民化時期的臺灣文化狀況》，頁49-82。

強制臺灣人行用日本式的生活方式和文化」。這個專輯將「皇民化」
重新定位為文化政策，同時檢討了改姓名、經濟生活、語言、家屋建
築、寺廟、農村與農民問題等諸多面向，也涵蓋了娛樂問題。專輯中
的〈娛樂としての皇民化劇〉一文，由當時任職於《臺灣新民報》學
藝部的黃得時執筆，他從戲劇語言、服裝、舞臺等面向呼應了中村哲
大方向性的檢討，同時強調作為「本島人唯一的娛樂機關」的戲劇，
其在題材內容上必須具有趣味性與可親性[15]。

　　作為新文化政策實行機關的，是1941年4月成立的「臺灣皇民奉
公會」——殖民地版的「大政翼贊會」。三個月後，皇民奉公會中央
本部新設娛樂委員會，以統籌未來在演藝、電影、音樂、其他等領域
施行統制的各項準備工作。分析二十三名娛樂委員的組成名單，可以
發現在總督府的警務課長、保安課長、圖書館長以外，娛樂委員們主
要來自教育界與藝文界，其中尚且包括三名臺灣人——張文環(文藝
作家)、黃得時(興南新聞文化部)與謝火爐(同音會管絃樂團指揮者)
在內[16]。跟過往相較的話，所謂的娛樂相關事務原屬警務部門之權
責，教育部門為其相關單位，現在，就連台人藝文人士也取得了發話

15　黃得時，〈娛樂としての皇民化劇〉，《臺灣時報》253，1941年1
　　月，頁96-101。

16　二十三名娛樂委員包括：一條慎三郎(北一師範囑託)、稻田尹(臺大
　　副手)、池田秀文(北一師範教諭)、濱田隼雄(北一高女教諭)、西川
　　滿(臺日第三部)、張文環(文藝作家)、涅原通好(青果同業組合理
　　事)、勝山文吾(北一師訓導)、金關丈夫(臺大教授)、香久忠俊(稻江
　　信用組合長)、神田喜一郎(臺大教授)、名和榮一(放送局演藝部)、
　　中山侑(放送局演藝部)、武藤幸治(臺大教授)、矢野禾績(臺大教
　　授)、山中樵(圖書館長)、深川繁治(臺灣放送協會理事)、黃得時(興
　　南新聞文化部)、赤尾寅吉(北三高女囑託)、宮尾五郎(府警務課
　　長)、謝火爐(同音會管絃樂團指揮者)、下村鐵男(府保安課長)、元
　　田振能(大成火災取締役)；詳〈娛樂委員顏觸揃ふ／奉公會、二十三
　　氏に委囑〉，《臺灣日日新報》，1941年8月22日。

權。

娛樂委員會成立後的數個月間，官方的《臺灣日日新報》陸續刊載了多篇與「娛樂」以及「外地文化」相關的專文或訪問，作者群包括帝國中央層級的三木清、岸田國士以及藝文界知名的森本薰、新居格、青野季吉等重量級人物，以及臺灣的新科娛樂委員與若干日人文化人在內。從這些文章的論議中，不難發現反都會、反消費主義、健全娛樂等法西斯思想的迴響，以及瀰漫著一種屬於新時代的樂觀氣息。例如　謙三就認爲「臺灣的現代文化乃至近代文化皆完全爲外地文化」，「當務之急是讓臺灣文化脫離截至目前爲止的殖民地文化，建設出更具發展性及創造性的文化」[17]。又如大政翼贊會文化部長岸田國士就「外地文化」的問題接受《臺灣日日新報》的專訪時表示，大政翼贊會的文化工作將「完全不區別內地外地」，隨後並發表一番正視臺灣特殊性、要求臺、日人雙方尊重彼此、攜手共創融合後的「新日本」的談話[18]。這一系列清一色爲日人發言，且看似合理、自省的殖民者言論，在殖民地的政治現實中，究竟容有「臺灣特殊性」多大的發展空間，則相當令人懷疑。例如娛樂委員濱田隼雄於同時期發表的〈論娛樂〉，即暴露了這種現實處境。

> ……娛樂是創造。它不能是舊娛樂的機械性變形，舊娛樂必須受到嚴厲的批判。如果因爲它曾伴隨島民大眾，是大眾衷心感到歡娛的東西就捨不得將之揚棄，那可說是倒行逆施。非日本性者，與時局方向矛盾者，皆應徹底破壞揚棄。反

17　堺謙三，〈臺灣の文化と生活〉，《臺灣日日新報》，1941年9月16-17日。

18　〈外地文化の諸問題／翼贊會文化部長岸田氏との一問一答〉，《臺灣日日新報》，1941年8月28日。

之，就算是舊有的娛樂，但在當下也能發揮作用者也要勇於
運用之。[19]

當「何謂健全娛樂」或「何謂外地文化」等議論觸及帝國文化想
像的邊界之際，濱田隼雄的言論，則直指「皇民化」思想這個被絕對
化的、無限上綱化的堅硬存在；這是1941年間言論界的兩極，也是娛
樂委員會揚帆出發之際殖民地的政治現實。

在目前欠缺娛樂委員會一手史料的情況底下，濱田隼雄接下來的
這段話多少提示了在面對即將到來的新局勢時，娛樂委員會的立場與
態度：

> 我們必須先充分蒐集過去屬於島民的娛樂，仔細研究是什麼
> 吸引了大眾。在對舊娛樂進行了批判與汲取之後，才有可能
> 創造出嶄新健全的娛樂。必須戒慎的是將舊娛樂全盤否定去
> 除的暴力性行為。如果缺乏對民俗的理解與對民族心理的洞
> 察，只是迫於需要所硬造出的娛樂是無法屬於大眾的，因此
> 也不會成為皇民化運動的推進力，這是我們必須銘記於心
> 的。[20]

從這番發言可見，過去「舊劇漸禁主義」方針導致鄉村地區普遍
欠缺娛樂，以及「皇民化劇」推行成效不彰等問題，如今一律統攝在
「健全娛樂」的名義下受到正視，而「民俗」與「民族心理」在此際

19　濱田隼雄，〈娛樂について〉，《臺灣日日新報》，1941年9月3-4
　　日。
20　同上註。

成為「健全娛樂」的考量要件，則可說是對前述「皇民化的再檢討」特輯精神的進一步延伸與落實。

三、黃得時：布袋戲是「傑出的臺灣鄉土藝術」

黃得時，1909年生於臺北州鶯歌庄(今臺北縣樹林鎮)，與素有布袋戲「戲窟」之稱的新莊為鄰[21]。父親黃純青是前清秀才，日治之後改行經商致富，多年連任公職，同時也是著名的漢詩人。黃得時出生時家境已稱優渥，臺北二中畢業後負笈日本，半年後因無法適應日本氣候返臺，入臺北高等學校就讀，1933年考入臺北帝國大學文政學部，專攻東洋文學。1937年畢業後進入《臺灣新民報》社(後改稱《興南新聞》)負責主編學藝欄。黃得時在成長過程接受近代學校教育之餘，由於父親的薰陶，也浸染於古典，並接觸五四新文學的作品。1930年代初期，陸續在《臺南新報》、《臺灣新民報》等報紙以及新刊的新文學雜誌如《南音》、《先發部隊》、《臺灣文藝》上發表隨筆、評論，逐漸活躍於文壇。1940年1月加入日人作家西川滿發起的臺灣文藝家協會，並成為機關報《文藝臺灣》的編輯委員之一。1941年1月的《臺灣時報》「皇民化再檢討」專輯，黃得時作為唯一的臺人撰稿者，儼然已是受到殖民地當局重視的臺人意見領袖[22]。

1941年，是新體制運動帶動殖民地「皇民化」政策調整的一年，

---

21 黃得時對新莊地區的風土人文景緻十分熟稔，在《民俗臺灣》創刊後，曾為之撰寫〈新莊街の歷史と文化〉，文中對於新莊之為布袋戲「戲窟」一事多所著墨；參見黃得時，〈新莊街の歷史と文化〉，《民俗臺灣》24，1943年6月，頁44-46。

22 本論有關黃得時的生平，主要參見江寶釵，〈在葉子的喧聲裡肅穆站起一棵樹〉、〈黃得時年表〉，《臺灣文學館通訊》2，2003年12月，頁17-39。。

也是殖民地文壇內部形成臺、日人兩派勢力而終至攤牌，展開一場
「臺灣文壇主體與歷史詮釋之爭」的關鍵年。根據柳書琴的研究，
1930年代中期以降的殖民地文壇，出現臺、日人文藝勢力消長的特殊
現象，特別在島田謹二、西川滿等人所架構的「外地文學」史觀，漠
視臺灣人文學經驗的累積，卻「逐漸形成集體性的文藝路線與文化意
識，並陸續推展出相映的文化論述與文藝改造行動」的情勢下，包括
黃得時在內的一批對西川滿及《文藝臺灣》路線不滿的臺、日人作家
集體退出《文藝臺灣》，另創《臺灣文學》雜誌，「企圖以本土現實
主義文藝的復興別開生面」。黃得時在文壇分裂後接下來的兩、三年
間，陸續發表了〈臺灣文壇建設論〉、〈晚近的臺灣文學運動史〉、
〈臺灣文學史序說〉等文論，並指出「臺灣文學既不在清朝文學中，
也不在明治文學中，而具有其獨特性格」，簡潔有力地闡明了臺灣文
學的主體立場，也批判了島田、西川等人的「外地文學」史觀[23]。

　　1941年7月，與娛樂委員會的設立同一時間，黃得時與金關丈
夫、池田敏雄等人共同發起《民俗臺灣》雜誌，旨在研究、紀錄正流
失、湮滅中的臺灣民俗、舊慣，他個人也在雜誌上發表有關民間傳說
或民俗相關的文章。然而，這並非黃得時關注臺灣習俗舊慣之始，早
在1930年代肇始於臺灣話文論爭的鄉土文學／民間文學的關懷風潮
中，黃得時即發表〈談談臺灣的鄉土文學〉，文中把臺灣漢人的「歌
仔」（含山歌、相褒歌、小唱和兒歌）與《詩經》〈國風〉的高度並
論，並把它跟「原住民的歌舞」與「歌仔戲」直接定義為「鄉土文
學」的三項主要內容[24]。相較於同世代本土知識人對歌仔戲的輕視、

23　柳書琴，〈誰的文學？誰的歷史？——日據末期臺灣文壇主體與歷
　　史詮釋之爭〉，頁175-218。
24　黃得時，〈談談臺灣的鄉土文學〉，《黃得時評論集》（臺北：臺
　　北縣立文化中心，1993）。

甚至攻訐態度，黃得時顯然深諳文藝創作來自於生活，對於庶民文化中猶有藝術創造的活水源頭，亦別具洞察力。

　　根據所見，娛樂委員會在成立後所採取的第一個具體行動，即是就布袋戲等偶戲是否應恢復上演的問題進行磋商[25]。決定性的時刻是1941年10月3日。這一天，皇民奉公會中央本部舉辦一場「偶戲試演會」，黃得時找來久不公開演出的布袋戲、皮影戲與傀儡戲等一干好手，帶來他們的拿手絕活。試演會召開前夕，黃得時於《興南新聞》、《文藝臺灣》兩家重要報刊上同時發表以布袋戲為題的文章，即〈布袋戲の娛樂性〉與〈娛樂としての布袋戲〉[26]。從文章的發表時機來看，這兩篇文章無疑是黃得時為戰時文化統治下布袋戲發展前途公開請命、遊說的關鍵報告。例如他在〈娛樂としての布袋戲〉文中，直接破題說道：

> 大政翼贊會文化部有關地方文化新建設目前的政策中，有一項是地方文化的傳統維續及發揚。

> 將此政策放在臺灣來看時，我們會發現有許多必須維繫並發

25　娛樂委員會成立後不久的8月6日，有一名為「臺灣鄉土演劇研究會」的組織成立，儘管目前資料欠缺，然而從其理事名單來看，三名臺人娛樂委員都參與其中。筆者推測這個團體很可能是娛樂委員會下針對臺灣戲劇現況謀求解決之道的責任分組，至於偶戲是否恢復上演的議題，或許是由這個組織所提出與推動磋商也說不定。根據資料，「臺灣鄉土演劇研究會」下設「鄉土演劇」與「農民劇」兩部門；另，理事名單參見〈學藝往來〉，《臺灣文學》2，1941年9月，頁79。

26　其中〈布袋戲の娛樂性〉發表於《興南新聞》，1941年9月30日，第4版；〈娛樂としての布袋戲〉發表於《文藝臺灣》3：1，1941年10月，頁62-63。以下引文與摘要出處皆同，不再另註。

揚的屬於本島特有的鄉土藝術。

其中必須優先關注者之一便是布袋戲。布袋戲就是一般所說
的偶戲，約於距今兩百五十年前由對岸的福建地區傳來本
島。其後，於悠長的歲月間，逐漸的被賦予臺灣式的氣韻特
色，如今不只成爲傑出的臺灣鄉土藝術，也是最富於大眾性
的娛樂機構，在各處皆大受歡迎。

黃得時簡潔有力地給予布袋戲「傑出的臺灣鄉土藝術」、「最富
於大眾性的娛樂機構」的定位，指出在地方文化建設的政策目標下，
對布袋戲加以維護並發揚的必要性。綜合兩篇文章的內容，他細述布
袋戲自泉州東傳以來，在漫漫歷史長河中逐漸喪失原貌，其藝術表現
已明顯呈現出與臺灣民情風土交融的在地化現象，形成「臺灣式的氣
韻特色」。對此，他進一步闡述，布袋戲的「臺灣性」特徵主要表現
在戲曲音樂改採「北管」上，以及，跟中國原鄉布袋戲崇尚「文齣」
取向不同，已另外發展出「武齣」的流行，其中又以由藝師創新的
「飛簷走壁」、「跳窗仔」等高難度技巧，最具特色。

除了從歷史、藝術層面考察證明布袋戲的價值之外，黃得時還從
有益風俗與製作簡便等現實面，舉陳應該讓布袋戲恢復上演的七大理
由：(一)用語淺白而洗鍊，較歌仔戲等的粗鄙用語來得莊重嚴肅；
(二)題材內容多以忠孝廉節爲主，人物之善惡分明，十分有益於社會
教化；(三)以人偶的動作與臺詞作爲表現手段，人偶的臉部由於無從
表現情感，故不會有如男女演員般的挑逗性表情，可以安心讓婦孺觀
賞；(四)臺詞僅由頭手(布袋戲演師)一人負責，無須像一般戲劇要求
演員讀劇、背詞，而且只要頭手勤於閱讀就會有新劇目源源而出；
(五)劇團成員不超過六人、戲籠與樂器裝箱頂多也就三、四箱，在交

通運輸上相當簡便，再偏遠的鄉間也能上演；(六)費用十分低廉，午晚兩場僅需十四、五圓，輕易就能舉辦免費的招待公演；(七)舞臺極為簡單，戶外、走廊或室內都可以上演，沒有電燈的地方兩盞瓦斯燈就可以過得去。這兩篇文章可以說，既是具有策略性的遊說文章，也是具有論證性的布袋戲研究專文。

試演會當天的情況，籌辦人黃得時留下以下記錄：

> 因為「百聞不如一見」，所以同年10月3日，在我的安排之下，布袋戲和皮影戲、十六釐米電影、傀儡戲，一起在皇民奉公會中央本部的事務室舉行第一次試演會。當天的試演內容保持原來的樣子，完全沒有增減。有關當局和委員們都對他們的精湛技巧大感驚訝，一致認為應該把它視為鄉土藝術保存下來。只不過，在作為一般民眾觀賞的娛樂方面，有兩種意見：如果嚴格篩選劇本內容的話，也不妨依照原來的樣子上演；以及在舊有的技術基礎上，再創造新的偶戲。後來，該委員會的演劇相關人員經過再三討論的結果，提出了陳請書：「熱切期盼在總督府和皇民奉公會的指導援助下，以布袋戲、傀儡戲和影戲等鄉土藝術作為母體的日本新偶戲，迅速在本島誕生並為此設立研究保存機關。」新偶戲該進行的方向就這樣決定了，我在中央總部的委託下，著手培育偶戲。[27](底線為筆者所加)

當出身、背景、立場互異的娛樂委員們親自觀賞了布袋戲原汁原

27　黃得時，〈人形劇とその歷史〉，《臺灣文學》3：1，1943年1月，頁38-41。

味的演出後，一致肯定其藝術價值，但是，卻在今後該如何發展的問題上意見分歧。一派主張嚴選劇本、恢復搬演，另一派則主張「在舊有的技術基礎上，再創造新的偶戲」。從會前一連串的奔走與遊說專文的內容來看，黃得時無庸置疑是主張「嚴選劇本、恢復搬演」的一派，而在他殫精竭慮意圖使布袋戲恢復上演的行動遭到挫折之餘，他也妥協讓步，同時受命成為偶戲改造計畫的負責人。

四、改造的過程、面向與關懷

「在舊有的技術基礎上，再創造新的偶戲」──娛樂委員會的此一決議在時隔五個月之後，有了初步的成果公開。1942年3月23日在中央本部會議室舉辦第二次試演會，上演〈和平村〉（黃得時作）與〈國姓爺合戰〉(近松門左衛門原作、陳水井改編)兩齣新戲[28]。根據黃得時所言，「效果比預期的好」。

試演會結束兩週後，大政翼贊會宣傳部長八並琿一在黃得時任職的《興南新聞》上，發表題為〈人形劇に期待す〉[29]的短文：

> 我國是夙以文樂偶戲享名於世的國家，此外在各地亦有許多
> 以鄉土藝術的形態流傳者，其復興近來成為心繫藝能的人士
> 所關心的議題。偶戲竟至今從未被動員到啟發國民的戰線
> 上，反而令人感到不可思議。想來，大約也是因為若無法達

28　這兩本新編劇本並未見流傳。另外，黃得時曾提到由他本人編劇的〈和平村〉，在戲服採用上使用布袋戲的原來戲服，而〈國姓爺合戰〉則屬創新嘗試，兼用和服與原來戲服。出處同上註。由此，亦或可推知黃得時對「皇民化」改造的被動性格。

29　八並琿一，〈人形劇に期待す〉，《興南新聞》，1942年4月6日，第4版。

到大師之境便難以駕馭人偶吧。就此點而言，這種手袋式的
指偶，不論是製作或操作皆十分簡單，不管在何等僻遠之地
皆可輕易以手工製造。且其舞臺富於動態，還有可視需要即
興添加橋段等種種特色。身爲大和家族之一員，衷心期望這
些小演員生龍活虎地活躍於部落、工廠、鄰組常會的日子早
日到來。

在這篇文章中，改造中的布袋戲沒有正式的名稱，而是冠以「這
種手袋式的指偶」稱呼，且是相對於「文樂」[30]此一國粹的正統地
位，作爲「在各地亦有許多以鄉土藝術的型態流傳者」的一個案例而
存在。細加考察的話，身爲大政翼贊會的宣傳部長，八並璉一相當看
重布袋戲具有製作與操作上簡便之特長，適足以勝任「啓發國民」的
大任。這篇推測是由黃得時邀稿的文章，無異公開傳達帝國中央層級
對布袋戲改造一事之認可與支持，或許也爲黃得時本人在面對娛樂委
員會內部鷹派的壓力之際，提供一份有力的保障。

大約在布袋戲第二次試演會後不久的1942年間，日本大政翼贊會
組織「人形劇研究委員會」，戰時日本所展開的偶戲運動（日文爲
「人形劇運動」）即以此爲起點。這個運動的發想深受納粹德國之啓
發，企圖在日本獨特的偶戲傳統「文樂」之外，另創現代偶戲，以偶
戲運動作爲國家運動之一翼[31]。完成布袋戲改造任務之後的黃得時，
曾於〈無表情の表情——本島の人形劇とその將來〉（無表情的表

---

30 「文樂（ぶんらく）」，日本特有的偶戲藝術。「文樂」獨特的戲劇形
　　式完成於江戶中期近松左衛門、竹本義太夫時代，構成的「文樂」的
　　三大要素包括太夫（一種說唱敘事形式）、三味線與偶戲表演。
31 川尻泰司，《日本人形劇發達史‧考》（東京：晚成書房，1986），頁
　　229-240。

情——本島偶戲及其將來〉文中回顧此一運動並發表看法：

> 日本偶戲協會誕生（中略）舉辦了盛大的創會典禮，正式開始
> 投身偶戲的推進，但這可說是一種素人戲劇，偶身是廢物利
> 用以舊明信片、舊報紙、舊布、木片等製成，舞臺也是使用
> 桌子或唐紙等等，雖可即興將當下事件或問題巧妙的納入簡
> 單的劇中，但平心而論，由於戲劇效果薄弱，大部分都只能
> 算是一時的餘興表演。[32]

　　黃得時認為這種現代偶戲欠缺技藝傳統，有其侷限性，並認為頂
多適合於短劇表現，不足以展現豐富的戲劇性效果，「說起來是一種
業餘戲劇」。此處行文比較參照的基礎，自然是指臺灣的布袋戲。同
一文中，黃得時如此論述布袋戲的演出特長：

> ……本島的偶戲專以歷史故事為主，劇情長者可連續上演數
> 週乃至數個月。其中有喜劇、有悲劇、有武俠劇、有人情
> 劇，大致上作為戲劇不可或缺的要素可說是無一遺漏。特別
> 是那機敏的動作、激烈的打鬥、快速的場景變換等，不論是
> 其他何種戲劇皆難望其項背。
>
> 因此為了將它更生為日本式的新偶戲，取材自國史的「時代
> 劇」中的「劍劇」可說最為合適。現今巡演於全島各地的新

32　黃得時，〈無表情の表情——本島の人形劇とその將來〉，《臺灣時
　　報》28：3，1945年3月，頁36-39。

偶戲也大抵是循著這個路線來製作。[33]

　　似乎黃得時從布袋戲與「文樂」、「現代偶戲」等的一再比較中，更加確認了布袋戲藝術的獨特性與價值，從而一種既可重啓劇種與藝人活動空間，又不違背帝國方針的改造構想得以浮現；亦即，黃得時在官訂的歷史座標中，將原本演繹漢民族傳說、故事的「歷史劇」或「劍俠劇」，替換爲演繹日本民族傳說、故事的「時代劇」或「劍劇」。

　　8月15日的第三回試演會，由經過密集培訓的「新國風人形劇團」、「小西園人形劇團」推出〈月形半平太〉與〈水戶黃門・江戶之卷〉等取材自日本歷史劇的劇目。這次演出「得到各相關人士的好評，認爲有這樣的水準，就算到街頭去表演也足以扮演健全的娛樂的角色，而且還可以進一步在皇民培育和日本精神的宣揚上發揮很大的功效，所以獲准加入『演劇協會』」[34]，並於10月1日正式在艋舺戲園與第三世界館同時推出。至此歷經整整一年的布袋戲改造工程宣告完成，布袋戲長達五年的禁演期終於結束，而改以「日本新偶戲」的面貌問世。此一期間，皮影戲、傀儡戲也相繼加入改造，並形成布袋戲上演歷史劇、皮影戲上演童話故事劇、傀儡戲上演現代劇的區隔與定位。一直到戰爭結束爲止，共有七個偶戲團體接受改造並獲得演劇協會的認可，於全島鄉間巡迴演出[35]。

33　同上註。

34　即「臺灣演劇協會」，爲娛樂委員會所籌備設置的全島戲劇的一元統制機關，於1942年3月間成立。

35　黃得時在〈無表情の表情──本島の人形劇とその將來〉提到撰文當時受演劇協會正式認可的劇團「有六、七個」；呂訴上則在《臺灣電影戲劇史》（頁420）稱「共七團能在戰爭中上演」並列舉劇團名稱與負責人，今從呂說。

　　整體來看，黃得時堪稱成功地完成布袋戲改造的任務。然而，在執行官派任務的這個理解角度之外，筆者認為整起布袋戲改造事件尚且存在以下面向，足以顯示出作為本土派文化人的黃得時的關懷，值得我們特別加以留意。

(一)皇民化改造的同時，進行戲劇形式的現代化變革

　　黃得時在〈人形劇とその歷史〉中，闡述了第一次試演會之後所確立的布袋戲改造方向，包括：1.捨棄原有的絲竹伴奏，改用西洋樂隊和伴奏唱片；2.和服、原有的戲服並用；3.演師的口白由辯士在場採日語進行；4.舞臺上添加組合式布景和背景，盡可能呈現出立體感等四項。這些以「皇民化」為旨的變革，不乏混合著「現代化」的形式要件。特別像是「舞臺上添加組合式布景和背景，盡可能呈

圖二　戰後布袋戲演出在布景舞台上的變革，實以戰中布袋戲改造為發端。(五洲園，1988；圖片提供／江武昌)

現出立體感」一項，此舉使布袋戲演出得以跨出傳統木雕戲棚一成
不變的空間限制：組合式布景一方面能製造仿若鏡框舞臺的立體感
效果，另方面由於更換簡便，使場景變換成爲可能，特別有助於室內
演出時加強視覺集中性、擴大效果，可說是現代化嘗試的大膽創新之
舉[36]。此處筆者的觀點，跟前言提及呂理政在《布袋戲筆記》中委婉
指出戰中改造具有銜接布袋戲戰前／戰後發展的關鍵性，基本上是一
致的【圖二】。

（二）進行臺灣偶戲的先驅性研究，提出臺灣布袋戲史觀

　　布袋戲改造前後，黃得時繼1941年間發表〈布袋戲の娛樂性〉與
〈娛樂としての布袋戲〉等兩篇帶有遊說意圖的專文後，又陸續發表
〈人形劇とその歷史〉（1943）、〈無表情の表情——本島の人形劇と
その將來〉（1945）兩篇偶戲史論。這一系列文章，都是日治以來難得
一見的戲劇專論，具有臺灣偶戲研究的先驅意義。而在後二篇偶戲史
論中，黃得時明快地將泉州布袋戲來臺以降截至皇民化運動推行前夕
爲止的在地化過程稱作「臺灣偶戲史的第一階段」，而將因應「皇民
化」此一官訂歷史座標的改造與實踐稱作「臺灣偶戲史的第二階
段」。這樣的歷史詮釋策略其實呼應了他同時期提出的臺灣文學史理
論架構，亦即一個以「臺灣」作爲書寫主體的文學史觀[37]。儘管從今
日的角度來看，所謂「第二階段」，明顯向殖民者的意識型態傾斜，

36　有關布袋戲經過改造後的上演樣貌，侯孝賢電影《戲夢人生》中有局
　　部的復原重建，相當值得參考。

37　有關黃得時提出的臺灣文學史的理論架構及其相關討論，參見柳書
　　琴，〈誰的文學？誰的歷史？——日據末期臺灣文壇主體與歷史詮釋
　　之爭〉，頁175-218；吳叡人，〈重層土著化下的歷史意識：日治後
　　期黃得時與島田謹二的文學史論述之初步比較分析〉，《臺灣史研
　　究》16：3，2009年9月，頁133-163。

但是，一個以「臺灣」爲中心的劇場史觀，確實是誕生了。不過，以「臺灣」作爲書寫主體的劇場史觀並非黃得時的獨到見解，同樣在1941年間，提出類似的劇場史觀者尚有王育德與呂訴上，因而可說是一時代現象[38]。只是不可諱言，黃得時的識見與歷史洞察力，堪稱此間論者最突出的一位。

五、代結論：針對布袋戲改造的文化界與民間回應

太平洋戰爭爆發前夕的1941年間，皇民奉公會下設娛樂委員會，以樹立戰時的「健全娛樂」爲目標，進行布袋戲改造。原本在皇民化運動下形同消失的木島偶戲演出，此時重獲生機。上文從劇場史脈絡考察布袋戲改造事件的始末，側重當時本土派文化人黃得時對布袋戲復活的推動與妥協參與，及其在主導改造過程中主要的關懷面向等。筆者認爲，固然黃得時堪稱成功地完成官方賦予的任務，但是在此一理解之外，事件本身尚且存在以下意義，值得我們加以留意：(一)重啓皇民化運動下布袋戲藝人的生機，使其技藝與創造力得以維續、發展；(二)布袋戲改造過程中，「皇民化」兼有「現代化」的改革取向，開啓了戰後布袋戲在美學上的關鍵性變革；(三)黃得時在改造過程中發表多篇布袋戲專文、提出臺灣中心的布袋戲史觀，是臺灣布袋戲研究的先驅者。

最後，筆者想花點篇幅，談一下時人對布袋戲改造的回應。

38　關於此一「時代現象」的出現，筆者以爲臺灣漢人社會在清治晚期（19世紀中期以降）的土著化現象，其反映在文化面所長期積累、創衍之藝文果實，此際由於獲得官方的敘事許可，而較過往更爲普遍地被知識人關注、論述所致。另外，此處提到的王育德與呂訴上的劇場史述，皆集中在人戲（與偶戲相對）部分，相關研究可參考石婉舜，〈「黑暗時期」顯影：「皇民化運動」下的臺灣戲劇(1936.9-1940.11)〉，頁113-174。

　　1941年底的偶戲試演會確定偶戲的改造方針,消息傳出之後,僅見「世外民」——後因捲入1943年間「糞現實主義」文學論爭漩渦中而聞名——在傾向本島人立場的《興南新聞》上撰文呼籲布袋戲改造要本乎「愛與認識」之心[39]。除此之外,一直到戰爭結束爲止,並不見本島人文化界對於改造完成後的「新日本偶戲」發表任何評論或建言。究竟我們該如何理解此時知識人的沈默呢?

　　半個世紀之後的1990年代,曾於1943年間任職於臺灣演劇協會的林摶秋,提到當年自己是因爲在執行偶戲改造工作時感到無法接受,才會在短短不到半年的時間就決定掛冠求去。

　　　像布袋戲也叫我幫戲偶穿浴衣、舉武士刀。那要怎麼穿怎麼
　　　改呢?布袋戲偶是單手拿劍的,日本刀則是得用兩手握住,
　　　兩手一握就不能跟人廝殺了,手就不會動了。我去作說明,
　　　說這腳步手路都不一樣,他們說你就稍微改一下嘛。……最
　　　可憐的是國財伯的傀儡戲偶,那是第一名的團體,那種也要
　　　改!我幫他說情,我說這是行不通的,不然你們不要叫他演
　　　啦。……都是線的東西要怎麼改?拿刀要怎麼操作?明明是
　　　不一樣的東西。[40]

39　世外民,〈布袋戲の事も〉,《興南新聞》,1941年11月20日,第4
　　版。

40　石婉舜,《林摶秋》(臺北:國立臺北藝術大學,2003),頁77-82。
　　另外,曾有布袋戲專家以及匿名審查員根據此說認爲林摶秋本人對布
　　袋戲的瞭解並不深入(主要因爲布袋戲中其實也有雙手握刀的角色,
　　如關公),而質疑其證據力;筆者以爲,即使林摶秋對布袋戲的認識
　　與見解未能充分,但是,此一證言並無礙於本論文用它來說明當時本
　　地文化人對於布袋戲改造一事的態度與觀感。

　　林摶秋在半個世紀之後的證言，清楚指出戰時官方偶戲改革的荒謬性。此外，當林摶秋被找去臺灣演劇協會工作，是剛結束日本旅居生涯初返故鄉的時候，年方二十二歲的林摶秋與島都文化界素無淵源瓜葛，也因此他掛冠求去的行為只需對個人負責。相較於此，黃得時主張讓布袋戲直接恢復上演的本來立場堪稱與林摶秋接近，卻因承接布袋戲改造任務，而在關懷、策略與取捨上顯示差異，值得我們特別留意。

　　我們不妨重新咀嚼篇頭引述的李天祿的證言：「所有的外臺戲都停，不能演。在臺灣的戲劇界布袋戲的同業連帶家族有好幾萬人可以說是萬分的痛苦……」。當那些關懷社會與本土文化發展的台人文化人們，在感受到偶戲改造的荒謬性之際，多少也耳聞周遭布袋戲業者及其家人的痛苦吧；就算不是這樣，至少也能體察原本戲臺下觀眾被剝奪個人信仰與娛樂嗜好等備受壓抑的心情吧。從這個角度來理解承攬下改造任務的黃得時，以及當時文化人對布袋戲改造一事的噤默，是有其必要的。

　　另外，布袋戲改造對盧溝橋事變後一夕失業的藝人而言，行經五年禁演的黑暗期，反覆摸索、算計、鑽營著任何可能的生計，一旦有機會重返熟悉的戲棚幕後，還有什麼更教人振奮的呢？而豈只是藝人而已，對素來以看戲作為唯一農閒娛樂的偏遠鄉村民眾更是一大福音。著名的布袋戲藝師黃海岱晚年曾回憶當時的情景：

> 　　我們雖然手上擁有許可演出的劇本，但是為了滿足觀眾的要求，總是在演出後半段，也就是督察先生被請去喝酒作樂時，偷偷的調演戲碼，加演一段本地戲。想當時，只要鑼鼓漢樂一轉，台下的觀眾就預知待會兒就會有好戲可看。有時在加演一段之後，群眾掌聲欲罷不能，還得一段再一段的演

下去，直到深夜才息鼓。[41]（底線爲筆者所加）

　　通過「日本新偶戲／布袋戲」這個媒介，觀眾在「鑼鼓漢樂一轉」的刺激之下產生身體性共鳴，從而湧出對皇民化以前生活的記憶與懷念，構成對受到嚴密社會監控的「皇民化」生活的一次又一次的、小小的集體反叛。也是這樣的案例，暴露了殖民權力所能到達的極限。

　　1941年底展開的布袋戲改造並非單一事件，而是戰爭期施行全面戲劇統制的起點。以布袋戲從業者爲首，殖民地戲劇界不分職業或業餘，無一倖免，相繼捲入戰爭動員的時代渦潮中，而隨著劇壇情勢丕變，關注戲劇活動的本土派文化人也將逐步陷於更趨複雜、曖昧、艱難與尖銳的處境中繼續謀求出路。有關於此，筆者將另文探討。

41　謝德錫（編撰），《五洲園──黃海岱》（臺北：西田社布袋戲基金會，1992），頁55。

第三篇

差異、欲望或龜裂的政治學

第一章

議題回顧與展望

白文任

在韓國，關於韓國電影的學術研究僅十年餘。因電影媒體直接受制於制度和產業之特性，加上經歷殖民地體驗、戰爭以及長期軍事獨裁的關係，韓國電影在激發專業評論或學術研究話語方面，太過邊緣化，甚至被認爲水準不高。1990年代此種情況開始發生變化，急劇增長的影像文化與積極生產並大力消費的年輕一代，迅速成爲韓國文化的中心。在人文學領域中受過專業訓練的新生代開始對電影發表看法，加上對大眾文化的理論關懷持續提升，韓國電影也終於成爲了有意義的論述對象。

韓國電影由於這種全盤性的變化，以及文本「發掘」的整理成果，約略從2004年開始，殖民地時期電影的研究終於正式啓動。僅僅在幾年前，研究者們還普遍認爲韓國沒有任何一部殖民地時代製作的電影（當然這種情況與殖民地戰爭經驗不無關聯）；近期透過中國電影資料館等地發掘出該時期的十餘卷電影拷貝帶，才爲這時期韓國電影的研究注入了新的活力。

有趣的是，這些被發掘的電影拷貝帶，大多數是製作於30年代末期到40年代中期的宣傳電影。研究者們帶著興奮和困惑的心情不得不去接近文本的理由有二：第一，可以接觸僅僅止於傳聞的初期文本。第二，更爲有趣的理由是，在既有的電影史敘事裡，民族主義觀點的諸多問題明顯地暴露出來，因此我們需要探索新的方法論。2000年到

2010年之間，韓國電影與歷史研究開始擺脫民族主義觀點，有關殖民地時期的大眾文化和複雜的知性建構等研究成果也開始豐富起來。同時代人文學研究在揚棄「親日／抵抗」二元論時，不斷摸索闡明殖民地時代大眾文化與世界變化的新理論，而殖民地末期宣傳電影的研究，與同時代人文學研究的這種傾向可謂相得益彰，無形中不得不以中堅而又豐富的話語體系為基礎。

　　在上述知識脈絡中，本文關注的是過去幾年間殖民地末期宣傳電影研究所忽略的問題，亦即電影試圖面向的觀眾是誰？策略為何？為此而選擇的視角、敘述原型是什麼？尤其是作為占據大多數電影題材和主題的「(朝鮮)男性成為(日本)志願兵」，這種狀況實際上需要朝鮮女性的同意或認證，而且也必須將朝鮮女性不斷地他者化才能夠實現。最近幾年的研究大多將焦點集中在朝鮮男性成為日本軍人的過程，亦即民族認同的變化或確立。值得注意的是，這些電影最為重要的目標是「宣傳」，而宣傳對象不僅是即將成為軍人的年輕男性，還包括將他們送往戰場的家人(尤其是女性)，所以必須周密而全面地利用一切可以煽動觀眾做出同樣情緒反應的裝置(題材上的和感覺上的)，這一點極為重要。電影為了賦予朝鮮男性「軍人—皇民—(健全的)男性」的新身分，使得某種價值被他者化，這問題無法單獨被論述，必須結合其他問題綜合論述。本研究力圖關注並分析的是，朝鮮男性身分越穩定、均衡，朝鮮女性的焦慮和矛盾越明顯的現象，尤其把分析的重點放在這些焦慮和矛盾轉化為朝鮮女性的語言、視覺和聽覺的瞬間。筆者以為這充分展示了霍米‧巴巴(Homi Bhabha)所提出的殖民話語戰略定型化過程中成為核心的「曖昧性(ambivalence)」特質，此「曖昧性」是宣傳電影為了拉攏觀眾而獨有的，且不得不依存的文化密碼。因為朝鮮觀眾(尤其是女性)是理念宣傳和動員的對象，也是引發情緒共鳴的對象。

　　經過這次學術會議，我認識到由「戰爭與日常」、「理念與欲望」等彼此交織的文本，也就是殖民地末期宣傳電影，此類研究不管是在韓國、臺灣或日本都屬於剛剛起步的階段。這種情況或許恰好說明了亞洲文化研究者因受制於過去歷史而無法自由的事實，同時也展示了處於新文化研究階段的新一代研究者已經開始關注「後殖民」的課題。希望以後能夠超越單純的人力交流或比較研究，共同深入地探討文化產物研究方法論，並將討論研究提升到新的層次。

戰爭和情節劇：

日本殖民統治末年宣傳電影中的朝鮮女性*

前言

> 爲了效忠國家，把兒養大成人，
> 送往硝煙瀰漫的戰場時，
> 笑臉相送，沒有掉一滴眼淚，
> 凌晨月臺上，用力揮舞著國旗；
> 如果說大丈夫的性命是朵花兒，
> 就把鮮血灑在那片山村草木下，
> 瀟瀟灑灑飄落的紅櫻花，
> 便是半島男兒的一份赤膽忠心；
> 盼望再見到你那活生生的面孔，
> 但也會笑著迎接你的魂魄歸來，
> 勇敢的兒子那份俠義忠誠，
> 讓一個志願兵的母親引以爲榮。[1]

---

* 此文是2008年12月發表於臺灣中央研究院近代史研究所召開的國際學
術大會"Gender, War and Modernity"的論文修改補充本。感謝Takashi
Hujitani對本文草稿提供的深度評論。本文同時發表於《東方學志》
147，2009年9月，頁207-242。

1　由趙鳴岩(作詞)，古賀政男(作曲)，徐永德(編曲)，張世貞(演唱)，

　　這是中日戰爭爆發初期，在朝鮮實施「志願兵制度」後流行一時的軍國歌曲的歌詞，它蘊藏著一個朝鮮志願兵「母親」的心聲。這首歌的作者是著名作詞家趙鳴岩，歌詞中這位朝鮮中年婦女認爲日本是她的「國家」，爲「效忠」這個國家把兒子撫育成人，她覺得兒子「戰死沙場」比活著回來更光榮。自願讓自己的兒子參軍入伍並激勵他爲國效忠，這種堅強的母親形象，仿效的是曾被軍國主義時期日本大眾媒體流傳一時的「軍國之母」形象，也是戰爭爆發後在朝鮮反覆出現的形象。在日本，爲了讓一個家庭，尤其是母親[2]能接受將成年男子送往戰場，爲國家獻出生命的舉動，也利用這種形象進行了很多

（續）

1941年Okeh唱片公司出品的《志願兵的母親》。據推測，在日本軍國歌曲中，這首歌可能是與〈九段之母〉、〈皇國之母〉一同被稱爲以母親爲主題的三部曲「軍國之母」（1937年發售）原曲。Lee Jun-Hi，〈爲日本侵略戰爭所利用的流行歌曲——「軍國歌曲」回顧（11）〉，2003年8月18日。來源：http://0rz.tw/N5Mkf，2008. 10. 30。

2　曾將日本空軍事蹟拍攝成電影的山本薩夫說過：「對於戰爭，年輕人表現出了極高的參戰熱情，但是他們的家庭成員卻極力反對，其中反對呼聲最高的是母親，其次是祖母。這種抵抗情緒在政府強烈要求年輕人參軍時期也是非常強硬的。」參見，Peter High, *The Imperial Screen*, Madison：University of Wisconsin Press, 2003, p. 377。另外，Peter High將描寫戰爭的日本電影，區別爲刻劃戰爭格鬥場面和提倡精神主義的電影，他主張後者把戰爭看作是精神戰爭，描寫了眞正的敵人正是存在於日本人內心的脆弱感。尤其是拍攝於1939-1941年的精神主義電影著重刻劃了具有不完整靈魂者的思想問題（西洋化個人主義、父母對子女的自私占有欲等），在精神主義電影裡把克服這種思想的「軍國之母」稱爲類型角色（stock character）。在報紙或教科書中，這種母親也通常以頑固脫俗的形象出現。而佐藤忠男則主張，在日本大眾文化中日益突出的這種母親形象，其實和20世紀初新派情節劇中的母親形象，有著千絲萬縷的關係。從明治時代開始，下等公民就爲了將兒子送往東京的大學念書而煞費苦心，她們不惜犧牲母親和女兒幸福，只求兒子將來能有出人頭地的一天。Peter High, *The Imperial Screen*, pp. 390-395.

宣傳活動。而要說服不願意讓自己的愛子參加「日寇」(日本侵略者
的貶詞)戰爭的朝鮮母親，就更難上加難了。據記載，自古朝鮮人就
將「當兵視爲低級的職業」，認爲「兵役和死亡有著必然的關係」，
「對於大部分志願兵來說，說服母親和妻子、祖母」，尤其說服母親
是最爲困難的。爲此，1938年實施志願兵制度以後，朝鮮總督府便針
對女性政策提出了「如果沒有皇軍的母親，就沒有皇軍士兵」的口
號，還改編、加強了「對朝鮮半島婦女的教育」，並重新定義「母愛
的存在方式」等，進行了多方面的改革[3]。

　　日本殖民地的朝鮮人參戰問題，其實從「韓日合邦」後的1913年
起，便曾由日本人和朝鮮人提出過；而在滿洲事變之後的1934年，經
由向日本帝國議會申請後，便成立了徵兵制度準備委員會。中日戰爭
爆發後，正式著手開展了這項提案，並終於在1938年開始實行「陸軍
特別志願兵令」。它的實施目的是：第一、「隨著日本帝國主義侵略
戰爭的擴大和趨於長期化，爲解決兵力不足問題而動員朝鮮人參
軍」；第二、這是「向朝鮮人注入日本精神，即皇軍意識的最有效手
段」[4]。當時待解決的是朝鮮人的「教育」問題，即徹底掌握以日本
國體意識爲基礎的精神教育問題。日本心裡有所準備，當他們判斷朝
鮮人沒完全形成皇民化思想時，隨時可以放棄志願兵制度。日本帝國
主義大肆宣傳，如今殖民地人民的肩上也要扛起「國防重任」，這是

3　洪鍾佖，〈關於日本帝國主義侵略時期在朝鮮實施的志願兵制度及其
　　意義〉，明知史學會(編)《明知史論》8：1，1997，頁92。關於戰時
　　朝鮮動員女性的問題，請參見，Kawa Kaoru，〈總力戰之下的朝鮮女
　　性〉，《實踐文學》67，2002，以及李相瓊，〈日本殖民統治末期女
　　性動員與「軍國之母」〉，韓國女性研究所(編)，《女性主義研究》
　　2，2002。

4　崔由利，《日本帝國主義侵略末期殖民地支配政策研究》(首爾：國
　　學資料院，1997)，頁180。

可以表現殖民地朝鮮和日本是「合二爲一的一體」(內鮮一體)的絕佳
機會。這種宣傳從表面看來，把殖民地朝鮮人正式稱作「第二皇
軍」，即日本的國民。通過這種宣傳向朝鮮男性灌輸一種「經歷了三
百年文弱政治，已陷入癱瘓狀態的朝鮮人，可以重獲力量，開闢新
路，成爲大東亞新天地的主宰」[5]的希望；而向朝鮮女性則賦予將男
人送往戰場，在後方成爲忠實的「銃後婦人」的責任。

　　然而，有關對參戰即能正式成爲日本國民的這種「內鮮一體」意
識型態的主體質詢(interpellation)過程，在朝鮮人的反應當中卻滲透
著太多缺乏或過剩的地方。首先，朝鮮知識分子認爲消除「朝鮮人」
和「(日本)國民」之間的隔閡，其實是解決朝鮮人和日本人的制度平
等問題，並對此提出了要求；而朝鮮總督府則認爲「內鮮一體的根本
前提並非權利義務的內鮮同等化，而在於實現皇民化；應該放下私
心，以大局爲重，使朝鮮人徹底意識到自己就是天皇陛下的國民，這
是首要解決的問題」[6]。可以看出兩者之間存在著緊張的對立氣氛。
此外，朝鮮軍當局對朝鮮人將志願兵制度視爲能克服朝鮮人和日本人
的差別、終於能名正言順成爲天皇「百姓」的絕佳機會，並把志願兵
看作是「英雄」、誤認爲自己得到了「特殊的社會地位」而感到「光
榮」等現象，存有一種無法掩飾的不安[7]。作爲「帝國軍人」，不得

5　朱耀翰，〈告半島青年，徵兵制度和半島青年的覺悟〉，《大東亞》
　　14：5，1942年7月1日。

6　國民總力朝鮮聯盟防衛指揮部(編)，《內鮮一體、理念及其體現方案
　　綱要》，1941；Chang Yong-Gyong，〈「朝鮮人」和「國民」的隔
　　閡〉，《歷史問題研究》15，2005，頁286。

7　洪鍾泌，頁80。實際上，讓朝鮮軍和朝鮮總督府最爲警惕的一件事是
　　志願兵制度將促使朝鮮人參與政治。朝鮮軍當局發現朝鮮人志願者無
　　法達到他們當初所期待的素質水準後，亦即發現雖經過了30多年的日
　　軍統治，但在朝鮮長大的男性並沒有完全形成皇民化思想這一事實
　　後，惶恐不安。他們之所以警惕朝鮮人參與政治，事實上與這一失望

不和朝鮮人同生共死的日軍當局立場；和爲此必須盡快使朝鮮人形成「皇民化」思想的朝鮮總督府的立場；以及爲了「利用這次千載難逢的機會，成爲眞正的國民和眞正的人」、而高喊「不僅要成爲軍人，而且還要成爲優秀的軍人、必須取得超過平均分的好成績、必須樹立一種絕不落後於內地（指日本）同胞的決心」[8]口號的朝鮮知識分子，三方相互衝突的期望在志願兵制度的宣傳當中表露無遺。

　　在「軍國之母」歌詞中出現的「半島男兒」和「笑著揮舞國旗」這些詞彙正好擊中了隱藏在幻想裡的矛盾核心。「半島」是指在殖民時期末期替代「朝鮮」的詞彙，是帝國的一個地方，也指出了「朝鮮」的地理位置。這裡包含了在「內鮮一體」的幻想中，帝國和殖民地的差別只不過是空間上差距之意；然而，「半島」一詞從被殖民者口中說出後，帝國和殖民地之間的權力差異及階級秩序就得以重新確認和強化。朝鮮母親是不同於日本母親的，他們的兒子作爲「半島」人，身上都背負著最終無法成爲帝國國民的劣等感。那麼，作爲「第二皇軍的臣民」，當兒子爲犧牲性命而衝向戰場時，他們的母親果眞能在兒子離去的月臺上「笑著揮舞國旗」嗎？如果說「半島男兒」喚

（續）

　　感有關。而且，日軍當局所提出的朝鮮人志願兵的條件不僅精神和體魄要健康，而且階級和社會方面都要有一定影響力（出身背景好）的男性，不過大部分志願兵都是爲了幫家庭走出貧窮困境的農村出身之下等男性公民，而且平均年齡超過20歲，健康狀況也不好，甚至有已婚男子（1938年）占了1/4。（Pyo Young-Soo，〈關於日本殖民統治時期朝鮮人志願兵制度的研究〉，崇實大學博士論文，2008，頁38）。在訓練他們的過程中，日軍當局發現朝鮮人對「國體」及「參拜神社」等皇軍的精神素質過於無知，他們還沉溺於朝鮮的習慣和文化當中，這一事實讓日軍當局十分困惑。因此，在進行軍隊預備訓練的同時，把訓練的教育內容焦點集中在爲提高「堅定的國體精神素養」而進行日常「教養和教育」方面。

8　朱耀翰，〈告半島青年，徵兵制度和半島青年的覺悟〉。

醒被「內鮮一體」這一標語所蒙蔽的「缺乏」，那麼「笑著揮舞國旗」是否「過剩(過度)」地忠實於該標語，而讓人產生懷疑？

一、關於「成爲軍人」的性別政治學

根據筆者觀察，中日戰爭後，「缺乏」和「過剩」的現象，在朝鮮製作的宣傳影片中亦有所呈現。因此，筆者希望透由朝鮮男性志願兵的「性別欲望」(gendered desire)及情節劇形式來剖析文化產物揭露矛盾並以想像方式解決此矛盾的現狀。近來，《被挖掘出土的過去》[9]促使韓國電影學者關注殖民地末期戰爭狀態下的朝鮮，而此一研究與筆者對《被挖掘出土的過去》的戰略背景之興趣有所關聯。本文將著重分析在描寫志願兵的電影中，透過情節劇形式將觀眾的視野集中於兩者(即朝鮮男性決心當一名志願兵的動機，以及與該男子有關係的女性們——母親和妻子／戀人——對此的反應)的許多作品。特別是，當他們之間的「離別」被預告或確定時，影片中如何處理劇中最矛盾、尖銳的那一刻。總結來說，筆者發現，宣傳電影藉用情節劇風格，促使受眾對朝鮮男性志願兵和「男性化」的正當性提出疑問，同時，亦生產出朝鮮女性依視覺、聽覺及語言要素產生意義分裂的場面。這恰好顯露了霍米・巴巴(Homi Bhabha)[10]所指出的典型化

9　據了解，幾年前在韓國尚未發現殖民地時期製作的電影；使事情出現轉機的是，2004年在中國電影資料館發現收存了十多部相關電影。這些被發現的電影大多是製作於20世紀30年代後期至40年代中期的宣傳電影，而且都是長期間韓國電影史上幾乎未提及的，或者是電影學者不想言及的資料，韓國電影研究者在接觸這些影片時，是極度興奮和慌亂的狀態下著手研究。韓國影像資料院從2007年開始將這些電影以一般DVD形式發售，並取以《被挖掘出土的過去》(The Past Unearthed)(1,2,3)爲名的標題。

10　霍米・巴巴(著)，RaByung-Chol(譯)，《文化的位置》(首爾：Somyung，2002)，頁145-176。

(stereotype)此一殖民地話語戰略之核心，即雙重性。它顯露出爲了賦予朝鮮男性作爲「士兵—皇民—(完整的)男性」之主體性，而將朝鮮女性加以他者化的現狀。朝鮮男性的主體化越定型化並均質化，與之相關聯的朝鮮女性則被描寫得越焦躁不安、越充滿矛盾。本文尤其關注朝鮮女性被分裂爲語言要素和視覺、聽覺要素的每一瞬間。

　　中日戰爭爆發前後，日本官僚開始注意到電影「比任何高雅文章，或用耳聆聽」、「更能快速進入大腦」[11]的影響力，尤其，爲企圖在缺乏娛樂設施，電影的引領力和影響力因而更形巨大的殖民地朝鮮[12]確立電影統制體制，以便利用電影這一戰時動員的最有效手段。[13]漸漸成爲宣傳電影素材的志願兵，亦即探討朝鮮男性成爲帝國

11　松岡洋右，〈世界巨頭電影館〉，《三千里》13：6，1941，頁195。

12　根據總督府的調查結果，1938年在不同形式娛樂場所(劇場、電影院、賽馬場、麻將館)的顧客中，電影院觀眾占一半以上。(〈年度戲劇、觀影人口與門票價格〉，《三千里》12：5，1940年5月，頁227)。此外，1941年末朝鮮的廣播聽眾爲11萬人，僅占總人口的0.5%，觀影人口將近1400萬人，比起上一年增加200萬人。若把正式電影院與臨時電影院的收費和免費觀眾加起來，觀影人口早在1938年即已超過1600萬人。(紀念朝鮮電影演員協會成立的專題報導，〈電影文化與新體制〉，《三千里》13，1941年7月，頁181)。

13　1940年1月，頒布了模仿日本電影令的「朝鮮映畫令」，由此，從製作、發售、票房等有關朝鮮電影的一切都受到了總督府的嚴格控制。「朝鮮映畫令」的主要內容包括電影事業和從業人員登記制、外國電影進口限制、獎勵優秀電影、強制放映文化電影、事先審閱劇本，以及除了放映國家認證的電影，年少者(6-14歲)禁止進入電影院等。1941年東條內閣組閣後，朝鮮總督府解散了朝鮮所有電影公司，並下達爲戰時體制整合成一個公司的命令。1942年9月，成立了法人公司「朝鮮映畫株式會社」，和監督它的電影企劃審議會。朝鮮語有聲電影被全面禁止放映，期間限制進口的外國電影則全面禁止進口。參見，李俊植，〈日本法西斯統治時期宣傳電影與戰爭動員意識型態〉，延世大學國學研究院《東方學志》124，2004，頁710；Kim Dong-Ho(等著)，《韓國映畫政策史》(首爾：Nanam，2005)，頁82-

軍人的問題，其實和在國民精神總動員運動時期，通過「朝鮮聯盟」進行的志願兵制度宣傳活動，走的是同一路線。朝鮮聯盟的宣傳活動對象不僅是即將成爲軍人的「一般青年」，還有「學生、兒童，特別是初中學以上的學生」及「家族中主婦與老人」[14]。從20世紀20年代後期開始，朝鮮的觀影人口急劇上升，1942年，觀影人口增加到1927年的7.6倍[15]，在1941年全年的觀影人口中男性占83.25%，女性占16.75%[16]。此外，1942年有一名總力聯盟文化部職員寫道：在自己訪

（續）————————————————
　　　105。
　14　「關於招募陸軍特別志願者」
　　　1.爲徹底普及志願兵制度宗旨起見
　　　2.各愛國班和最基層聯盟反覆召開相關座談會
　　　3.由上級聯盟主持召開演講會
　　　4.尤其是加強一個家庭中主婦及老人的意識
　　　5.加強學生、兒童，尤其是初中以上學生的意識
　　　6.作爲在社會上具有相當地位的家庭的子女，在畢業前招募進來，作爲大眾的典範
　　　7.培養一般青年的憧憬心理
　　　8.配發海報、印刷物等
　　　（Pyo Young-Soo，〈關於日本殖民統治時期朝鮮人志願兵制度的研究〉，頁63。）另外，Kim Young-hee則指出，在志願者當中，即使有部分人是在郡或面駐在所等政府機構的逼迫之下強制參加志願，但也有人可能是在物質回報和對「一等國民」的憧憬驅使下當志願兵，而有的人則是看中了志願兵後援會向志願者及其家屬給予的經濟待遇後下決心的。從1941年對14萬名志願者進行的調查中可以得知，志願動機中「自願參加的人」占35%、「在官廳唆使下參加的人」占55%、「其他」占10%。Kim Young-Hee認爲，其中「官廳唆使」是指，獲得物質補償，以及那些受到爲社會犧牲是種自豪、從普通軍人可晉升爲軍官、復員後保障工作等宣傳口號吸引，而非徹頭徹尾帶有強制色彩（Kim Young-Hee，〈國民精神總動員運動的展開形態及其滲透〉，《韓國近現代史研究》22，2002，頁245-255）
　15　李俊植，〈日本法西斯統治時期宣傳電影與戰爭動員意識型態〉，頁706。
　16　〈映畫觀客：高商映研的調查〉，《每日新報》，1941年7月13日。

問的電影院觀眾當中，1/3是學生，1/3是有職業的男女青年，年輕少婦也很多[17]。1940年，「朝鮮映畫令」制定前後，日本帝國主義開始密集推出了如下說法：與日本相比，在朝鮮透過電影能拉攏到的人數更多，因此在朝鮮控制電影更爲重要。隨著青少年逐漸成爲志願兵制度和徵兵制的主要對象，日本當局開始重視動員學生觀看宣傳電影[18]；與此同時，也不得不動用訴諸女性觀眾的修辭學方法。實際上，除了被宣傳爲「女性電影」的《朝鮮海峽》(朴起采，1943)或影片中女性人物的態度發揮決定性作用的《愛與誓言(愛と誓ひ)》(崔寅奎，1945)之外，朝鮮軍報導部製作的《兵丁(兵隊さん)》(方漢駿，1944)也直接把朝鮮「母親」作爲受眾[19]。最近公開的宣傳電影

17　上田龍男，〈娛樂訪談〉，《朝光》8：7，1942年7月，頁97。

18　在「朝鮮映畫令」的內容中，優秀電影指定制度和禁止年少者出入於電影院的制度相互協調而發揮了效果。在促使朝鮮人觀看更能宣傳戰時動員政策的「優秀電影」方針下，放寬「禁止青少年進入電影院的規定」，引導青少年團體觀看被指定爲「推薦電影」的宣傳電影。因此，宣傳電影的主要觀眾是青少年。李俊植，〈日本法西斯統治時期宣傳電影與戰爭動員意識型態〉，頁711-733。

19　《兵丁》的所有要素都宣傳舒適安全的軍營生活，因此其文本本身可被稱爲「朝鮮總督致全體有兒子的朝鮮母親之信」。在日本的宣傳電影中，「軍國之母」的位置非常重要，相反，「朝映的宣傳電影中，女性的作用，特別是妻子和姊姊的作用比母親更顯重要」，參見Park Hyun-Hee，《文藝峰與金信哉：1932-1945》(首爾：先人，2008)，頁184。由此觀之，《兵丁》可謂例外。這部電影爲了把「軍營是軍人的家庭」這一口號加以視覺化，動用了能夠說服「母親們」的道具(藥品、軍醫、燒餅、紅豆粥、花、鳥籠等)，最後讓「她們的兒子」說出自己在比母親懷抱更爲溫馨的「家庭」裡過著幸福生活。在電影開頭部分，朝鮮總督親自寫的信件傳達給學徒兵的母親，而其結尾，在軍營中她們的兒子寫信給母親，以兒子的聲音重複傳遞總督的訊息，使母親們認識到其訊息的眞實性。Hiramasu的母親(和妹妹)與Yasimoto的母親看著成爲軍人的兒子的鏡頭，看似描繪母親把自己的兒子送給幸福美滿的家庭後感到安心。

的文本證明了這一點。

在宣傳電影中，朝鮮男性不僅能通過「成爲軍人」體現一個健全的帝國主體，他們還被賦予了成爲「眞正男人」的可能性，這與殖民地「性別言論」不無關係。曾經分析朝鮮男性兵役(soldiering)的藤谷隆認爲，爲了將朝鮮男性捲入戰爭，日本帝國主義原先保持的「男性化殖民者」和「未成熟且女性化的被殖民者」這一典型而嚴格的二元對立現象，已無法再延續下去。

> 朝鮮男性的男性化(masculinization)是成爲日本人的出路，而成爲日本人也是成爲眞正成人男性(manhood)的出路。相反，如果繼續當朝鮮人，則意謂著繼續停留於女性化(feminization)和不成熟(infantilization)的階段。正如世界其他地區的殖民主義，日本帝國主義也主張由大男人主義的帝國主義來支配殖民地是正當而名正言順的方式，並把被殖民者視爲不成熟的女性。例如與武相比，朝鮮男性更加崇尚文的這一傳統思想本身就體現了女性化特點。由於日本必須將朝鮮人捲入他們挑起的戰爭和他們的國家裡，因此欲維持男性化殖民者和女性化被殖民主體這一牢固的二分法，已無可能。朝鮮男性雖然不成熟且女性化十足，但後來的殖民地論述與實踐卻改變了這一説法，朝鮮人可以通過對國家做貢獻(日本人)的方法被賦予成爲眞正男人的機會。因此，後來殖民主義和民主主義(不單單是均衡的結果)又捏造了一個性別欲望，並提供了實現這種欲望的機會，從而希望向被殖民者賦予動機。[20]

20　藤谷隆, "Total War at the Movies: Late Colonial Films on Korean soldiers

　　換言之，被殖民者通過成爲帝國軍人，實現從不成熟且女性化的身分到成熟而男性化身分的轉變，這一言論就在戰爭期應運而生，而藤谷隆也曾說過，宣傳電影便成爲了實現這一言論的主要場所。Park Hyun-Hee指出，在朝鮮的宣傳電影中，「旨在動員軍人的『志願兵電影』占主流，而爲了『灌輸思想』(如皇國臣民化)進行宣傳的電影則相對地少。(中略)這與當時日本本土的宣傳電影，主要灌輸人民作爲『天皇之臣民』的認同感(identity)，以期動員軍人有很大的差別。」[21]僅從現存的電影文本來看，這種觀點看似合理。而且，倘若將此與上述志願兵制度和徵兵制度宣傳政策的主要對象係青年階層及其家屬，尤其是女性的事實相聯繫，則可了解宣傳電影爲何以成爲帝國軍人的朝鮮男性以及送別這些男性的朝鮮女性作爲主要題材，並把情節劇作爲其主要風格。那麼，朝鮮男性下決心當志願兵的場面，以及朝鮮女性對此作出反應的場面，可謂是這些電影最具戲劇性的時刻，因此，導演需要採取有效的技巧來說服觀衆。朝鮮男性成爲帝國軍人後才獲得認同感的原因在於，這一瞬間他需要消解人們關於他究竟是提升家人之間或情人之間的情誼，還是破壞其關係而付出代價的懷疑和疑慮。

　　藤谷隆主張，當朝鮮男性成爲軍人的一瞬間就成爲了「女性欲望的男性化對象(masculinized object of feminine desire)」[22]。換言之，透過成爲軍人獲得男性固有的特徵，並對異性展現自己作爲男性的魅力。然而這種分析僅以朝鮮女性對成爲軍人的朝鮮男性的凝視或者反

(續)

　　in the Japanese Military," 延世大學國文系BK21事業團演講，2008年5月14日。

21　Park Hyun-Hee，《文藝峰與金信哉：1932-1945》，頁26。

22　藤谷隆，"Total War at the Movies: Late Colonial Films on Korean soldiers in the Japanese Military," pp. 11-13.

應鏡頭(尤其是藉由表情和姿勢體現出來的心理)為依據。顯然，在宣傳電影中可以看出朝鮮男性透過成為軍人來實現男性化身分，以及成為他人欲望的對象來體現男人主體性這一現象，而此時欲望的主體並不是朝鮮女性，而是帝國的女性或者是男性。例如，在影片《你和我》中，成為軍人的朝鮮男性沒有和朝鮮女性擦出愛情火花，而是和日本女性展開了愛情戲。如果說此處日本女性是提示朝鮮男性已踏入象徵秩序(symbolic order)的一個象徵，那麼朝鮮女性則是在朝鮮男性實現「男性化」的過程中被排擠或受壓迫的象徵。在影片《志願兵》中，朝鮮男性以拋棄和朝鮮女性(無論是純樸的鄉村姑娘，還是「摩登女孩」)相愛為代價而成為了「男性」。那麼，如果不是為了和朝鮮女性相愛的話，朝鮮男性成為「男性」的真正意義何在？再者，奔向戰場的朝鮮男性背後，被留在故鄉的朝鮮女性，此時將有何感受呢？而觀眾在觀看縈繞異性情侶情感糾葛的情節劇時，又會讀出什麼訊息呢？

三、為了成為軍人，需要摒棄的東西：《你和我》、《志願兵》

首先，讓我們來看由朝鮮人電影公司製作的《志願兵》(安夕影，1940)，以及由朝鮮人完成電影劇本、朝鮮總督府和日本陸軍省報導部支援，並由朝鮮軍司令部製作的《你和我》(許泳，1941)，兩部影片。這些作品的目的，在於從表面上平息朝鮮人民對朝鮮男性為日本帝國奔向戰場產生的疑惑和反抗心理，並回應了把朝鮮人重新稱為日本「國民」的殖民地統治意識型態。為了宣傳上述思想，這些作品首先迎合的對象是朝鮮總督府及帝國官僚。拍攝《志願兵》的崔承一、朴英熙、安夕影，是20世紀20-30年代初活躍於朝鮮文化界的社會主義運動者。拿著《你和我》的腳本奔波於朝鮮總督府和日本電影公司希望

獲得支援的許泳，隱藏了自己朝鮮人的身分，以「日夏英太郎」的名字在日本生活了16年，並希望能在那裡尋得嶄露頭角的機會[23]。從率先製作志願兵電影，到戰爭後期始終活躍在朝鮮文化界領導階層的早年社會主義活動者；以及，在總督府及軍部的幫助下，起用日本及滿洲電影明星[24]的在日朝鮮人，以上兩者透過這些電影首先要表現的，乃是他們自身的（政治）立場。對於早年的社會主義活動者來說，《志願兵》儼然是他們的「轉向保證書」；而對於許泳來說，《你和我》也和他本人非要把與日本女性生的兒子撫育成日本人的個人宣言，不謀而合。最後，《志願兵》的結局「並沒有把主人公帶到戰場」，有人因此評價說結局好像缺少點什麼；而《你和我》（即使它的製作過程引發諸多迴響）卻得到了「簡直是業餘水準且對白就像在演說」的嘲諷[25]。然而，這些朝鮮電影人透過拍攝這種「展演」（performance）性的電影，終於獲得了朝鮮總督府及日本官僚的「認可」。

23　許泳出生於1908年，故鄉是滿洲，昭和初年偷渡到日本，更換姓名後掩藏了自己朝鮮人的身分，先後在牧野（マキノ）電影公司、松竹電影公司、新興京都攝影所工作。1940年，朝鮮電影在日本備受關注後，公開了朝鮮人的身分，1941年回到朝鮮。《你和我》是他的處女作，之後加入日軍宣傳班，到印尼拍攝了宣傳電影《濠洲呼聲》（1943）等作品。內海愛子、村井吉敬，《電影人許泳的「昭和」》（東京：凱風社，1987）。

24　朝鮮總督府和朝鮮軍司令部不遺餘力地對《你和我》的拍攝給予了支援。南次郎總督和朝鮮軍司令官直接演出了志願兵訓練所畢業儀式場面，並為電影的拍攝增編了鐵路，還對日本和滿洲明星（包括李香蘭）以及劇組成員施壓演出這部電影（朴啓周〔等著〕，〈《你和我》座談會〉，《三千里》13：9，1941，頁114-115）。這部影片在日本和朝鮮同時上映，當時包括學生在內的觀眾半強迫式地被拉到電影院（朝鮮總督府學務部長曾下達了「盡量全部參加」的指示）觀看這部電影。（Na Seung-Hee，〈關於抗戰時期親日派藝術家的偽裝考察：以張赫宙和許泳為中心〉，《日語日文學》35，2007，頁265-271。）

25　Peter High, *The Imperial Screen*, pp. 308-314.

　　許泳解釋說，在影片《你和我》的題目中，「你」是一般內地人的總稱，而「我」是一般朝鮮人的總稱，其意思就是「你和我攜手成為大東亞共榮圈的基石」。製作此部電影的初衷是「想讓還不了解朝鮮的內地同胞了解一些透過生活折射出來的朝鮮人面貌，並告訴他們其實半島人民也是優秀的日本人」[26]。電影腳本以第一位戰死沙場的朝鮮人志願兵李仁錫為原型[27]，表露出內鮮婚姻(日本人和朝鮮人通婚)、正午祈禱、參拜扶餘神宮等具有時事性，且熱血、煽情的主題，來迎合觀眾的意圖。也就是說，他所寫的腳本「太過溢美，不足以表現真實性(too-good-to-be-true sentiment)」，即以「過剩」的姿態表現，然而政府卻默許了這些，並決定給與該片拍攝支援。

　　而另一部影片《志願兵》，描寫的是在農村作管家，為地主代管土地的知識分子春浩，在得知即將實施志願兵制度的消息後，參加志願的過程。影片塑造了滿懷志向卻鬱鬱寡歡的知識分子(主人公)，以及尊敬並信任他的純樸鄉村姑娘和活潑幹練的城市摩登女孩(朝鮮大眾電影作品的典型三角關係)之間的愛情；自然風光、磨坊、井邊、以及身穿韓服的純真朝鮮女性(展示殖民地地方色彩[28]的場面調度)等

26　朴啓周(等著)，〈《你和我》座談會〉，頁114-115。

27　日本帝國主義美化了第一位戰死沙場的朝鮮志願兵李仁錫之死，並樂此不疲地將這素材用在其他宣傳材料中。2009年，在東京電影中心發現了《你和我》的部分拷貝，5月份，韓國影像資料院公開了此部拷貝。電影開頭描寫的就是在戰鬥中犧牲的李仁錫故事。

28　「地方主義」或「地方色彩」的說法是20世紀30年代中期朝鮮文化菁英們所制定的戰略。電影人目睹了朝鮮無產階級藝術家同盟電影的失敗，並逐漸認識到電影製作「企業化」的重要性，為此，他們向日本周邊國家出口了自己的電影，想以此走出困境。當時最具代表性的出口電影就是滿載朝鮮「鄉土色彩」的電影，作為帝國的一個地方，朝鮮的鄉土性是指前近代式的、農村風情和習俗，以及結合了這些因素的舊女性(與「摩登女孩(新女性)」相反的女性形象)形象(參見Lee Hwa-Jin，〈殖民地電影的民族性與「鄉土色」〉，《尚虛學報》

等形象。從表面上看，春浩好像被夾在兩個矛盾之間，一是地主要剝奪他的管家職位，另一是由於自己是朝鮮人而無法成爲軍人。但是，這兩個矛盾卻把春浩這一人物的性格塑造得很模糊。因爲，即使他的管家職位被剝奪，他和他的家庭也能用其父親留下的財產衣食無憂；而且春浩始終抱有開墾別人荒廢的山坡地的願望，也就是說他沒有理由非得成爲「軍人」不可。那麼，他爲什麼執意要成爲「軍人」呢？他是「連中學都沒有畢業的農夫之了」，對於不能生活在「首爾（象徵著當時前衛的生活環境）」的自身狀況存有自卑感，而這又和他不能成爲軍人的「朝鮮人」這一身分上的限制互相結合，使他的性格變得更加鬱鬱寡歡[29]。從他想要開墾山坡地的熱情裡，可以看出在過去無產階級文藝作品中男主人公身上的農民運動痕跡；然而，因不能參與近代化了的世界或者戰爭，而產生的鬱鬱寡歡，卻和這種熱情相互矛盾。也就是說，與一般在無產階級文藝作品中出現的男主人公，因農民運動而離開近代化了的世界之故事情節相反，春浩似乎是因爲無法擺脫農村才鬱鬱寡歡。因此春浩參加志願的決意，違反了過去無產階級文藝作品中男主人公抱持的世界觀。藉此可以進一步解釋，這部影片明確表達了曾是朝鮮無產階級藝術家同盟成員者，即這部電影的製作成員們「轉向」的態度。

（續）

13，2004）。但是，到了日本正式統治朝鮮電影的1940年代，有些人提出要從爲了強調鄉土色彩而只描寫農村「貧困景象」的表現方式中解脫的說法。而朝鮮總督府的立場是，要將朝鮮描繪成不再是前近代式只存在黑暗現象的地方，而是借助帝國近代化力量形成「朗朗乾坤」之景象。

29　分析「志願兵」並描繪未能主體化的朝鮮男性「鬱鬱寡歡」的文章，有藤谷隆，"Total War at the Movies：Late Colonial Fims on Korean soldiers in the Japanese Military"，以及Lee Young-Jae，《帝國日本的朝鮮電影》（首爾：現實文化研究，2008）。

　　春浩成為軍人後，脫離了鬱鬱寡歡、缺乏自信心的狀態，終於成為真正的「男人」，經歷了一種成長及男性化的過程。在《你和我》這部影片裡，作為這種「成長」的代價，男主人公與日本女人發展了一段愛情故事；然而，在《志願兵》裡，朝鮮女性對此的反應卻表現得非常含糊不清。《志願兵》這部影片最引人注目的一點，就是春浩遇到人生轉捩點的瞬間，也就是他當之無愧地成為一名日本軍人的那一剎那；不過，鏡頭卻以充足時間對準其母親和未婚妻對此的模糊反應。例如，母親送兒子上戰場的場面（scene）：在母親出現於畫面之前，觀眾首先聽到的是她說的「要注意身體」這句話，之後是兒子道別，然後才是母親默默無語凝視兒子的場面，鏡頭對準母親給出了10秒左右的中景，然後漸漸遠去。對於觀眾來說，他們不得不接受這種音／身分離的畫面，首先是與身體分離的母親的聲音，爾後又是沒有聲音的母親身體，最後則是對著鏡頭正面站立，風燭殘年的朝鮮女性模糊不清的表情及其沉默不語的姿影。

　　另一個案例，則是由當代最出色的女演員文藝峰飾演的，代表端莊、淳樸的朝鮮女性形象的──粉玉這角色。她在聽到春浩有意當志願兵的想法後，馬上說道：「什麼？志願兵？」，感到非常吃驚而痛苦。當春浩問她：「為什麼這麼吃驚？」時，她回答：「沒有。」然後，過了一會卻又說：「那就去參軍吧，要當就要當一個對國家有用的優秀軍人。」在此應注意的是，雖然「那就去參軍吧，要當就要當一個對國家有用的優秀軍人」這句話順接下來了；但是，當粉玉說「那就去參軍吧」時鏡頭是對著粉玉的，而隨後她說「要當就要當一個對國家有用的優秀軍人」這句話時鏡頭卻停拍了粉玉，只給出了聲音。亦即，身體形象和聲音是分離的。「那就去參軍吧，要當就要當一個對國家有用的優秀軍人」，這句表現出反覆及加強的話語中間，

有一種極其細微的停頓[30]。之後，粉玉和春浩都保持了一段沉默。兩人的這一沉默在這部電影中形成了最美麗的場面(編了兩股麻花辮，身繫圍裙的粉玉在井邊汲水，春浩在一旁幫忙)。這個場面及所搭配的動聽西洋音樂，彷彿是1930年代中期朝鮮電影為向內地和滿洲出口影片基於戰略採用的「地方色彩」和情節劇兩者的完美結合。不過，從敘事方面來看，這個場面是預示男女主人公離別的、最為戲劇性的時刻，也是觀眾關心的焦點落在粉玉反應上的高潮部分。德三父子倆一直對她居心不良，而此時春浩卻要離她而去，粉玉將作何反應？當然，當她終於說出「那就去參軍吧」這句話時，觀眾並未感到意外。因為，電影一開始就是粉玉頭繫「愛國婦人會」帶子(「銃後婦人」的象徵)登場的場面，問題的敏感處在於當她第一次聽到春浩要當志願兵的決心後，說出這句話之前的表情和姿態及此後的那些沉默。這種緊張氣氛和前述母親所保持的沉默一樣，正是揭示朝鮮觀眾同樣承

30　換言之，這是分為身體、以及與身體分離之聲音的場面。朝鮮女性用與身體分離的聲音說出「認可」朝鮮男性成為軍人及男性化的內容(「保重」、「要當一個對國家有用的優秀軍人」)，因此這些話與身體分離，意義深長。與身體分離的聲音，即米榭・西昂(Michel Chion)所說具有「幻聲聆聽之魅力(acousmatique)」的聲音，是在有聲電影引進之後出現的聲音，也是「在看不到音源的狀態下，聽取的聲音」。米榭・西昂(著)，Park Sun-Joo(譯)，《電影之聲音》(首爾：東文選，2005)，頁37-52。有聲電影始於「視覺化的聲音」製作，然而有聲電影誕生不久就開始嘗試看不見來源的聲音，而在朝鮮到了1935年開始製作有聲電影之後才嘗試這種技術。觀眾聽到與身體分離的聲音「保重！」之後，將其聲音的來源，即母親，作為脫離於聲音的存在，而將粉玉視覺化的聲音「要當軍人」，立即變為脫軀體化的聲音「要當對國家有用的優秀軍人」這句話，在空中迴盪。認可朝鮮男性成為軍人和男性化的聲音，與朝鮮女性的身體分離，使觀眾經驗到眼看與耳聞之間關係的變化。此時，「認可」(雖在敘事上的來源不明)在沒有來源(即軀體)的情況下進行，使觀眾體驗到認可朝鮮男性成為軍人和男性化，女性的身體或實體暫時不存在的瞬間。

受內心矛盾的瞬間。

最後，還有一點可以注意的，就是在電影的開頭部分，粉玉雖然尊重春浩，卻沒有深入了解他的「志向」，所以無法掩飾不知何時會被他拋棄的不安。當她看到春浩和首爾的「摩登女孩」在一起的場面時，也曾妒火中燒。在最後一個場面，到車站爲參軍的春浩送別時，火車出站前，粉玉的臉上寫滿了擔心和憂愁；影片最後，是送別春浩後，站在火車道上的粉玉的特寫鏡頭。此時，她才向春浩(以及對著鏡頭和觀眾)露出了笑臉。那麼，是否能把這個微笑看作是對春浩成爲「軍人」及「男人」的一種「認可」信號呢？答案依舊是含糊不清的。我們暫且可以說春浩成了一個眞正的「男人」，但這卻也是在拋棄了與朝鮮女性的感情，或者排除她之後(抑或到最後亦未獲得她的認可)，才得以實現的。那麼，春浩成爲男人後得到的又是什麼呢？在這位朝鮮男性和遭遺棄的朝鮮女性之間，觀眾的心又會更偏向於誰呢？《志願兵》這部影片所詮釋的似乎是——爲了成爲帝國軍人的朝鮮男性，所拋棄的不僅是社會主義思想，還包括他們的朝鮮女人。

三、「性別化之欲望」的效果：《青年面貌》、《朝鮮海峽》

關於這個問題，可以透過「朝鮮映畫株式會社」精心準備的創社作品，即日本著名導演豐田四郎選用八田尙之的劇本所製作的影片《青年面貌》(《若き姿》，1943)來得到間接解答。法人公司朝鮮映畫株式會社設立的同時，日本帝國主義也開展了與朝鮮和「滿洲國」的政略性合作。一方面想通過起用日本和滿洲的電影明星來拉攏觀眾，另一方面想通過和朝鮮人、日本人共同製作的電影來表現內鮮一體正在實現。尤其對徵兵宣傳電影，日本電影人表現得非常積極。更爲重要的是，朝鮮總督府和朝鮮軍部爲了製作出「不只是宣傳朝鮮，

還要向殖民母國表明朝鮮總督府和朝鮮軍部立場的電影」[31]，而給予了極大的支持。「實施徵兵制度的紀念作品」《青年面貌》把焦點放在朝鮮半島新一代年輕人，特別是中學五年級學生，他們正是畢業後即可參軍的徵兵對象，在此直接揭露了日本帝國主義看待朝鮮男性的視角。

　　此部影片描寫的是很多中學生進入訓練所接受一個月訓練後培養出軍人精神的故事，裡面包含著日本教官和朝鮮老師、朝鮮老師和朝鮮學生之間，類似於「父親—兒子」的關係。影片把焦點放在十多歲的「年輕」朝鮮學生身體上，赤裸地揭露了朝鮮男性成長為「男性」之後，究竟會變為誰關注的對象。朝鮮老師松田的身體條件不允許他當一名軍人，因此他用嫉妒的眼光看著將來會成為軍人、擁有「年輕」身體的學生們。那些進入訓練所後為了體檢而脫光衣服的朝鮮學生身體，成為了日本軍人和(未明示的)天皇的關注焦點，並接受審閱。此部影片完全消除了觀眾對男女情感問題的關心，明確表達了朝鮮男性成為「男性」的意義。朝鮮男性的「男子氣概」還原為年輕的「身體」，而關注這種身體和包含在這關注裡面的欲望，其實就是對帝國、戰爭以及死亡的欲望。日本教官對朝鮮男性這樣說道：「諸位的身體非常重要。因為是天皇陛下的盾牌。你們要不停地磨練。」我們不能將此種現象簡單地稱之為同性社會(homosocial)關係。因為，為了滿足父親—老師的欲望，排除女人而成為「男人」，或者希望得到這種結果的朝鮮男性，並無法在與父親—老師保持平等關係的狀態下，建立相互間的紐帶。

31　朝鮮總督府、朝鮮軍、朝鮮映畫株式會社，為了展示不亞於內地軍人的朝鮮軍威猛形象而拍攝了此部電影，也想通過這部影片說服日本，表達朝鮮也需要獨立的文化宣傳機構。Lee Hwa-Jin，〈殖民地電影的民族性與「鄉土色」〉，頁162。

　　《青年面貌》作爲朝鮮映畫株式會社成立後的第一部作品，面臨在日本和朝鮮同時上映的負擔，加上由於必須通過種種審查，大爲延遲了這部影片的製作時間。在此期間，另一部電影卻在它之前提前上映，它便是《朝鮮海峽》(朴基采，1943)。當時本來計畫將此部影片定爲朝鮮映畫株式會社的第三部作品，沒想到只用一個月時間就拍攝完畢，也通過了審查，結果上映時間比先於此部影片拍攝的作品更早。與朝鮮映畫株式會社的其他作品不同，影片《朝鮮海峽》最初就決定只在朝鮮上映，因此沒有遭受過於苛刻的審查過程，且意外地得到了朝鮮觀眾的迴響，據說這對此後朝鮮映畫株式會社的製作方針產生了很大影響。透過與日本(及滿洲)電影人的合作，募集大量的製作費拍攝的《年輕人》未得到朝鮮觀眾太多關心，反倒是劇組大部分成員由朝鮮人組成的低預算影片《朝鮮海峽》，取得了巨大成功[32]。這一現象給人們帶來了「朝鮮電影要由朝鮮人來製作」的想法，此後拍攝的《兵丁》(方漢駿，1944)、《巨鯨傳》(方漢駿，1944)、《太陽的孩子們(太陽の子供達)》(崔仁圭，1944)等作品，都是由朝鮮電影人獨立完成[33]。這部影片雖然和《志願兵》一樣描寫了朝鮮男性參加志願兵的過程，但與這個過程相比，更關注的則是女人最後的命運。由此可以估計，《朝鮮海峽》之所以能夠取得不錯的票房，朝鮮大眾電影作品的情節劇構想起到了很大作用。Park Hyun-Hee對《朝鮮海峽》也作出了這樣的評價：「因爲選材自由，故事情節緊湊，起用了電影明星文藝峰，以及遇上了較好的發售和上映管道，此部影片最終

32　京城、平壤、釜山等地觀看《朝鮮海峽》的觀眾達14萬人，票房收入約達8萬韓元，從而被評爲「在半島電影史上創造最佳業績的處女作」。《朝鮮年鑑》(首爾：京城日報社，1944)，頁528。

33　Yoo Jang-San(專訪)，韓國藝術研究所(編)，李榮一，《韓國電影史贈言錄》(首爾：Sodo，2003，頁292)。

取得了不錯的票房」，該影片「針對女性，刻劃了當時朝鮮人民所面臨的『現實』世界，成為了宣傳電影的一個里程碑」[34]。

該影片一開始就在片頭向觀眾揭開了，頑固的豪門長子成炅戰死後的葬禮，以及同時發生的次子「混小子」聖基和下人出身的錦淑之間有了孩子一事。根據傳統儒教思想，作為「長子」最重要的任務是傳宗接代供奉祖先，而這個家族卻把長子送往前線，從而陷入了巨大危機(因為他還沒有結婚，沒有留下「後代」)；與此同時，另一邊又出現了一線希望，亦即次子有了孩子。影片有趣的地方就在於，這個次子因過著放蕩不羈的生活遭父親拋棄，他和戀人及腹中的孩子也沒有得到父親的認可，故事就從這個矛盾開始。這是在大眾電影作品中，經常出現的典型故事情節。沒有得到婆家認可的錦淑催人淚下的受難史，她透過犧牲最終是否能被這個家族接受，便是這部影片的構想。該影片利用這個構想，戲劇性地解決了這個矛盾，那就是迫使聖基參軍。當他決心成為帝國軍人時，他的父親又重新接納了他，最後錦淑和她的兒子也被這個家庭接受。藤谷隆在觀看影片後解釋說，隨著聖基成為軍人(代表父親)，過去朝鮮頑固不化的習俗和階級矛盾

34　通過Park Hyun-Hee介紹的當時廣告，可以得知這部影片其實是作為「描寫女性的電影」進行宣傳的(「這是一部歌唱青春美麗的女性電影！十位如花的朝鮮電影女演員的比賽」)，此句源自海報詞彙，《朝光》9：6，1943年6月。「悲哀的傷感和生活的窘困！不管命運多麼殘酷，一心一意等待所愛歸來的女人之悲壯的內心世界！」(《每日新報》，1943年7月16日，第1版)。Park Hyun-Hee，《文藝峰和金信哉：1932-1945》(首爾：先人，2008)，頁138-151。影片上映當時有的人作出了這樣的負面評價：此部影片雖然描寫的是朝鮮志願兵制度，但由於其他瑣碎事件，掩蓋了所要表達的主題。這位評論家指責該影片是針對「低俗階級」的「大眾色彩濃厚的電影」。〈電影時評：腳本，演出，演技──觀看《朝鮮海峽》後〉，《朝光》95，1943年9月，頁79。

也被打破，阻礙男女相愛、阻擋年輕人志向的那堵牆也隨之轟然坍塌[35]；而聖基成為軍人雖是解決所有矛盾的一把鑰匙，但與其說朝鮮這個國家頑固不化的習俗和那堵牆業已坍塌，倒不如說年輕人重新又被關在這種習俗裡面更為恰當。也就是說透過聖基參軍，父親一輩的習俗不僅沒有覆滅，反而又把聖基一代的年輕人關進裡面(對於他的參軍，父親及其家族表示非常歡欣，「最終」又重新接納了他)。正如經常出現在大眾電影作品中的程式化情節，歷經磨難、命運坎坷的女僕「錦淑的命運」，以聖基參軍為代價，終於被這個家庭所接受。在把兩個兒子都送往戰場的富豪家族裡，這個女人扮演的是一個「傳宗接代」的角色。而站在父親的立場上看，通過把所有的兒子獻給帝國，父親獲得了一個「好名分」，而且又多出了一個可以傳宗接代的孫子，可以說亦獲得了「儒教思想」面向上的「名分」。所有的這一切都是通過聖基的參軍來實現，因此這部影片描寫的是通過犧牲聖基來獲取其他好處的，戰爭後期被殖民者家族最具代表性的故事。

這部影片帶動戲劇性的結構和觀眾胃口的部分，也透過聖基離開後留在家裡的錦淑之內心情感世界，展示出來。典型的情節劇形式，高潮迭起。譬如，對徘徊在聖基家門口的錦淑給予長鏡頭和動聽的音樂；描寫聖基走後為獨立養育孩子而在工廠做工的錦淑；聖基和錦淑陰錯陽差的命運；沒有見到赴戰場的聖基最後一面的火車站場景；對這種陰錯陽差賦予懸念而採用的交叉剪輯等等。到影片後半部，透過錦淑暈倒，把這個女人所承受的「痛苦」發揮得淋漓盡致，也讓觀眾產生了一種這個女人應該得到補償和救助的倫理道德層面上的同情。聖基的參軍不僅沒有緩解這個女人的「痛苦」，反而讓她更加痛苦不

35　藤谷隆，"Total War at the Movies: Late Colonial Fims on Korean soldiers in the Japanese Military," pp. 13-14.

堪，甚至讓人懷疑在戰爭和錦淑間，究竟選擇哪一個對他來說才是正確的？因此，透過這部影片中最富懸念、最壯觀的場面，也就是交叉剪輯爲了參軍而進行街頭行軍的聖基，和望著他的錦淑的面部表情，這兩個特寫鏡頭的場面，很難將聖基(就像藤谷隆的解釋)看作是「女人欲望的男性化對象」。錦淑的願望並不是對男性的欲望，而是對不正眼看一下自己和孩子就擦肩而過的聖基的怨恨，以及對無奈命運的悵然若失。換言之，影片沒有把面向前方、跟隨行進步伐的聖基，刻劃成「忠實於」戰爭或帝國這樣的「大義」形象，而刻劃成了「不理睬」錦淑的形象。在敘事方面，這個場面裡的聖基不是在「看他應該看的東西」，而是沒有「看他應該看到的東西」。因此，這部影片也成了刻劃爲了參軍、變成眞正的男人而拋棄朝鮮女性，且不需要這個女人認可的朝鮮男性形象的影片；這小使觀眾重新把視線落在沉默地看著他的背影，惘然若失的女人的眼神上。

關於影片末尾透過聲音重逢的場面，亦即在戰場受傷的聖基和由於過度疲勞暈倒在地的錦淑通電話的場面，有學者進行過如下解釋。藤谷隆指出，該影片在通話的兩人中間插入了朝鮮海峽洶湧的波濤，可能是想用電影的形式讓使日本和朝鮮成爲一體的「內鮮一體」意識型態深入人心。然而問題是，當鏡頭對準朝鮮海峽時，觀眾聽到的「趕快治好，在戰場上再立新功」，這句錦淑的臺詞雖充滿了「愛國心」，但語氣反而是飽受痛苦的。她雖然在說宣傳臺詞，但是急促喘息，痛苦不堪的語氣，顯然是在怨恨使自己和聖基天各一方的朝鮮海峽[36]。所以朝鮮醫院的連續鏡頭(shot)和日本醫院的連續鏡頭之間插

36　有趣的是當代朝鮮著名的女演員，一直飾演純樸女性形象的文藝峰不熟悉日語臺詞。從製作日語電影初期開始，朝鮮演員生疏的日語發音被認爲是困擾電影製作的最大難題。而在1944年，朝鮮人當中能夠理解日語的人也只有20%(女性中89%都是文盲)。因此，在《朝鮮海

入的朝鮮海峽波濤，並沒有起到連接這些鏡頭(錦淑和聖基之間、朝鮮和日本之間)的作用，反而似乎強調了他們空間(情緒以及政治方面的)上的距離。

四、帝國被「分裂」的他者

　　如上所述，使用於宣傳作品中的大眾電影習慣和情節劇模式，使人對朝鮮男性成為「軍人」及「男性化」的正當性提出疑問，也製造出許多朝鮮女性身體和聲音不一致的場面。這一點在《軍用列車》(1938)這部影片裡也曾出現，該影片是由朝鮮製作的第一部「親日」影片，裡面刻劃的人物是曾經成為朝鮮大眾電影作品中最有人氣的主人公，亦是在整個殖民地時期代表「朝鮮」的視覺表徵——「妓女」形象。「占勇」是從京城往中國北部戰場運送煤和水的軍用列車司機，一個忠實的帝國國民，他在「妓女」姐姐「英心」的幫助下成為一名軍用列車司機；偷取軍用列車內部機密後傳給敵國的「元眞」因罪惡感而選擇自殺，而他是為了籌集戀人英心的贖身金才走上間諜之路。影片刻劃了妓女英心的坎坷人生，她是一個為了生計不得不陪男人喝酒的妓女；有意思的是，英心淒慘的處境是透過使元眞產生矛盾心理幻覺的，與英心身體分離的聲音表現出來的。有一天晚上，元眞聽到了英心的聲音：「請救救我。我這輩子只相信你一個人。」當然這只是一個幻覺，但是他卻似乎被這種聲音吸引住，不惜當一名間諜。軍用列車司機占勇和帝國叛徒元眞，依著如何處理與朝鮮女性——「妓女」姐姐和戀人的關係，最後選擇了截然相反的道路。拋棄她，爾後成為帝國忠實的男人的一方，最後能和健康的女人(由日本

(續)————————————————
　　　　峽》中扮演錦淑的文藝峰生疏的日語對白，對於當時的朝鮮觀眾來
　　　　說，可能更加無法信任其中意義。

女演員佐佐木信子扮演朝鮮女性順伊)走向光明的未來；而被她迷住，而後背叛祖國的男人，則走向滅亡。巨大的火車車輪聲，象徵著選擇「未來」的一對戀人被救助；而「妓女的聲音」，則象徵著被「過去」糾纏的一對戀人終究沒有未來。

　　該影片在敘述方面，把朝鮮女性刻劃成惹事生非、妨礙男人實現遠大志向，或成爲他們的絆腳石，以及透過與身體分離的她的聲音製造出巨大影響力等等角色。在這裡有趣的是，英心透過另一種與身體分離的聲音登場。當間諜的元眞，在感到罪惡感的情況下聽到的幻覺，是英心的另一個聲音，她責罵元眞：「你就爲了救我這一條命，犯下了那種罪惡嗎？你那麼地愚蠢！你這個無恥的間諜。」若說第個幻覺在敘事上與「可憐的妓女英心」角色緊密地聯繫在一起，雖是與身體分離的聲音，但對已經目睹英心可憐處境的觀眾而言，可說是「視覺化的聲音」；第二個幻覺則以很難想像是英心這個人物說出的內容和音調(低音、冷靜、充滿蔑視)[37]，使元眞最後在鐵軌上自殺。因此，英心分裂成身體與聲音，而其聲音還分裂成「被殖民統治的低層女性的聲音」以及「帝國的聲音」。

　　這種身體和聲音的分離，通過元眞在幻覺中聽到的截然相反的聲音(尋求幫助／指責元眞)，直接表現出來。尋求幫助的聲音和英心在酒館裡所唱的朝鮮民謠同樣，再現了作爲朝鮮女性的英心所處的境地；而指責元眞的聲音，則代表了帝國的聲音。所以說英心的身體和聲音是分離的，而且她的聲音還分裂成聲音和語言，或者是音響和音

37　這個聲音在至今發現的宣傳電影的聲音中最爲奇特，猶如從地獄傳來的聲音。因此，英心在這裡成爲了米謝‧西昂所說的「聲音存在(Acousmêtre：『聲音』(acousmatique)與『存在』(être)的合成詞)」。換言之，在這部有聲電影中，她成爲了不顯現身影、只靠聲音發揮重要作用的，全知全能的神祇般的人物。

聲。象徵秩序可通過語言和分節聲音體現出來，而英心的情況是脫離了這個象徵秩序的聲音，表現為筆者所謂的音響，這聲音和音響則與可憐的「妓女」英心形象緊密地聯繫在一起。

影片《志願兵》中沒有以語言表現出來的母親和粉玉的反應；和「愛國婦人會」頭帶及「那就去參軍吧」這句話斷裂的象徵體系，以及這些女性分裂不一的反應。還有，《朝鮮海峽》中同樣沒有形成語言的錦淑的凝視；和「趕快治好，在戰場上再立新功」這句話斷裂的象徵體系，以及她分裂不一的聲音。上述幾個例子，都延續了在這部《軍用列車》中出現的朝鮮女性分裂的形象。這些朝鮮女性即使被刻劃成語言的象徵秩序的一員（「那就去參軍吧」、「立新功」、「叛徒」等），但她們最終還是沒能協助朝鮮男性實現遠大志向成為「真正的男人」，只成為他們的絆腳石。朝鮮男性唯有離開朝鮮女性才能實現他們的遠大理想，成為「真正的男人」；如果被她們絆住，一直停在未斷開的聲音和音響的世界、脫離帝國語言的世界，那麼他們最後只能把鮮血灑在鐵軌上[38]。

這也是試圖於種族和文化上進行階級化殖民話語所產生的必然結果。受殖民統治的男性，只有從女性的、幼兒的狀態分離出來，才能稱得上「軍人—皇民—（完整的）男人」。以「成長故事」的形式敘述其過程的宣傳電影，為了突出其「成長」過程以及「分離」過程，不得不體現在此過程中被排除和壓抑的（女性的、幼兒的）價值。若借用霍米・巴巴的說法，為了將受殖民統治的男性加以典型化，需要讓劇

38　如果考慮太平洋戰爭爆發後，日本電影裡到處澎湃著的「戰場上的敵軍並非敵人，日本人心目當中的敵人才是真正的敵人」這一精神主義傾向；那麼，對於在朝鮮宣傳電影中想要成為帝國主體的朝鮮男性來說，真正的敵人就是那些會引發他們內心矛盾的原因，即表現為「朝鮮女性」的某種價值。

中男性人物帶有雙重性，換言之，「總在已知的『位置』上，和另一個需要不斷反覆、令人忐忑不安的位置之間，搖擺不定」[39]的性格。

　　1940年，當一位訪問朝鮮人志願兵訓練所的朝鮮女文人，看到這些訓練兵「擁有半島人從來沒有見過的強悍的胳膊和腿」[40]後，驚歎不已。報紙和雜誌也把積極協助朝鮮男性成為軍人的女性故事稱為「佳話」，並爭相報導此事。這可以說是響應帝國號召的話語。相反，宣傳電影中朝鮮女性對此不是保持沉默，就是睜大眼睛注視著她們的男人，或者是用蹩腳的日文、對白無力地模仿帝國的語言，又或者透過與身體分離的耳畔私語來抓住男人的心。但是另一方面，這也成為了對在後期才開始製作的朝鮮有聲電影(talkie)中，當朝鮮女性的聲音首次激盪在銀幕上的同時，只能借助帝國語言體系說話的現實之反諷。在朝鮮電影中，朝鮮女性的聲音很長時期與話語內容格格不入。儘管日文臺詞開始掌握銀幕，用她們生疏的發音來傳遞帝國資訊，但其聲音卻產生了不同於「國語」或者說話內容的，分解化的、游離性的意義體系，而屬於另一種溝通體系。朝鮮女性透過沉默，或者表情、姿勢，以及無力的聲音或幻覺裡的耳語等，語言體系之外的視覺、聽覺要素，構築了電影的另一層意義體系，並透過此體系向朝鮮觀眾傳遞訊息。當戰爭呼喚殖民地男人踏上「主體化」和「男性化」之路時，銀幕裡的殖民地女性卻由於與身體結合或斷離的聲音，而處於認證男性的主體化及男性化的象徵體系之外。因而，她們象徵著為實現朝鮮男性的主體化需要被排除和被壓抑的價值，也代表著朝鮮男性主體化過程中必然產生的不安和動搖。宣傳電影中的朝鮮女

39　霍米‧巴巴，《文化的位置》，頁146。

40　毛允淑，〈文士部隊和志願兵〉，《三千里》12：10，1940年12月1日，頁63。

性，暴露出殖民地話語戰略典型化之雙重性，並借助此典型化的話語，使人們了解到現實中主體化究竟如何被實現。

第二章

議題回顧與展望

三澤眞美惠

李文卿譯

　　19世紀末出現的新興媒體電影，比起其他既有的媒體，更具有以下兩個特徵。亦即，無需識字技術而能夠傳達訊息的「大眾性」，以及不必靠語言而能夠流通各地的「跨界性」。因此，電影一出實驗室後，馬上就普及到世界各地。如果將1895年盧米埃兄弟cinematograph的上映視爲電影的誕生，那麼臺灣恰恰止在電影史上重要的這一年割讓給日本。先行研究指出，1895年相隔不久的1899年，電影已被介紹到臺灣。

　　但是，歷經半個世紀的殖民地時期，臺灣與同一時期被稱爲「半殖民地」、「次殖民地」的中國、被英國殖民地化的香港、同樣被日本殖民地化的朝鮮半島不同，民族資本製作電影僅停留於試驗階段，最終並沒能產業化。並且，本來稀少的民族資本製作的影片當今似乎已散佚了。

　　再加上，1945年接收臺灣的中華民國，一方面依據國民黨意識型態推動「中國化」政策，一方面有將臺灣人殖民地時期的經驗一概視爲「奴化」的過去而不重視的趨勢。

　　因此，包括電影史，臺灣本土的歷史文化在1980年代以前一直都未被視爲學術研究的對象。

　　1980年代以前，關於殖民地時期臺灣電影史，代表性的研究有：「光復」不久1947年整理殖民地時期電影相關事實的王白淵〈文化〉

（《台灣年鑑》，臺北：臺灣新生報社）；概括性地回顧殖民地時期以及光復後情形的呂訴上《台灣電影戲劇史》（臺北：銀華，1961）；從「反殖民」的觀點重新檢視殖民地時期臺灣電影活動的陳國富〈殖民與反殖民〉（《今日電影》165，1984年8月）；中國大陸研究者陳飛寶整理臺灣電影史的《臺灣電影史話》（北京：中國電影出版社，1988）。前兩篇反映作者本身殖民地時期的經驗，其敘述自身即帶有一種原始史料的性質。

　　然而1990年代以後所發表的研究，比較可以脫離既有的意識型態，實證性地開始改寫以前的歷史敘述。其中，具有先驅性的研究為：在國家電影資料館期刊《電影欣賞》上連續發表的羅維明〈「活動幻燈」與「台灣紹介活動寫真」〉、〈日治臺灣電影資料出土新況〉（65，1993年9-10月），石婉舜企劃〈台灣電影的先行者──林摶秋〉（70，1994年7-8月），以及李道明〈台灣電影史第一章：1900-1915〉（73，1995年1-2月）等。還有以下的碩士論文：王文玲〈日據時期台灣電影活動之研究〉（國立師範大學歷史研究所碩士論文，1994）；洪雅文〈日本植民地支配下の台湾映画界に關する考察〉（早稻田大學戲劇研究所碩士論文，1997）；三澤眞美惠〈日本時代台灣電影政策的研究(1895-1942)〉（國立臺灣大學歷史研究所碩士論文，1999），此論文後來在2002年由前衛出版社更名為《殖民地下的銀幕──台灣總督府的電影政策(1895-1942年)》出版。此外，相關的代表性專書為：葉龍彥《日治時期臺灣電影史》（臺北：玉山社，1998）；黃仁、王唯編著《臺灣電影百年史話》（臺北：中華影評人協會，2004)等。

　　由於學術界對於臺灣殖民地時期歷史文化的關注，使得臺灣電影史研究也趨多樣化。從中，如本文所探討的何非光般，當時跑到中國大陸而活躍的臺灣人，也開始被視為研究的對象了(至於何非光相關

的研究，請參見在本文中的探討）。

　　另外，在2003年，殖民地時期在臺灣上映使用的影片於臺灣南部被發現。國立臺灣歷史博物館購買這批影片，獲得臺灣文化建設委員會的補助金，委託國立臺南藝術大學修復影片，目前已完成在其官方網頁上公開這批影像資料數位化的成果（http://digimuse.nmth.gov.tw/Jplan/index.aspx）。在這批資料當中，在臺灣拍攝的部分影像資料裡，我們可以窺見殖民地時期臺灣民眾生活的實況。在歷史研究領域裡使用影像資料、批判資料方面雖有方法上的困難，但影像資料跨時間生動地讓我們感受到文字資料無法傳達的訊息。因此，將來若有更多研究者積極使用這些影像資料的話，應可期待將會出現另類歷史敘述的可能性。

被遺忘的「抗戰」電影導演何非光：

一位殖民地時期臺灣出身者想像中的「我們」

前言

　　總力戰體制下，在日本殖民統治下的臺灣人[1]無論同意與否，都被視爲「日本人」而被動員加入戰爭。然而，其中也有前往中國大陸參加對日戰爭亦即「抗戰」的人。這之中也包括了本論文所探討的何非光(He Fei-Guang，本名爲何德旺，何非光是他成爲演員之後自己所取的藝名)。他當過1930年代初期的上海電影演員，在國府的根據地重慶執導過「抗戰」電影，抗戰後也曾在香港、臺灣、上海等地執導劇情片，聞名於當時的華語電影界。

　　然而，即便他具有如此的經歷和知名度，但是自中華人民共和國

1　本論文所謂的「臺灣人」，是爲了與在日本殖民統治下被指稱爲「內地人」的「日本人」作區分，而稱之爲「本島人」與「臺灣人」，也就是指在臺灣出生成長的漢民族而言。然而，絕對沒有認爲代表「臺灣」的民族即爲漢民族之意。眾所周知，臺灣是除了漢民族之外，同時也含括了多種族群(ethnic group)所構成的多族群社會。本論文爲了方便討論一方面與在中國大陸出生成長的多數「中國人」同爲漢民族，一方面又在異國殖民統治下的臺灣出生成長，並以不同於標準華語的「臺灣話」(爲福建省南部的方言「閩南語」，在臺灣扎根後加以變化而成的語言之俗稱，然而並非意指此語言即爲代表臺灣之語言)爲母語的何非光，而使用「臺灣人」之稱謂。此外，在「中國人」之說法上同樣的也是包含了近代的多重之意涵。

成立以後，直到1990年代中期爲止，在他居住的中國大陸也好，出生的故鄉臺灣也好，何非光幾乎被完全遺忘。他被刻意遺忘這件事，從1985年出版的《抗日電影回顧：重慶霧季藝術節資料匯編之一》[2]中收錄超過七十名的「抗戰時期在重慶的電影家」名單中，並未記載何非光之名的事實來看，便可清楚了解[3]。因爲何非光畢竟是「抗戰時期在重慶」執導過最多劇情片的「電影家」[4]。1980年代大陸的電影雜誌，以及1990年代臺灣的報紙皆曾刊登過他的「死亡消息」[5]，依然健在的何非光回應了此誤報，「不但不計較，反而感激臺灣還有人懷念他」[6]。

　　遺忘的終結，也是追憶的開始。1995年北京「抗戰電影學術研討會」和1996年廣州「中港臺電影研討會」的所謂電影集會中，何非光

2　范國華、查全仁、黃必康、鄒齊魯、韓世熹、饒成德(編)，《抗戰電影回顧：重慶霧季藝術節資料匯編之一》(重慶：重慶市文化局・重慶市電影評論學會籌備組・重慶市電影發行放映公司，1985)，頁233-385。

3　在反右派鬥爭與文化大革命中，不僅是何非光，其他許多的「抗戰」電影家也被捲入殘酷的批判鬥爭中。然而這些人在文革之後幾乎都得到了平反，也未被從歷史敘述中排除。

4　史東山也與何非光一樣在抗戰時期的重慶執導過四部劇情片。然而何非光在香港還拍了一部「抗戰」劇情片《新生命》。這部作品底片在日軍登陸香港時被埋於土中，想藉此逃過一劫，然而戰後重新挖掘出土之際已經完全腐爛敗壞。

5　臺灣的新聞報導，參見黃仁，〈懷念三個走紅中國大陸的臺灣影人〉，《聯合報》，1995年10月25日，第37版。大陸的報導，80年代長春電影製片所出版的電影雜誌中有「返回臺灣之後被處決」的內容。參見陸弘石，〈爲了「忘卻」的紀念：何非光訪談錄〉；第七屆中國金雞百花電影節執委會學術研討部(編)，《重慶與中國抗日電影學術論文集》(重慶：重慶，1998)，頁254-266。

6　黃仁(編)，《何非光：圖文資料彙編》(臺北：國家電影資料館，2000)，頁15。

被正式邀請參加。歷經了半世紀以上的遺忘，何非光終於能夠在中國大陸以及出生地臺灣的官方論述中開始被再評價。以「抗戰」電影導演而聞名的何非光，爲何會在將近半世紀的時間中被遺忘呢？其中，必須思考的大前提是，關於中國共產黨與中國國民黨的歷史敘述問題。

　　日本戰敗後，在中國大陸由共產黨建立中華人民共和國與退至臺灣的國民黨之中華民國的對峙中，兩方皆對各自地域的住民實施形塑國民的政策，進行「中國人」的形塑工作。若是依照Joel Roman所言「靠著巨大的集體性記憶喪失，而成功地迴避了在沉默中被封鎖的內戰記憶之復甦，才得以維持了一個作爲全體的國民」[7]的話，中國、臺灣兩地域，經過國共內戰所創造出的認同中便各自要求了不同的集體性記憶喪失。在此結果下，何非光在中國大陸被視爲「臺灣特務」、「日本間諜」、「反革命的罪人」而不斷的成爲被批判鬥爭的對象，即便在故鄉臺灣也被認爲是「選擇了共產主義的人」而被忽視。總而言之，何非光在兩個以「抗戰」爲主體所構成的「中國」之分裂對立勢力中，對中、臺各自而言都會喚起「我們」[8]曾經與對立的「他者」合作過的記憶，對兩方的國民國家論述來說都是不適當的存在，可能會因而陷入歷史敘述的縫隙之中。

　　然而，將此全部歸結於「內戰」的話，則會錯失了重要的問

7　ジョエル・ロマン(著)，大西雅一郎(譯)〈二つの国民概念〉，《国民とは何か》(東京：インスクリプト，1997)，頁31。

8　所謂的「我們」一詞本來具有人稱代名詞的性質，並且對原本的文脈具有依存性，在指稱「想像的共同體」的時候，也重層性地意含複數集團。也有用於更爲抽象的統攝概念，此外也被用於號召讀者，可說是多元語意的詞。因此，本論文爲了避免混亂，作爲通常的人稱代名詞與號召讀者之際不加括弧，在文脈之中具有特定的「想像共同體」意涵之時加上「」，而作爲抽象的概念使用之際則以『』表示。

題。也就是說，還有無法歸於國共兩黨對立的日本帝國主義、殖民主義的問題。何非光的個人生命軌跡，以及民族主義本身就具有壓迫性的一面。這些問題在1995年以後的追憶之脈絡中幾乎沒有被提及[9]。本論文將針對被中國與臺灣雙方的「國史」式記述所排除，並在追憶的論述中將這些被規避的問題納入範圍，討論他的演出作品與導演的作品[10]。

在此，本論文所關注的是，從他在殖民地臺灣成長的幼年時期開始，直到擔任導演，活躍於重慶為止，這個綜合所有經驗的「身體」上，所深深刻印著的「他者性」。因為何非光作為演員及導演而活躍的契機，是與他在成長過程之中，無關他喜歡與否，所習得(或是被調教而成)的言語、動作、知識、技術密切相關。

---

9 關於對何非光作品再評價的1995年以後的回想之脈絡，前揭《重慶與中國抗日電影學術論文集》、《何非光：圖文資料彙編》之外，還有下列參考資料。封敏，《愛國主義影片賞析與史話》(北京：教育科學，1996)。陸弘石・舒曉鳴(編)，《中國電影史》(北京：文化藝術，1998)。李道新，《中國電影史(1937-1945)》(北京：首都師範大學，2000)。由何非光的長女所完成的以下評傳，作為重視何非光之個人生命軌跡而言相當重要。何琳(編)，《銀海浮沉：何非光畫傳》(臺中：臺中市文化局，2004)。另外也有拙稿，〈何非光、越境する身体──「忘却」された台湾出身の抗日映画人〉，《年報地域文化研究》6(東京：東京大學大學院總合文化研究科地域文化研究專攻，2003年4月)。

10 關於何非光的行蹤因為篇幅有限，許多部分無法收入本論文。參見三澤真美惠，〈植民地期台湾人による映画活動の軌跡──交渉と越境のポリテイクス〉(殖地民時期臺灣人電影工作之軌跡──交涉與越界政治)(東京：東京大學大學院總合文化研究科地域文化研究專攻博士論文，2006年1月)。又，此論文以《「帝国」と「祖国」のはざま──植民地期臺湾映画人たちの交渉と越境》(「帝國」與「祖國」的夾縫──殖民地時期臺灣電影工作者們的交涉與越界》)為名，2010年由岩波書店出版(日語)。

在此，若是從與本書中所謂的臺灣與韓國比較之相關性來看，何非光可以說是顯示兩個地域在操作「我們之想像」的處理上，有何差異的具體實例之一。意即，對殖民地時期的朝鮮人而言，其所想像的「祖國」，在地理範疇上就等同於朝鮮半島；相對來說，殖民地時期有些臺灣人之「祖國」想像，卻超越了臺灣的地理範疇，而將中國大陸包括在內。換言之，在殖民地統治下，被強行要求想像「作爲日本人的我們」時，卻要想像「不同於日本人的我們」的話，臺灣住民在想像「作爲臺灣人的我們」的同時，也有不少人從所謂漢民族立場去想像「作爲中國人的我們」。當然，這只不過是在以多族群、多言語所構成的臺灣多樣重層之「不同於日本人的我們」（「作爲漢民族的我們」與「作爲原住民的我們」，漢民族之間的「說臺語的我們」、「說客家話的我們」……，原住民之間的「作爲布農族的我們」、「作爲鄒族的我們」……等等）的其中之一。然而，在超越自己居仕的地理範疇之外，可否找到自己「(不同於日本、其它的)國家」此一層次上，臺灣人與朝鮮人想像「不同於日本人的我們」之情況，便有微妙的不同。更詳細的說明須留待他稿，但我認爲何非光的事例正提供一個考察此問題的契機。

一、遠離殖民地

1913年，何非光出生於臺中，就讀於地方的知名中學「臺中一中」。但是，因在學校中被日本人叫爲「清國奴」、「笨蛋」而與之發生爭吵，因而「主動休學」[11]。他所就讀的臺中一中是臺灣人「士紳階級」（本地地主資產階級知識分子）不滿總督府所推動的學校制

11　引自何非光之言，參見陸弘石，〈爲了「忘卻」的紀念〉，《何非光圖文資料彙編》（臺北：電影資料館，2000），頁55-56。

度，而創辦的第一所中學，該校以高度的學習力與強烈的民族主義傾向為人所知。就在何非光休學的1927年，同年也發生了因民族差別而起的臺灣學生罷課事件（臺中一中事件）[12]。指揮此次學生罷課事件的是當時已相當活躍的抗日運動家張深切。張深切也正是何非光的兄長何德發的好友（在十一個兄弟姐妹之中，何非光為兄弟七人當中最小的，何德發對他而言，是年紀最為相近且感情最好，排行第六的哥哥）[13]。雖然不能確定何非光的「休學」與這個事件是否有直接關係，但從他休學之背景中，可以清楚地看出臺灣人與日本人之間的民族對立。

自臺中一中休學的何非光，為了繼續學業而前往東京留學。當時東京洋溢著現代都市的魅力，何非光也受到近代文學與電影的吸引。可是，在留學期間他接到其兄何德發的訃報。何德發為前述張深切之摯友，雖是留學中國與日本的知識分子，但是被日警認定是「赤化分子」因而被沒收護照，在一直受到監視、盤問、拘留的過程中，由於精神與肉體方面都疲憊不堪，最後終於瘋狂[14]。依照何琳（何非光之女）的說法，何德發在瘋狂之後被拘禁起來終至病死，但依照陳德三（何非光公學校時期的同學）的說法，他不是病死而是自殺[15]。無論如

12　1927年臺中一中宿舍的日本人廚師與學生間發生糾紛之際，校方不承認宿舍的自治權，停止學生一切發言權，單方面要求住宿生絕對服從舍監之命令，並動用警察權召集家長會。反抗此事的學生正進行罷課之時，兩百多名學生被強迫搬出學校宿舍。參見〈臺中一中學生罷學的真相〉，《臺灣民報》159，1927年5月29日，頁5-9。

13　張深切（編），《張深切全集（卷二）里程碑（又名：黑色的太陽）（下）》（臺北：文經社，1998），頁547-548。同書中關於何非光之記載，承蒙陳淑容小姐的指教。

14　何琳，《銀海浮沉》，頁11。

15　依據陳德三先生對於筆者信中的提問之回信（2002年2月23日）。陳德三先生的姊姊因為嫁給何非光的哥哥，因此與何非光有親戚關係。承

何，他因受到殖民權力的迫害而導致死亡，已無庸置疑。同年1928
年，接替已過世的父親經營碾米廠的長兄，也因爲重稅以及市場被大
型碾米廠所壟斷，而終至破產，斷絕了生活費的何非光也只能放棄留
學。

返回臺中的何非光，成爲電影公司設立的發起人之一[16]，並參加
張深切於1930年組成之「臺灣演劇研究會」等等，展開了多姿多彩的
活動[17]。然而，因爲這樣的活動，使得何非光被警察視爲「不良少
年」。爲尋求出路的何非光，雖然藉由友人的介紹決定前往上海，但
因爲被警察列爲監視對象，而無法取得前往中國的「護照」[18]，結果
在沒有護照之下偷渡前往上海。

中學時的民族歧視、哥哥的被迫害死亡、家中事業的破產、警察
對於文化活動的監視等等，少年時期因殖民地統治而印象鮮明的壓迫
經驗對何非光而言，其渴望遠離「帝國」日本之理由可以說是相當充
分[19]。

三、銀幕上的「他者」

前往上海的何非光原本應當遵照家族的期待學習中醫，但當時同
鄉的羅朋已經進入電影界，他因得到一個臨時演員的演出機會，而轉

(續)────────────

　　蒙何非光的外甥何敏璋先生居中介紹陳德三先生供筆者請益，謹此致
　　謝。
16　〈籌備光亞影片募股成績優良〉，《臺灣民報》273，1929年8月11
　　日，頁2。
17　呂訴上，《臺灣電影戲劇史》（臺北：銀華，1961），頁300。
18　從臺灣前往中國的時候，日本人雖然不需要護照，但是臺灣人則必須
　　申請護照。關於護照制度的問題，參見，梁華璜〈日據時代臺民赴華
　　之旅券制度〉，《臺灣總督府的「對岸」政策研究》（臺北：稻鄉，
　　2001），頁131-182。
19　何琳，《銀海浮沉》，頁15。

向演藝工作。從這個時候起，他開始使用「何非光」這個名字。

　　然而，何非光在當時「不敢說自己是臺灣人」[20]。不僅是因爲沒有「護照」，也是因爲中國大陸對臺灣人抱持著偏見的緣故[21]。當時前往中國大陸的臺灣人被稱爲「臺灣籍民」，但是其中也有要求條約上之特權，而取得外國籍的「籍民」。這些利用外國籍特權的背景而做壞事的「臺灣流氓」、「臺灣呆狗」等流氓集團，與臺灣總督府企圖在對岸擴大勢力範圍之政策，及臺灣軍隊的策略等有其密切的關係。連從事正當職業的臺灣籍民也都被大陸的中國人視爲「日本帝國主義的走狗」，而遭到白眼[22]。在中國大陸以「出生於日本帝國殖民地的被殖民者」之身分過生活是相當困難的事，不只是臺灣人的何非光一個人而已。從上海最有名的男明星之一的殖民地朝鮮出身的朝鮮人金焰所受到的差別待遇，即可得知「被殖民者」的困境[23]。金焰成爲演員之前的少年時代，在天津南開大學的運動會比賽中，聽見有個中國人大叫說：「那傢伙跑得那麼快並沒有什麼好訝異的，因爲是日本人的走狗啊。」他從中途折回，因爲毆打了這個中國人的緣故而遭到退學[24]。何非光還在當配角的時候，拜過金焰爲師[25]。我們在此也許可看

20　陸弘石，〈爲了「忘卻」的紀念〉，《何非光：圖文資料彙編》，頁56。

21　同上註。又，依據何琳的說法，羅朋告訴剛抵達上海的何非光，關於大陸對臺灣人所抱持的偏見，要他封口「絕對不能說出是臺灣人」（何琳，《銀海浮沉》，頁22）。

22　若林正丈，《海峽——臺湾政治への視座》（東京：研文，1985），頁162-219。近藤正己，《総力戰と臺湾——日本植民地崩壊の研究》（東京：刀水書房，1996），頁449-455。

23　ニム・ウェールズ、キム・サン（著），松平いを子（譯），《アリランの歌——ある朝鮮人革命家の生涯》（東京：岩波書店，1987），頁139。

24　同上註。

25　張深切，《里程碑》，頁547。

出，何非光對於同樣來自於殖民地的金焰應有所共鳴。他們都因日本的殖民地支配之壓迫而逃脫，結果在爲了追求自由而好不容易來到的中國，也還是遭遇了日本的帝國主義所帶來的不合理之差別待遇。

在這種情形下，作爲演員的他因飾演「反派角色」而出名。何非光所擅長的「反派角色」，大致可分爲兩個系統。從《母性之光》(卜萬蒼導演，1933)與《惡鄰》(任彭年導演，1933)、《體育皇后》(孫瑜導演，1934)中可以看到的「好色而洋化的資產階級」；以及《熱血忠魂》(袁叢美導演劇本，1938)、《保家鄉》(何非光導演，1939)、《日本間諜》(袁叢美導演劇本，副導演何非光，1943)中可以看到的作爲帝國主義之幫兇殺害中國人民的「日本軍人」兩個系統。

實際上，與同爲臺灣出身而大受歡迎並成爲上海電影界之代表演員的羅朋不同，何非光最初因爲沒有人氣而大爲苦惱[26]，約莫此時他發現了利用自己的身體性演出反派角色的出路。也就是說，「好色而洋化的資產階級」中有何非光「南方」出身的異國情調(《母性之光》的南洋礦山主人之角色、《惡鄰》的外來者)，以及透過近代都市東京所養成的「摩登男孩」式的舉止(《母性之光》、《惡鄰》、《體育皇后》之中，穿著筆挺的西裝，並熟練的使用手杖、雪茄、香檳、汽車等小道具)，讓所飾演的角色別具魅力，而更能加以發揮。借用曾與何非光在重慶共事過的王玨的話來說，何非光與袁叢美並列，「不是傳統的反派角色——外型骯髒的小偷或老奸巨滑，而是西裝筆挺的帥氣反派角色」的代表，可以說「使反派角色走向『國際化』」[27]。

26　同上註，頁547-548。

27　依據筆者對王玨先生的訪談(2002年11月20日，於臺灣的財團法人國家電影資料館會議室)。王玨先生出生於1918年，遼寧安東人。至戰爭前爲止，王玨一直在北京求學，戰爭爆發後與同學同伴自行組成抗

《母性之光》中的何非光(飾黃書麟)

(圖片提供／國家電影資料館)

　　然而，中日戰爭的爆發使得銀幕上必要的反派角色有了變化。當時起用他演出「日本軍人」的袁叢美導演，在受訪時說道：「何非光當反派角色、日本軍官，演得最好、最好，到今天爲止，沒有比他更好的了！何非光受過一些日本教育，關於日本方面他比較了解，所以拍片的時候，導演起來比較容易。他在片中說日語也說國語，日語則說得非常好。」[28]

　　袁叢美導演所說的沒有比何非光更適合演出「反派角色、日本軍人」角色之理由，是從受過日本教育，說起日語比起標準國語更爲流

(續)────────────────

　　戰宣傳隊，從北京南下，在漢口被中製(中國電影製片廠)所錄用。戰後在臺灣電影製片廠工作，1957年之後前往義大利演出了多部西部片。

28　薛惠玲訪問，〈最好的反派演員：袁叢美談何非光〉，《何非光：圖文資料彙編》，頁81-85。訪談時間爲1999年7月12日。

暢，且能夠像日本人一樣的動作表情中，指出了何非光所具有的身體性。另外，當時的電影雜誌也是，雖然重慶電影界中聚集了相當多的人才，但特別傳達了「中國有何非光其人，更為各方所器重」、「何輒被邀扮演××人的角色，已有『標準××人』之號」[29]。

「好色而洋化的資產階級」是中國無產階級的敵人，而「帝國主義之幫兇的殘忍日本軍人」，是以民族解放為目標、作為被壓迫者的中國人民的敵人。意即，銀幕上的何非光之身體，以其「他者性」來表示界線，顯示「應該團結的我們」是誰，也就是說，其具有「他者性」的身體向中國觀眾再現了「應該憎恨的他們」。

以上，一併說明了重慶時期的角色，有些順序上的不一，但在上海作為反派演員而取得一定知名度的何非光，其實並非直接前往重慶。實際上，在1935年12月，還發生了突然被日本領事館的特高課逮捕遣送回臺的事[30]。逮捕的理由雖是「沒有護照」，但在同年公開的何非光之演出作品，以抗日為題材的《昏狂》，以及對國民黨而言，也是不合適的描述勞工鬥爭之電影《淚痕》，都是可能的理由。回顧「遣返」當時的失望，何非光之後說到「做為一個殖民地人民的這種心態，別人是很難體會到的」[31]。

29　〈何非光在重慶走紅〉，《電影週刊》，1939年5月24日，頁1260。

30　何非光自己所言(陸弘石，〈為了「忘卻」的紀念〉，頁56)。但是，依據筆者對他的外甥何敏璋先生的訪談，他記得1935年的歸鄉是「作為逆子離家出走」的何非光，大概知道母親因擔心他而健康惡化，因而暫時回家。(依據筆者訪談。2001年5月15日，在臺北通化街的何敏璋自宅。承蒙國家電影資料館的薛惠玲介紹，筆者得以訪談何敏璋先生)。

31　陸弘石，〈為了「忘卻」的紀念〉，《何非光：圖文資料彙編》，頁56。

三、作為導演的敘述

　　短期返鄉的何非光，再度前往東京學習有聲電影技術，透過中國留學生的介紹，歷經了演劇活動後，於1937年重新回到中國電影界，經由上海前往太原，為了主演自己初次撰寫的劇本《塞北風雲》。然而，在攝影期間，爆發了蘆溝橋事變，拍攝因而中止。何非光前往應徵中國軍隊所招聘的「懂日文的人」，參加了武漢的國民政府軍事委員會南昌行營政治訓練處的電影股(以後的「中國電影製片廠」，以下簡稱「中製」)，來到了抗戰的大後方重慶。

　　何非光在重慶初次成為「抗戰」電影編劇、導演。關於第一部作品《保家鄉》(1939年)的劇本寫作動機，是他跟著「中製」遷移到重慶之後，讀到一篇新聞報導後回想起臺灣的情形。這篇報導的內容是日本人在東北強拉壯丁後對他們施打「啞巴針」，並帶走婦女作為「慰安婦」之事[32]。「看了這則報導之後，我就想起了臺灣——因為我的父母講起過日本人當年進入臺灣時的燒殺、活埋的殘酷情形」[33]。因此，《保家鄉》描述日本軍隊在中國農村的霸道行徑與村人抵抗的同時，可以說也銘刻了殖民地臺灣的抵抗記憶。

　　何非光轉型成為編劇、導演的過程，絕對不是簡單的事。本論文

---

32 〈為了「忘卻」的紀念：何非光訪談錄〉，《何非光：圖文史料彙編》，頁60。然而，在何琳的著作中說是〈關於南京大屠殺的畫冊〉，參見何琳，《銀海浮沉》，頁47-48。

33 同上。何非光是1913年出生，因此他的父母在年輕的時候應該經歷過日本殘酷的臺灣征服過程以及臺灣居民的強烈抵抗。例如，將一般居民與游擊隊全都併在一起殺害，並對民宅放火，造成犧牲者人數不明的1896年雲林大屠殺事件，因被漢文報紙、英文報紙報導刊出還成為國際新聞。參見，許世楷，《日本統治下的臺灣》(東京：東京大學出版會，1972)，頁120-122。

因篇幅有限無法詳述。在左派「文人」聚集的中製編導委員會中，根本瞧不起並排擠「演員」出身的何非光。儘管如此，何非光以農村抗日起義為題材的《保家鄉》，採用不需要另外搭景的戶外拍攝，並由自己演出殘暴的日本軍人一角，為自己製造機會而「受到大家的注目」[34]。「而且，下一部作品(筆者註：計畫起用日本戰俘的《東亞之光》)也只有他才能夠拍攝。」[35]連日本戰俘也稱他是「了解日本的人」[36]，何非光因「抗日戰爭」而有了一個轉變的機會，可以說，出生於殖民地，以及留學所得到的日本相關知識成就了他的導演工作。

　　何非光除了於抗戰期間在重慶執導了四部電影之外，並在中製因資金物資欠缺而中止拍攝期間，前往香港，也在那裡執導「抗戰」電影。抗戰勝利後，連續在香港、臺灣、上海等地執導劇情片。他成為導演只有十年，而且遭逢拍攝狀況相當困難的時期，卻一共導演了十二部電影，相當不易。

　　然而，戰爭時期的何非光能夠拍攝的類型只有一種，就是為了抗戰的政策宣傳電影。在政策宣傳電影中絕對必須遵照製作方面(就中製而言，即「編導委員會」)的意圖。這麼一來，在政策宣傳電影中，要有導演的個人表現以及導演的獨自表述是否可能存在呢？當我們在看何非光於重慶拍攝的作品之時，可以注意到，即使是作為政策宣傳電影，也滲透了何非光的個性以及他個人的表述。他在描述「我

34　根據筆者對王玨先生的訪談。

35　同上註。

36　江都洋，〈映画《東亜之光》について〉，《真理の闘ひ》11(重慶：在華日本人民反戰革命同盟會機關報，1940年12月1日)；〈鹿地互資料(暫稱)〉微卷「No.1-115」(東京大學文學部中文研究室所藏)。

們＝中國人」與「他者＝日本人」的對立中，並非把「他者」視爲一個抽象的存在之描寫，而是以具有臉孔的存在之表述。其中被認爲最能表現出此特色的是《東亞之光》（1940）與《血濺櫻花》（1944）。

《東亞之光》以日本戰俘在戰俘營中接受教育的薰陶後，對於殺害中國人民之事深感後悔，而從事反戰活動的內容，獲得了「戰爭電影的空前奇蹟」之高度評價[37]。另一部《血濺櫻花》是平行描寫在日本留學中成爲朋友的中國青年與日本青年，各自進入空軍而彼此對戰的悲劇。片中最讓人印象深刻的，是細緻地處理了因丈夫出征而貧病交加的妻子之「日本人的苦衷」。在這些電影中都描述了作爲敵人的日本人也是有血有淚的人，是具有臉孔的存在。爲何這些可以當作「抗戰」電影呢？從結局來看，最後日本兵士承認了自己的錯誤並對中國人產生同感，爲了反戰而抱持著團結一致的意志。此處對於「我們」與「他者」的差異，並非是單方面的強調而將「他者」排除，我們可以看出作爲同是被壓迫者的「他者」與「我們」若必須共同承擔這些課題時，那就會產生連帶關係。

然而，必須注意的是，對滲透在政策宣傳電影中的導演何非光之表述，所隱含的故事結構方面的一些微妙問題。也就是，在論及『我們』與『他者』的連帶關係時，經常採取一種將『他者』歸納於「『我們』的邏輯」之形式結構。實際上，這與當時日本方面由李香蘭(山口淑子)所主演拍攝的一系列政策宣傳電影的故事結構相似。李香蘭、長谷一夫主演的「大陸三部作」[38]中，「指出中國人對於日本

---

37 〈《東亞之光》獻演盛況〉，《新華日報》，1941年1月1日。參見《抗戰電影回顧(重慶)・重慶霧季藝術節資料匯編之一》，頁195-196。

38 渡邊邦男(導演)，《白蘭之歌》(東寶／滿映，1939)；伏見修導演，《支那之夜》(東寶，1940)；渡邊邦男(導演)，《熱砂的誓言》(東

《東亞之光》

（圖片提供／國家電影資料館）

侵略者的敵對之心，並將此以『誤解』的形式重新塑造」[39]，完成了以日本男性的「忍耐與關懷體諒」解開了中國女性的「誤解」，這種戀愛形式的故事結構。也就是說，「我們＝日本人」與「他者＝中國人」之間的對立，透過宛如戲劇《馴悍記》中所描述的戀愛一樣，便能夠歸納到「我們＝日本人」的邏輯當中。反過來，重新審視何非光的導演作品時，也能明確看出同樣的故事結構。意即，《保家鄉》中，從農村內部的對立到一致抗日；《東亞之光》中，中國人民與日本戰俘的對立因朝向戰爭終結而團結；《氣壯山河》（1943）中從緬甸

（續）————————————

實，1940）。

39 ピーター・B・ハーイ（Peter B. High），《帝国の銀幕・十五年戦争と日本映画》（名古屋：名古屋大學出版會，1995），頁242。

華僑的女兒與中國士兵的對立(士兵拒絕了女兒的愛慕)，到一致抗日；《血濺櫻花》裡中國士兵與日本士兵的對立因朝向戰爭終結而團結，皆有這樣的結構。最初的二元對立經過戲劇的表現，予以回收消解。

然而，對一面侵略中國，一面又拍攝「大陸三部作」的日本電影界，以及一面受到日本空襲，一面拍攝電影的中國重慶電影界而言，不用說，發言的位置完全不相同。對於何非光電影中的二元對立之歸納，可以視爲是中國觀眾將在日復一日持續的戰爭中被奪走的自我形象，藉由銀幕重新再度奪回的努力。如果何非光所描繪的課題是身爲被壓迫者卻可以共同承擔彼此命運的話，無論是怎樣的「他者」也都能強而有力地將其拉進來成爲「我們」的同伴，積極地回復「我們」的形象。可以說，這正是戰爭時期中國最需要的「作爲抗戰的中國人的我們」之形象。

那麼，離開「抗戰」位置的時候，何非光的電影又是如何展開呢。在此試著檢討何非光1947年「二二八事件」之後，應臺灣當局邀請拍攝的《花蓮港》(1948年)。對何非光而言，這是唯一一部在故鄉臺灣所拍攝的作品，故事是以改善山地衛生爲目標，以平地漢族青年醫生與臺灣原住民少女的「羅密歐與茱麗葉」式的悲戀爲主軸，由於族群不同之故，因而原住民少女與漢族青年產生對立。然而，透過戀愛的戲劇，少女認同了漢族青年所主張「衛生的」並且「進步的」世界觀。可是，彼此對立的原住民族與漢族不允許他們的戀情。最後一幕是以少女得知將要被當作舊習的「童養媳」，被迫與她姊夫的兄弟結婚時因而自殺，以雙方對舊習與對立的悔改姿態作爲結局。戲劇中透過少女自殺而收回對立。然而，二二八事件後的臺灣，國民黨政權卻對臺灣住民施行了報復式的屠殺。一想起這樣的政治背景而從中來看的話，所謂故事結構的二元對立之回收，這個結構自身與抗戰時期

何非光之導演作品雖然一樣，但可以清楚地看出《花蓮港》是從壓迫的一方之邏輯來發言。也就是說，抗戰中的何非光之執導作品雖與日本方面一樣帶有政策宣傳電影的故事結構，但因爲他從被壓迫者的位置發言，所以可以避開其結構上的問題；可是抗戰後在《花蓮港》中，他從壓迫者的位置發言，因此明顯地透露了該結構本來就有的局限性[40]。

四、結論

少年時期完全無法逃離的日本殖民主義，到其作爲電影演員的青年時期，仍無法逃脫日本帝國主義。最後，何非光因「遣返」而硬被奪走了活躍的最好時機。因帝國主義所帶給中國人的苦痛，而且中國人也敵視與輕視來自殖民地的人。身爲臺灣人意味著，無論是殖民地臺灣、殖民母國首都東京、或國際都市上海、或抗戰根據地重慶，何非光都不會理所當然地被各個不同場所的「我們」所統合。何非光雖然自願參加了抗戰，但在重慶成爲導演之後，對於自己的妻子也無法說出自己的出生地[41]。還有，就算他意識到了同事們知道他的出生地，但在殘留的紀錄「人事調查票」中，所寫的戶籍爲「福建泉州」，聯絡住址是「廈門思明路X號」[42]。從中可以了解身爲出生於

40　但是，《花蓮港》也根據1951年9月27日内政部公布的「戡亂時期國產影片處理辦法」第三條，製作公司、導演、劇本、演員其中之一被視爲「附匪」者即應禁演，參見黃仁、王唯(編)，《臺灣電影百年史話》(臺北：中華影評人協會，2004)，頁207。另外，以性別來討論秩序的維持這一點，戰前的《氣壯山河》中的緬甸華僑之女與中國青年將校的描述方式也具有相同的結構。

41　何琳，《銀海浮沉》，頁74。

42　1943年6月26日—1951年12月28日，「何非光・人事登記卷」，中華民國國史館所藏，侍從室個人檔案[1000026508]。同文件中，何非光紀錄日期爲1943年4月10日。又，此檔案的存在，雖然在拙搞〈何非

《花蓮港》演職員的合照。第一排中戴帽者即為何非光。

轉載自《電影欣賞》90期，1997年11-12月，頁111。

（圖片提供／朱家衛）

殖民地的臺灣人在「作為中國人的我們」之中，是銬上何等沉重之腳鐐吧。何非光的演出、導演之作品中，與這些印刻在他身體上的重層性之暴力痕跡的「他者性」密不可分。

　　例如，作為銀幕上的演員何非光之身體，在銀幕上界定誰是「應該團結的我們」之際，就以「他者(好色而洋化的資產階級、殘暴的日本軍人)」被消費。當時的中國電影市場需要一種能夠界定「應該團結的我們是誰」之『他者』，亦即欲望在銀幕上代表應可憎恨的

（續）────────────

　　　光、越境する身体──「忘却」された台湾出身の抗日映画人〉
　　　(2003年4月刊行的2002年度《年報‧地域文化研究》第6號)，撰寫時
　　　已經判明，但考慮到對家屬的影響而未加以公開。然而現階段，在何
　　　非光的長女何琳所著的評傳中，家屬自己已提及何非光進入「中央訓
　　　練團」的經過，與加入國民黨之事，因此筆者判斷在本論文的使用上
　　　應該無妨。

『他者』。對何非光來說，演出符合於「我們」的欲望之「他們＝他者」是出於他自己想被認定、重視的欲望，從這裡可以看出兩者之間所具有的共振空間。

然而，作爲導演的何非光透過電影所表述的是，『他者』絕對不是應加以排除的，如果能夠共同承擔被壓迫者的課題的話，『我們』與『他者』便能產生連帶關係。這也是抗日戰爭最爲激烈之際，爲了回復中國人民主體性的表述。

但是，何非光在「抗戰」電影中的表述有其局限，意即，以回復國民國家秩序爲目標的『我們』之邏輯中，回收「他者」的政策宣傳電影之局限。在戰後二二八事件後，應臺灣當局之邀所執導的《花蓮港》中可以很清楚地看出。那麼，他作爲導演的表述，終究無法超越將他遺忘的「國史」式的表述吧。

抗戰勝利後的何非光之導演作品，在受到臺灣當局邀請執導《花蓮港》之前，於香港執導的《某夫人》(1946)，也許可以爲我們提供解答。《某夫人》並非是政府或黨的宣傳電影。是描述一位演員出身的女性，嫁給退休軍閥將官，在戰亂中與她離散的前夫和知道該秘密的秘書，以此出身爲由要脅她，是一部具有階級批判的懸疑片。終於在戰爭中倖存下來的女性，這次又因階級(她演員出身的「低賤身分不能被知道」)與性別(從「貞女」的觀點來看，結過婚之事不能被知道)而不斷地給予沉重的打擊。這部電影中的對立並未被回收消除，到最終依然維持著對立，這女性叫喊著「身分跟出身究竟是怎麼回事」，在寒風中孑然一身的飛奔而出。「我們」(這部電影中排斥這位女性，而留在豪宅中目送這位女性背影的一方)一面聽著這個女性的信息，一面卻僅能留下來而已。何非光在這部電影中，試著去描寫「我們」對於那女性的痛苦徹底無力，並訴說這種無力感。而且，必須注意的是，此處的「我們」具有此前「作爲抗戰的中國人之我們」

的國民國家架構中沒有含括的重層性。也就是,原本應該和電影中出場的人們所說的「從抗戰中倖存的中國人」同樣意思的「我們」,在最後一幕中,卻被包圍在所謂的「不是演員『低賤身分』的我們」、「作爲『男性』的我們」之各種「我們」中,而排斥這個女性。他試圖對於這位「作爲他者的女性」,找出一個與回收到國民國家之說法不同的表述方式。從《某夫人》的故事結構來看也好,從發言位置來看也好,與何非光所執導的前後作品相較,都有顯著的不同,可以說也揭示了何非光脫離宣傳電影的新表述之可能性。然而,這樣的表述是否可以找到觀眾呢?若能夠找到的話,那具有何種意義呢?這一點是在檢討當時的東亞史流動情形中必須加以注意之課題。

　　「遺忘」是各個國民國家所要求的集體性記憶喪失。若將「追憶」視爲在這個歷史敘述中的「空白的發現」;那麼,「遺忘」也好,「追憶」也好,在各地域各時代都應有各自──伸縮自如的──『我們』的政治背景。至於爲了塡補「空白」而將「遺忘」單方面地回收到『我們』的邏輯,筆者認爲必須要相當謹愼。倒是何非光在《某夫人》中揭示了新的表述的可能性,也就是指出『他者』作爲『他者』的說法中,是否能夠直接面對這個「空白」呢。那麼對身爲「日本人」研究者的筆者也還存在著,一方面和烙印了無法從殖民地人民之身體消除的「他者性」,一方面和因敗戰而持續「遺忘」殖民地的「作爲日本人的我們」之「戰後」[43]歷史敘述重疊的問題。

43　劉進慶,〈「戰後」なき東アジア臺湾に生きて〉,《前夜》9,
　　2006,頁231-232。這篇是基於劉進慶教授的演講,駒込教授親自整
　　理錄稿完成註釋的文章。依據2004年4月25日,東京外國語大學所舉
　　辦的劉進慶先生(1931-2005年,生於臺灣,臺灣經濟研究者)之演講
　　紀錄。劉先生在演講開頭便提問「所謂的『戰後』是什麼?在亞洲是
　　否有『戰後』呢?」接著,他這麼說道:「所謂的『戰後』之語彙,
　　除了日本人之外並無人使用。只有日本人任意的使用,任意的占用。

　　最後，簡單的提及關於何非光的後半生[44]。中華人民共和國成立
之後，他毫無理由的被電影界拒於門外，1959年6月因「反革命罪」
被褫奪公民權，直到1961年為止都被強制勞改，文革時期又再度遭批
判而被監禁，妻子、子女也都受到了迫害。雖然1979年中共當局因
「告臺灣同胞書」的發表，對臺灣出身者之待遇有所改善，何非光終
於被宣告「反革命罪」無罪，但又等待了十五年才被允許以電影人的
身分參加公開活動。

　　過了八十歲之後的人生最後歲月，他希望的是回到臺灣，回到故
鄉。得知他還健在的臺灣新舊友人們，1997年企劃了何非光的電影回
顧展與研討會，計畫讓何非光能夠回到故鄉。處理了一層一層比前往
歐美還繁複的手續，預定要在11月實現何非光的臺灣歸鄉。然而，何
非光在八十四歲的生日，即8月14日那天突然倒地住院，9月6日離開
了人世。離他一心盼望的歸鄉，只剩下兩個月。

何非光

（圖片提供／國家電影資料館）

（續）────────────

　　　對亞洲的人民而言，根本就沒有『戰後』」。

44　關於後半生的敘述，主要參見《何非光：圖文資料彙編》和《銀海浮
　　沉》。

第三章

議題回顧與展望

蘇榮炫

　　如果說啓蒙的紀錄就是野蠻的紀錄，那麼近代歷史就是殖民的歷史。可以被命名爲「無法預期的變化格局」的「戰時體制期」是近代史的節點，同時亦是隱蔽的殖民地矛盾爆發出來的文化地理學的角力場。不過，考察野蠻的紀錄和殖民的歷史，並不是爲了理解啓蒙的屬性和近代的複雜性；關於殖民記憶的純理論性思辨，蘊含著對黑暗的近代背面的豐富理解，以及對近代「另一端」的某種預期。本文對於1940年代前後這一特定時空的關注，指向後殖民主義。

　　當然，提出研究目標並不等於解決了如何理解「戰時體制期」之諸多問題。事實上，難題的解答並不存在於研究目標之內。殖民經驗是什麼？殖民地的經驗是什麼？在後殖民氛圍下仍未被克服的殖民性，到底又是什麼？殖民空間應如何被理解？是否能被理解？這些提問意謂著什麼？倘若理解了啓蒙的屬性或近代的複雜性，那麼殖民經驗、殖民地、殖民性是什麼，又如何超越，是否便能獲得完整的解答呢？筆者之所以認爲不能將殖民地研究懸置於上層結構──政治理念的意圖分析，原因也正來自這些疑惑。

　　關於殖民地和殖民性的研究，必須透過追問當時那些話語的物質性以及擴大於日常層面能夠驗證的非均質性，來加以拓展。如果說「戰時體制期」的躍動性來自於政治、經濟、文化的轉換局勢，那麼其躍動性的價值則存在於轉換局勢中突顯的非均質性支點(place)。

「戰時體制期」是一個非常有趣的時空，因爲它展現了曾經被認爲是均質的、安定的殖民地體系以及位階化的社會結構內，潛在的不安。所以，爲了進一步闡明「戰時體制期」的歷史時空性，需要分析近代在時空上被接合(articulation)爲全球(the global)和本土(the local)這兩者之間的關係。我們作爲現代的最小單位，需要對既當代又歷史性的日常生活，對既非均等又非均質的欲望政治場域的變化，作出敏銳反應。

關於「戰時體制期」研究，應與當代社會中已喪失作用的「民族」或「階級」等概念保持距離，並拒絕「抵抗—掠奪」的分析結構或那些整齊劃一的規定單位。與帝國之間的力學關係、帝國內的權力位相、殖民地之間的位階、殖民地內的位階、以及都市化的正道、法制化的曖昧等，應將思索這些問題的空間政治學脈絡一併囊括進來，並考察戰時體制期本身的時空性。關於位階化社會所內含的視角不一致、由此引發的「殖民—被殖民」間的不對稱、對應轉換局勢時的異質反應，以及近代或殖民空間的不均等性等等，這類問題的考察唯有通過將「戰時體制期」這一時空無限脫離中心化的諸多工作，方能加以實現。

戰時體制期的欲望政治[*]

一、戰時體制期與經濟、日常、文化格局

> 長期經濟建設……，在日、滿、支三國結成共存共榮、互通
> 有無的真正的經濟共同體之前，對支經濟開發必然會在很長
> 一段時期內增加我國的財政經濟負擔。我國財政界的基
> 調……，為了克服財政經濟上的諸多困難，必然需要對現在
> 的戰時經濟體制進行全面的統制強化。[1]
>
> 世界局勢時時刻刻在變化，德波之間已經發生武力衝突，歐
> 洲危機告急。但是在東洋，有東洋自己的事態，東洋民族有
> 東洋民族自身的使命。那就是東洋新秩序的建設。只有將支
> 那從歐洲的桎梏中解放出來，才能在東洋建設新的自主秩
> 序。一項巨大的建設恰巧正在東洋進行。在政治工作、經濟
> 整合、產業開發、治水灌溉、交通設施、教育改善等方面，
> 所有人力物力都發揮出令人驚奇的能量，向著新秩序建設的
> 大目標一路邁進。此時，文人應該做什麼？[2]

---

* 本文同時發表於《東方學志》147，2009年9月，頁243-276。

[1] 李健赫，〈國家總動員法全面發動問題的第十一條適用經緯〉，《朝光》5：1，1939年1月，頁41。

[2] 卷首語〈建設與文學〉，《人文評論》創刊號，1939年10月，頁2。

　　「內鮮一體」論，曾是日帝末期殖民政策的理念基礎。據此，朝鮮成爲日本進軍中國大陸的兵站基地，這已是眾所周知的事實[3]。從社會政治的脈絡來看，隨著「國家總動員法」(1938)的通過，加上教育令三番兩次的修訂，「陸軍特別志願兵制度」、「創氏改名」、「國民精神總動員運動」、「國民總力運動」、「徵兵制度」等一系列措施被實行，戰時動員體制的法制化才得以具體而微地展開，體制化的掠奪基礎亦得以奠定。緊隨而至的，便是以建設「大東亞共榮圈」爲目標的國家總動員體制之確立。總之，中日戰爭後，包括朝鮮在內的東北亞三國，隨著戰爭的不斷激化，經濟、文化、日常生活等社會各個領域，均面臨了全面的體制變化局面。

　　當然，此種變局的進程在法制、經濟、文化和日常生活等不同領域，是以不同強度和速度推進的。變局起因於殖民主體與客體之間的力量失衡，對正在行使的權力形成反應與逆反應之交互作用[4]。圍繞這一作用與反作用的機制，必須特別加以關注的是，顯現此種不均衡力量的「發話立場」和「發話主體—他者之間的相互作用」。因爲變局中，或者讓此變局得以顯現的機制中，包含了無法評判爲中立或客觀的其餘支點(place)[5]。嚴格說來，或許此種變局正好是反映「地域

3　「內鮮一體論」是中日戰爭勃發之後的1938年8月，由朝鮮總督府總督南次郎制定的統治朝鮮政策的代表性口號。

4　關於視角與權力的矛盾情感，請參見周蕾(Rey Chow)(著)，鄭載瑞(譯)，《原始的激情》(Primitive Passions)(首爾：移山，2004)，第一章。

5　從這一思路出發，本文將著力考察在日本發行《摩登日本》的臨時刊行本／朝鮮語版本(1939、1940年)。《摩登日本》朝鮮語版和《摩登日本》特輯號，在馬海松的積極努力下得以出版。由於1939年11月那期引發了意外的回響，1940年才得以繼續發行。這本雜誌雖然帶有大眾流行雜誌的特點，但在其朝鮮語版本中，日常與文化、純文學與大眾文學交叉並存，尤其是帝國主體對朝鮮人的發言呼籲，和朝鮮知識

結構」和「帝國—殖民結構」之流動性的一個橫斷面，其本身恰好暴露了不均質的結構實況。國民精神總動員聯盟以五戶(農村)和十戶(城市)家庭爲單位組成「愛國班」，以官廳、學校、公司、工廠爲中心組成職場單位聯盟，且試圖利用連接國策和國民的細密連線，來統制日常生活。由此可以看出，中日戰爭之後，朝鮮(人)的日常生活被嵌入集體主義統制體制的恢恢大網中[6]。由上而下強制推行的變革命令，形同一種爲有效動員和掠奪而發出的形／質(即形式與實質)均需變更的要求。但是，以「內鮮結婚」問題爲例視之[7]，殖民者和被殖民者之間的「迫其屈就與被動實踐」，很難被看作是直線或單線進行；因爲，即使不過度強調「內鮮結婚」未能(或沒有)產生實質性結果這一事實，在主張「內鮮結婚」的殖民者和被殖民者內部，亦已存

(續)————————————

　　　分子對帝國的發言呼籲這兩種互爲異質的理念亦同時並存。朝鮮語版
　　　《摩登日本》之所以有趣，是因爲根據發話主體地位和發話對象的不
　　　同，出現一些不相符合的交匯區。

6　　當然，國民精神總動員聯盟設立的「愛國班」在農村取得了意想不到
　　　的成果。進入1940年，京城白米短缺，此時，在調查庫存糧食，製作
　　　調配制度的過程中，通過動員愛國班，的確取得很大的成果，這是事
　　　實。這主要是因爲在農村，生產活動和日常生活緊密相關。而在城
　　　市，情況與此截然相反，愛國班未能取得如此大的成果。

7　　於1938年9月召開的朝鮮總督府時局對策調查會議的諮文事項中，列
　　　有關於強化內鮮一體的條目(即強烈要求獎勵內鮮人通婚的切實措
　　　施)。之後，在同一個月朝鮮總督府的內鮮結婚政策正式推行。「內
　　　鮮結婚」是如果沒有仔細考察各方面立場差異，就難以看出其中意味
　　　網的難題之一。從總督府當局者的立場來看，「內鮮結婚」是內鮮一
　　　體論的自然歸結，不是捷徑，而且，從這一脈絡出發，「朝鮮人性」
　　　的脫殼問題，成爲當時主要議題。另一方面，正如主張將內鮮一體徹
　　　底化的代表性一體論者玄永燮所言，在朝鮮「內鮮結婚」是以成爲
　　　「日本人」的有效方法被接受的。參見蔣龍京，〈日帝末期內鮮結婚
　　　論與朝鮮人的肉體〉，《歷史問題研究》18，2007年10月，頁195-
　　　214。

在極為異質的立場差異。即便是從看起來較為明瞭的法制化過程方面，也可以明顯發現，根據立場的不同，「迫其屈就與被動實踐」的意義和詮釋無可避免地出現相當程度的差異。

從這一脈絡來看，那些關乎確立殖民政策理念基礎的問題，譬如「如何看待朝鮮」之類的問題，正好可視為是暴露不均質結構裡更為複雜的支點。如果說「如何看待朝鮮」此一問題很重要，那麼其重要性並不在於這個問題的內容本身，而在於更高的層次上。也就是說，透過這個問題，可以知道此時出現了重新認識朝鮮的必要。那麼，朝鮮應該由誰來重新認識？如果對主體沒有清楚的認識，則無法回答任何問題。為了具體深入地探討，首先不能不明確審視此視角。

假設從殖民統治主體的視角出發可以看出，關於「如何看待朝鮮」此一認識的變化，與1910年之後持續進行的殖民同化政策的集中強化，以及同化政策自身潛藏的內在矛盾的集中爆發，不無關係。與構築殖民地內部的過程類似，視同化政策為基本措施的日本殖民政策，也將精力傾注在風俗改良上，如教授日本語、改用日本名、獎勵異族通婚等。即使存在內部分歧、龜裂的痕跡，這些日本政策在殖民地時期持續不斷推行，卻在戰時被要求快速體制化[8]，其主要原因應

8　為盡量縮小誤會，這裡需要補充的一點是，在殖民主體的殖民政策中，存在這樣一個問題，即政策本身和其具體實施過程的基本界限與自我矛盾。殖民主體一直力圖通過同化政策維持一個穩定的殖民體制，但是這個「穩定的體制」通過和被殖民主體的互動關係，只好維持極其不穩定的內在結構。雖然標榜基於同化主義的殖民統治，但因為存在不均質的地層，所以試圖「穩定地」統治朝鮮並非易事，所以，殖民主體從一開始，就不得不在推行同化政策的同時，一併實施武力強壓統制。從這一觀點看，最能反映殖民支配理論的自我分裂支點的政策，恰好是內鮮一體論。邊恩眞，〈從朝鮮人的軍事動員看日帝殖民政策的特點〉，《亞細亞研究》112，2003年7月，頁201-203。

該在於戰爭和戰時體制此一轉換性條件造成的改變。在「新東亞建設」的名義下，日本一方面計畫「進軍南方」，一方面夢想「進軍大陸」。此時的朝鮮，在順應日本這一觀點的時候，才感到有必要對朝鮮是「有機聯繫內地、滿洲、北支不可或缺的紐帶」[9]這一點進行重新評價。

　　那麼，跟隨而來的一個問題是，從被強迫要求變化的朝鮮視角出發，那些強調朝鮮半島具有政治、經濟、文化等重大使命的觀點，是如何被理解並予以接受？或者，又是如何被曲解並抗拒呢？可以說，這與另一個問題不無關聯，那就是迎接這種總體變化局面的，很難說僅僅是朝鮮單方面吧？事實上，在朝鮮這一邊，有相當多的知識分了認為朝鮮人和內地人的血統不同，風俗不同，除此之外生活狀態、體質、容貌等等幾乎所有方面都不盡相同；所以，自然是萬事難以溝通融合(金束仁)；而且內地人通常不理解朝鮮人的生活和思維方式，他們的優越感太強，對朝鮮人的偏見太深(中南澈)[10]。由此可見，在具體情況的層面上，可以確知的是，變化的要求已滲透到日本—朝鮮—中國三方國家的各個方面，而且是同時進行、彼此交叉、相互作用的。

　　考察具體且接近實際狀況的權力之作用與反作用關係，或審視並檢驗其結果，這是否可行？筆者暫且不想予以深究[11]。在此，本文試

9　野崎竜七，〈朝鮮工業的躍進〉，《摩登日本》10：12，臨時大眾刊本／朝鮮語版，1939年11月。尹素英(等譯)，《摩登日本與朝鮮1939》(首爾：語文社，2007)，頁171。

10　〈朝鮮人最易被內地人誤解的幾點〉，《摩登日本》11：9，臨時大眾刊行本／朝鮮語版，1940年8月。洪善永(等譯)，《摩登日本與朝鮮1940》(首爾：語文學社，2009)。

11　筆者認為，2000年之後，以韓國的文學系和歷史系為中心，正式形成的1940年代前後時期研究，試圖探討的終極問題與這種不均衡的經

圖考察的是1940年代前後時期的日常生活。具體而言，將關注出現在要求(或被要求)急劇變化的殖民者與被殖民者、帝國與地方的變化，以及與這些變化互相拉扯推動，看似每天反覆進行著的「現在」；特別是，因兩者之間的不均衡而產生的差距。筆者將這種差距命名為「日常」。本文關切並試圖重新審查的就是這個「日常」。「1940年代前後的日常」，這一研究對象既非固定不變，亦非被後歷史化束之高閣，突然遭到發掘，才得以顯露面貌。所以，考察1940年代前後時期的「朝鮮日常」此一工作，與其說考察日常本身的內容，毋寧說是考察在日益強固的法制化、日益巧妙的政治思想合理化，以及基於不同主體與發話層面的力量與論理的堅固組織之間，如何找到窺見其變化局面的縫隙，如何才能與這些縫隙所呈現出的差距相遇的過程。具

(續)

　　濟、文化、日常等息息相關。有關1940年代前後殖民地朝鮮的研究，在揭示戰時動員機制所潛存的暴力性和內鮮一體論以及皇民化理念的虛構性方面，取得了卓越的成果。從中日戰爭勃發，到擴展為太平洋戰爭，如果說針對這一時期的研究依然圍於「親日與轉向」這一結構，那麼，有關1940年代前後時期殖民地朝鮮的政治社會現實的研究，以及關注那一時代生活主體的日常生活研究，則脫離了偏狹的民族主義視角，將曾經冠以「黑暗期」之名被拋棄的歷史的恥辱，拉進學術討論的範疇。由此，為擺脫「支配與被支配」，或者「民族與反民族」此種二元對立思維模式的桎梏提供了重新審視討論的可能性。尤其是最近的一些研究，從「法西斯」角度出發，克服了以「掠奪與反抗」二元對立的思維結構去討論1940年代前後時期的作法，將審視的焦點集中到日常生活層面，並進行了頗為有趣的嘗試。參見宮田節子(著)，李亨郎(譯)，《朝鮮民眾與「皇民化」政策》，(首爾：一潮閣，1997)；崔尤利，《日帝末期殖民地支配政策史研究》(首爾：國學資料院，1997)；延世大學國學研究院(編)，《日帝殖民支配與日常生活》(首爾：慧眼，2004)；房期中(編)，《日帝下知識分子的法西斯體制認識與對應》(首爾：慧眼，2005)；權明雅，《歷史的法西斯主義》(首爾：書世界，2005)；房期中(編)，《殖民地法西斯的遺產與克服遺產的課題》(首爾：慧眼，2006)。

體言之，正如開頭引文中所傳達的，對於「統制強化政策與新秩序建設論」所創造的空間之立體考察，也就是對於經濟—文化—日常這一局面所製造出的不規則縫隙的全面考辨[12]。

二、經濟蕭條與戰時景氣的「間距」：非菁英的存在方式

從政治理念的脈絡來看，在1938年到1940年前後，有關「東亞協同體」爭論的沸沸揚揚，似乎為知識分子提供了一個解決殖民統治下民族問題的新方案。同時，這一時期，「東亞新秩序」論轉變為「大東亞共榮圈」[13]論，戰爭因此擴大，而非終結，地域秩序的重新整編也因此帶上暴力性質，而非和平整編[14]。在這一轉變過程中，連續性

12　借用Tessa Morris-Suzuki的觀念，這是將「邊境」或「邊境地帶」，而非中心地帶，放在敘事中心的方式，也就是說，因統治理念或法律而產生的分裂、離散之中，對於那些活生生的存在者生活的探討。Tessa Morris-Suzuki(著)，林成模(譯)，《從邊境遙望現代》(首爾：如山，2006)。參見序言。

13　二次世界大戰期間，日本帝國主義為了賦予侵略並統治亞洲、太平洋及大洋洲地區的行為正當性，打出「大東亞共榮圈」理念，1940年8月後，這一理念迅速傳播。

14　考察這一時期知識界的動向可以發現，無論是對無法繪製藍圖的模糊世界的原典式批評，還是通過極端的自我反省，而力圖進行徹底的自我揭露與解體的實踐，或者試圖更接近模糊世界的努力，以及從日本的新體制構想理論中著力發現新希望的作法，1940年前後，知識界面對現實的方法，雖然具備各種理論系譜和指導性的方法論，但依然與對已體系化的現代本身(這現代是他們一直積極追隨的)的最基本的省察互相連繫。當然，知識分子的這些討論具有一個指導性方向，那就是他們普遍渴望一個新的主體出現，這個主體能夠帶領他們實現一個統一的現實世界，或者能夠引領這一新的世界繼續前進。當代大多數的知識分子之所以能夠在「東亞新秩序」構想中發現能克服殖民地或現代本身的基本矛盾以及局限性的可能性，或許正是因為他們在有意或無意間，對統合抱有期望。無論這一點是否與「超越近代」相關，

轉變和非連續性轉變(亦即斷裂)同時並存。必須強調的是，嚴格說
來，這是知識分子領域內的轉變。關於1940年代前後時期的眾多分
析，大部分並未有意識地去分辨和操作這一點。所以，爲了考察1940
年代前後時期朝鮮的日常生活，本文試圖與以往的研究傾向拉開距
離，將關注的視線移向非菁英階層。

　　當然，戰時體制之下，朝鮮人受到嚴格的監視與統制，輿論管理
和戰時宣傳完全控制了資訊管道。因而，那些不屬於菁英知識分子領
域的存在者們，亦即那些可以稱之爲普通大眾的存在者們，他們是如
何認識並應對戰時體制所帶來的變化格局呢？也就是說，他們是如何
面對這一個動盪的時代呢？事實上，揣測普通民眾如何面對並認識戰
時體制變局，並非易事。因此，只好透過在當時非菁英階層流傳著的
各種「戰時流言蜚語」、牆壁上的各式塗寫、傳單等，來佐證戰時理

(續)───────────────

　　或者無論當代知識分子是否願意，最爲明確的一點是，1941年之後，
殖民地朝鮮一方面被日本納入強化統治與動員的體制中，另一方面，
又面臨從分裂走向統合的新局面。這個新局面是自發的「克服理念與
生活的乖離相剋，必須實現新的和諧與統一」的局面，或者是「現代
文化必須轉變的方向──文化國民化與文學精神的國民轉變──」
(崔載瑞《轉換期的朝鮮文學》)的新局面，這種新局面完全有別以
往。這可以說是局勢的轉變或體制的質變。拋開殖民地知識界的主體
問題不談，這種轉變的局勢從「階級」向另一個「東洋」大主體飛
躍，且藉一代異質知識分子的登場加以整理，都可以在這個脈絡上理
解。參見金哲，〈「近代的超越」，「浪費」，以及威尼斯
(Venezia)〉，《民族文學史研究》18，2001；許炳植，〈本分的倫
理與教養的終結〉，《現代小說研究》32，2006年12月；金哲，〈憂
鬱的哥哥／明朗的弟弟〉，《尚虛學報》25，2009年2月。必須記住
的一點是，這些討論都是從當代視角來看待1940年前後時期，也就是
說，當代的普通觀點認爲1940年前後時期是從一個理念到另一個理念
轉變的理念轉換期。因此，置學術研究的意義而不顧，這些研究的焦
點集中在轉變的局面或具體的變化內容上。但在轉變局面上集中的結
果，很難把握這一複雜的形質轉變的過程本身。

念的統制不可能是單向的、全面的[15]。

　　本文之所以將貫穿於1940年代前後時期朝鮮社會的各種變化，放在帝國日本的戰爭情境下，尤其放到戰時政治體制和經濟層面加以考察，其原因也正在於此。這是本文問題意識的一環。當然，對戰時體制和戰時經濟進行考察，並不意謂著將對各種變化進行數值分析。本文力圖強調的是經濟所代表的物質基礎其變化所帶來的具體後果，到底是什麼？

　　事實上，直到正式進入太平洋戰爭並開始實施徵兵制的1942年5月爲止，朝鮮還屬於戰爭後方。可以稱之爲「迫其屈就」的變化格局，事實上從一開始就表現出「一面戰爭、一面建設」的異質傾向。所以，先不管「徵兵制」的實施，是否意謂著朝鮮被正式納入戰時體制。總之，業已發生變化的局勢之下，蘊藏著的一些新的方向性。也就是說，看似與互不相同的空間連繫著的異質方向性，不僅使得日本、朝鮮、中國不得不在這一變化中，重新確認自己的國族身分；同時，作爲一種悖論性的力量，它還誘發社會各個領域產生巨大變化。換言之，這種異質的方向性震動了整個社會。

　　1940年前後，戰時體制被進一步強化，同時戰時氛圍也迅速向四處瀰漫，即便是日常生活中的廣告也被戰時氛圍籠罩。這些細節進一步促進了戰時感覺的日常化。「食欲、消化、便痛，無論哪一個瓦解，健康不得不總退卻，所以，不要推遲到明天，從今天就開始用

15　邊恩眞，〈日帝法西斯戰爭(1937-45)與朝鮮民眾的戰爭觀〉，《歷史問題研究》3，1999年6月，頁163-164。根據邊恩眞的研究，殖民地時期的朝鮮人主要是前往海外聽聞或目睹戰爭情況，或者間接聽到有關戰爭的消息，也有很多情況是從反面來解讀日本帝國主義的具體政策，所以，1940年前後時期的殖民主體，爲消除有關戰爭的各種流言蜚語及應對間諜活動，煞費苦心。

EBIOS保護胃腸健康吧」[16]，「改善參與長期建設的國民體制的高效營養品，最適合產業戰士恢復疲勞、保健身體的國策營養必需品——Megane肝油」[17]。正如這些廣告所傳達的，在戰時依靠科學發展而不斷改進的醫藥品廣告，也積極回應戰時體制的變化要求，在日常生活層面上傳播它。

　　此外，從朝鮮經濟的規模、水準，以及伸手可及的生活細節，都可以感受到經濟蕭條與戰時景氣的悖論性共存。在戰時動員體制實現全面性變化的過程中，朝鮮經濟界也面臨「從原料時代向產品時代的轉換」。朝鮮總督南次郎曾經頒布了一系列政策措施，力圖推進朝鮮的「農工並進」；然而進入戰時，爲了充分利用朝鮮這個兵站基地，卻積極推動礦工業和水產業的發達。「從原料時代向產品時代的轉換」，可說是其結果。正如南次郎總督所言，「大陸兵站基地」，其實含有兩種要素：一是人才的教育與培養，將半島民眾培養成忠良的皇國新民；二是促進國防生產力[18]。而朝鮮經濟界的變化，正與後者相關。

　　另一方面，爲加強內鮮滿支(日本、朝鮮、滿洲、中國)之間的聯絡運輸，1938年10月之後，新開設了釜山直達北京的旅客列車，這些列車不僅方便內鮮滿支之間的聯絡，同時也爲經濟開創了新局面[19]。

16　《摩登日本》10：12，臨時大眾刊行本／朝鮮語版，1939年11月。參見尹素英(等譯)，《摩登日本與朝鮮1939》(首爾：語文學社，2007)，頁9。

17　同上註，頁282。

18　志願兵制度的實施、教育革新、創氏改名、國民精神總動員聯盟成立、神社的建立等，即是其具體的實踐專案。洪善永(等譯)，〈南次郎總督的發言〉，《摩登日本與朝鮮1940》(首爾：語文學社，2009)，頁61。

19　《摩登日本》(1940)朝鮮語版中，刊有介紹朝鮮總督府鐵路局交通設施的廣告。朝鮮總督府通過廣告，一方面宣傳旅行是「認識飛躍的朝

在此局勢下，去日本求職的朝鮮人，於1938年末達到80萬人。雖然在日勞動者的生活絕不豐裕，甚至可說是幾近奴隸般的生活，但前往日本的朝鮮人比率仍然不斷增加。儘管關於這些變化所引發互為交錯的意義，需要展開複雜的討論，但總結來說，這可說是日本經濟高速發展所帶來的衝擊之緣故[20]。這個從日本衝擊而來的戰時經濟的餘波，對包括首爾在內的京鄉各地，提出了社會結構與生活細節上變化的要求。

　　當然，從朝鮮這一方來看，隨著戰時經濟統制的逐步強化，戰時體制的掠奪性結構亦愈加露骨，朝鮮經濟因移入之日本資本的壟斷支配而形成的內部矛盾，越來越深化。從民眾實際生活水準來看，經濟蕭條的程度極為嚴重，已毋庸贅言。從載有「京城商工業會議所」議員有關戰時經濟討論的《朝光》雜誌，1938年7月號的座談會可以發現，中日戰爭爆發之後朝鮮庶民根本無力擺脫窘困，經濟狀況只能出現一再緊縮的傾向。另外，座談會還針對當時「因為經濟條件極度貧困，根本沒有能力儲存物品；自從戰爭勃發沒有一個朝鮮人的經濟條件因此好轉等生活感受；以及在強行實施節約消費、獎勵存款的過程中，依然只能過著連基本生活費都必須節省的異常艱難的經濟生活」等現實，進行了討論。殖民地朝鮮，尤其是1939年大旱後的朝鮮日常

（續）

　　　鮮的機會」，另一方面勸誘大家乘坐通往大陸的直達列車。這一期的交通篇中，介紹有「釜山—北京的直達快車9、10號，釜山—新京（長春）的直達新幹線ひかり號，釜山—京城的あかつき號列車」。此外，還刊登了列車時刻表。

20　從1880年到1940年，日本經濟的年增長率為3.2-5.5%。考慮到其他國家的情況（經濟恐慌），這已經是非常令人吃驚的增長率。1937年，日本的電力生產與消費占世界第一位，鋼鐵占第六位。日本儼然成為推動世界資本主義體制的重要一員。參見金基正，〈世界資本主義體制與東亞地域秩序的變動〉，《東洋地域秩序》（首爾：創作與批評社，2005）。

生活領域，伴隨著極度的貧困，厭世情緒也日益濃烈。

這在蔡萬植的〈雜魚〉(1939)中，可見一斑(這部作品描寫都市下層民眾，尤其以女性悲慘生活爲要)。在日帝統治時代，與成爲一個大文豪的理想相比，更優先、更緊要的是獲得一個有工資的職位。經濟已非常緊迫。就像咖啡店女招待所歎息的：「以非常時期爲藉口，物價像閣樓尖頂一樣直沖雲霄；以非常時期爲藉口，小費一個勁兒地減少；以非常時期爲藉口，本來就像獐子尾巴的那點工資更少了；以非常時期爲藉口，營業時間也縮短了」。此時，「因爲非常時期而大受打擊的」[21]，自然還是下層民眾。正如〈雜魚〉所傳達的，懷孕的事實將咖啡店女招待推向絕望，這絕望不是來自於她對前往北支的男人的怨恨，也不是來自擔憂腹中胎兒模糊不定的未來。這篇小說將她的絕望置於因爲懷孕無法繼續工作，導致留在家鄉的雙親和三個弟妹或許會因此面臨餓死的境地。由此可見，下層階級的經濟生活之苦不僅僅是個人的，從這裡還可以推測出，處於經濟鏈條上的朝鮮民眾，他們的生活何其艱難。

> 「也不是經常這麼緊巴巴的，今年轉入戰時才這樣的！想一想吧！生產的罐頭全都成了前線勇士們做菜的原料了。所以，我們也算是分擔戰鬥的士兵吧。如果我們歇工一天，前線的勇士們豈不要餓一天的肚子？」
> (中略)
> 「那當然了！對了，你有沒有想過去北支？」
> 「去北支？」
> 「是啊，去北支。今天我們公司社長說，他認識的一家紡織

21　蔡萬植，〈雜魚〉，《人文評論》3，1939年12月，頁165。

公司準備進軍北支，我們這邊如果有想去的，他可以給轉到那邊。」

「那，美禮説要去？」

「哎呀，今天拜年的時候才説的，她哪有那個時間呀。反正，我想去。社長説，事變或許會很快結束，但建設可不是一天兩天的事兒，現在去北支的人，至少要做好將屍骨埋在那兒的準備。我覺得他的這句話特別有魅力。」[22]

這樣悲慘貧困的生活中，「現在有個男人，去北支賺個百萬，如今衣錦還鄉，如流水般地花錢」[23]的傳言日漸盛行。正如上述引文所傳達的，普通民眾對北支有一種非常迷茫的期待，甚至以爲「這也是托戰時的福」（鄭飛石，頁146）；戰時經濟似乎因京城的變化在膨脹，而戰時景氣的氛圍也飛速傳遍朝鮮，包括普通的商家也受到影響[24]。

1939年6月23日的臨時閣議上，一項物資總動員計畫被制定出來，隨後發布了具體的實施説明；由此可以説，戰時體制已然正式形成[25]。隨後，當然伴隨著正式的物資統治，但問題是這種戰時體制下的統治政策兀自執行著，似乎與戰爭的進展毫不相關。不過，頗爲有趣的是隨著戰爭的展開，生活經濟的觸角在難以逃脫的統治鉗制下，居然沒有被完全斬斷。在朝鮮內部，插手礦產這類軍需產業的人與日

22　鄭飛石，〈三代〉，《人文評論》5，1940年2月，頁146、163。

23　蔡萬植，〈雜魚〉，《人文評論》3，1939年12月，頁163。

24　金圭晃、孫完榮、李東善、洪昶裕、李健赫、咸大勳、金來成(著)，〈戰時經濟座談會〉，《朝光》4：7，1938年7月，頁51-58。

25　爲了物資總動員的執行而制定的具體政策，列有十項內容。其核心爲抑制物資、節約物資消費、確立振興出口策略等。

增多，娛樂產業也隨之發展起來。雖然不少人還在走私毒品，但整體來說，北京、天津、濟南等地的朝鮮人越來越多，許多低成本的中小企業主甚至在北支開起了咖啡店、茶館、妓院、旅館等等[26]。

與戰爭密切相關的布匹和五金行業在戰時格外受歡迎[27]，雖有物資統制，但棉布商的收入居然急劇上升，新設公司也隨之增加。朝鮮經濟界，以某些特定部門為中心，甚至出現了增長的趨勢[28]。雖然這是一種不均衡的狀態，但是趁著這股浪潮，在朝鮮的特定區域，例如北鮮與東海岸等地，人、機器、金錢卻蜂擁而至[29]。由戰爭製造的這股活力，為生活在朝鮮內部的人，準備了一條發洩金錢、立身、變更（或獲取）社會地位等種種欲望的通道。1930年代中葉，如熱風一般席捲而來[30]的摩登文化更引起大眾的廣泛興趣，這股熱浪推動了娛樂文化的進一步發展，夢想一獲千金的浪蕩主義在這一時期成為推動社會的一種力量。因戰爭而看似繁榮的景況，遍布朝鮮各地。

---

26 〈機密室，我們社會的諸多內幕〉，《三千里》10：8，1938年8月，頁28。

27 〈機密室，朝鮮社會內幕一覽室〉，《三千里》10：5，1938年5月，頁23。

28 李健赫，〈新春經濟界展望〉，《朝光》5：2，1939年2月，頁51。阿布留太，〈朝鮮經濟界的展望〉，《摩登日本》10：12，臨時大眾刊本／朝鮮語版，1939年11月。參見尹素英(等譯)，《摩登日本與朝鮮1939》(首爾：語文學社，2007)。

29 岩島二郎，〈從北鮮到南鮮〉，《摩登日本》11：9，臨時大眾刊本／朝鮮語版，1940年8月。參見洪善永(等譯)，《摩登日本與朝鮮1940》(首爾：語文學社，2009)，頁281。

30 諸如「朝鮮的唱片洪水時代來臨了」(七方人生〈朝鮮唱片的製作內幕〉，《朝光》2：1，1936年1月，頁258)。「在首爾，能夠吃飯的有錢人家甚至是低收入員工的家庭裡，都裝上了收音機」(Antenna生〈收音機，誰最拿手〉，《朝光》2：1，1936年1月，頁274)。1930年代，對新媒體的狂熱，引發了摩登文化熱潮。

　　總而言之，在朝鮮必須面對的這個時代轉換的大局勢下，大多數朝鮮人一方面逐漸感受到「金錢」所象徵的資本巨大威力，另一方面又為極度窘迫的生活困擾不已。同時，與這種切身的生活感受並列共存的(不，應該是極端不對稱的)戰時景氣的餘波，誘發著對社會變革的期待[31]。這裡需要注意的是，積極擁護這種戰時景氣並真正享受到恩惠的朝鮮人，只是其中極小部分，他們只是為數極少的上層菁英。殖民地時期，因理念變化而真正獲得躍升，或能體驗到真正變化的這些人，在整個殖民時期的學生集團中，占不到0.2%。這些少數的菁英，高等教育的受惠者，只須分析這些通常被認為是近代以後引領時代前進的代表性人物的青年們，因入學和就業困難而備受折磨，在中日戰爭爆發後處於何種狀況，就不難發現這樣的事實。

　　於1930年代前後達到頂峰的經濟大恐慌，一直持續到戰爭爆發之前。在這一過程中，戰時經濟這一特殊實體逐漸得以成形。但是，中日戰爭後經常出現在報紙的社會現象中，一個不容忽視的現象是年輕人自殺率的增加。中日戰爭的爆發，使得高等技術人才的需求激增，官立京城礦山專科學校和私立大同工業專科學校應時而立，1941年京城帝大理工學部也創設了。進入1937年，高等人才的就業率開始增加，尤其是自然科學領域的學校畢業生，畢業之前通常便已全部被定好了工作[32]。也就是說，當那些因生活窘困備受折磨的青年人，以及那些因求職失敗的青年人接二連三自殺的同時，那些獲得專科學校及專科學校以上學歷的高等教育受惠者，卻享有廣闊的立身出世的可能性。

31　這裡，需要和1930年代後期達到頂峰的淘金熱、股市熱，以及投機熱加以區別。

32　鄭善利，〈日帝強佔期高等教育畢業生邁向社會的狀況與特點〉，《社會與歷史》77，2008年3月。

　　不同於各種數值和統計顯示的朝鮮經濟高低起伏的變動，在考察
日常經濟脈絡時必須記住的一點是，無論經濟蕭條還是戰時景氣，透
過單方面考察都無法準確把握住那個時代人們感受的歧異與龜裂。
1940年代前後的朝鮮人，同時經歷著經濟蕭條和戰時景氣這兩種互為
異質的感覺。也就是說，一方面，他們的肉體經歷著經濟衰敗帶來的
深切痛苦；另一方面，又對戰時景氣帶來各種變化的可能性存有期
望。這是兩種互為異質卻共存一處的感覺，或者說是兩種互不重疊的
支點。如果不對此進行考察，就無法把握戰時日常和變化所引起的各
種裂隙，也無法想像或全面理解那個時代的非菁英階層(很難用大眾
或民眾命名)的存在方式。

三、「渴望變化」的處世原理：與現實一起舞蹈

> 最近兩三年以來，黃金價格持續攀升，坊間每噸十四元五十
> 錢，如果加上增產獎金，賣到十七、八元不成問題。
> 隨著政府積極推行的產金增產政策，如今持續攀升的黃金價
> 格，正如文字所表示的——已將朝鮮天地帶入黃金熱時代。
> 再進一步，這甚至是揚棄一個重大的歷史機能。……在鄉村
> 轉一轉即可發現，就幾乎沒有一個不報名去金礦的。
> 在京城，入宿旅館的十有八九是金礦從業者。……醫生扔掉
> 手術刀，律師脫掉律師服，全都奔向金礦，奔向金礦。[33]
> 小百合覺得秉甫如盲人一般的純情是她無論如何都無法背負
> 的負擔，她永遠放棄了仁美，對椿姬的世界也感到幻滅，如
> 今的小百合只能被泰雄的世界所吸引，別無他法。
> 從泰雄的世界——從秉甫的世界出發，經歷小百合、仁美、

33　蔡萬植，〈黃金與文學〉，《人文評論》5，1940年2月，頁96。

椿姬的世界，終於能夠到達的，甚至連醜惡都如花一樣美麗耀眼的，不正是人類精神能夠到達的最高的世界、極致的世界嗎？

苦惱了很久，努力想找到的不就是那個世界嗎？

如果說秉甫站立的地方是人類精神之美的一個最高峰，那麼泰雄佇立的地方肯定是另外一個最高峰。

仁美、椿姬的世界位於這兩者之間，不過是低頭俯瞰的兩個選擇而已。如今的小百合覺得，即使在從這個山峰跳到那個山峰的過程中掉下來摔死，她也只能走這條路。她已決意身臨懸崖。[34]

刊於《人文評論》創刊號(1939年10月)的李孝石短篇小說〈一票的功能〉中，有這樣一個可以稱之為「盲目追求變化」的人物。也就是說他並不清楚「變化」的實際內涵，只是將「變化」本身視為唯一的生活哲學。「變化，對他而言是與生俱來的哲學，也是處世的原理」[35]，一個三十歲的法學士，實質上的改變幾乎不再可能，但他依然從記者跳到律師、再到「府會議員」，對於社會地位的變化，他流露出一股強烈的欲望。為何他如此熱衷變化，這裡面可能有其內在原因。但與此相比，更加重要的是，小說主人公(一個知識分子)看待這個人物時所產生的內在共鳴，「他那種一直反覆『只有成為議員，才夠體面，才可以行使權力』的焦躁不安，好像我自己的事似的，深入到我的心裡」(頁179)。從主人公如此的告白中，我們可以看到，在

34　蔡萬植，〈雜魚〉，《人文評論》3，1939年12月，頁190-191。

35　李孝石，〈一票的功能〉，《人文評論》創刊號，1939年10月，頁178。

風雨飄搖的社會中，很少有朝鮮人能夠守住自我，克服將自己託付給變化的衝動。

被要求變更社會地位和身分的這種情況，同時伴隨著因不能保證社會秩序持續可能性及穩定性而產生的恐懼[36]。所以，這變化與階級或民族無關，純屬個人層面的事。也就是說，在時代變遷的面前，因為找不到方向而徘徊不定的人們，變化對他們而言，是日常化的自我肯定，當然也可以說是極端自我喪失的表現。正如鄭飛石《三代》中的主人公亨世所言，「變化的衝動」往往以強調「比起否定世界、懷疑世界，與現實共舞，如此生活是多麼美好」的方式發出，便與這種情況不無關係(鄭飛石，頁163)。個人對變化所作出的選擇，基於這樣一個判斷，即面對分不出是非、看似瘋狂的時代巨變，所有人切身感受到「如果不和瘋狂的人一起遊蕩一起高喊，就只能放棄自己的人生，除此之外別無出路」(鄭飛石，頁161)。這種感受使人作出自己的選擇。在這裡，無論是自願抑或被迫，既有對肯定現實的一絲絲希望，也有只能投身現實、別無他途的自暴自棄情緒，兩者顯然同時並存。

與此一脈相承，將自身託付給變化的這種欲望，其表現方式通常為追隨「金錢」所代表的資本。這意味著戰時的日常生活，民眾只能通過自身去感受社會重新整合所傳達的資本原理。以留聲機傳來的「探戈」為誘餌，或以燈火管制為誘餌，試圖誘惑繼女的「情人的欲望(主體)」；通過財閥家的女兒圖謀身分上升的欲望；洞察在「金錢」可以推動一切的世界裡間雜騙局與陰謀是理所當然的原理，便設下騙局，試圖抓住絕無僅有的機會的「騙子的欲望」(《愛的水族

---

36 對於隱藏在現代的恐懼，參見Zigmunt Bauman(著)，咸圭鎮(譯)，《流動的恐懼》(首爾：散步者，2009)。

館》）；投注自身所有，試圖換取希望之地北支，或北支所象徵的
「金錢」的「投機者的欲望」（〈雜魚〉）。正如上述這些形形色色欲
望所展示的，不知爲何，在那個只要求變化的時代，眞正的愛情最終
卻變成了罪惡，「想眞實生活的願望最終卻成了一場虛妄的夢」（蔡
萬植〈雜魚〉，頁181）。這是令人無可奈何的時代，然而，或許正因
爲處於這樣一個迫切的現實之下，促使人們爲了不成爲「生活的落伍
者」而去追隨「街頭風俗」，或者奔向對責任毫無意識的世界，並將
北支視爲希望之地。所以，也才沒有了鄉村與都市的區別，醫生扔掉
手術刀，律師脫掉律師服，甚至連小說家都奔向金礦。所有這一切，
都和當時瀰漫於社會的「對變化的狂熱」氛圍不無關係。

　　在戰時，對變化的強烈欲求已被日常化。那麼，其根源在哪裡
呢？縱觀上述，如果說戰時體制所引起的經濟多元化是其中一個原
因，那麼以「內鮮一體」爲主要內容的日本殖民政策，當屬另一個重
要原因。「內鮮一體」殖民政策，是使全社會處於流動狀態中的另外
一個非常重要的推動力。以「內鮮一體」爲基礎的同化政策，之所以
在實踐層面上不得不重複其模糊不定的立場，正是緣於其圍繞統一性
和差異性而產生的進退維谷之艱難處境[37]。探討的依據來自社會位階

---

[37]　毋庸贅言，同化政策裡包含一個困境，那就是政治身分的認同，同時
　　　也還含有關於殖民主體和客體之關係的不穩定議論架構。旨在提倡成
　　　爲眞正日本人的「內鮮一體」，其終極目的在於讓朝鮮人成爲日本
　　　人，而朝鮮人爲了成爲日本人，即爲了實現身分的合一，不得不承認
　　　差異，這是無法避免的二律悖反。即使同樣爲日本人，在這一稱呼
　　　內，依然存在處於不同位階秩序上的另外一種日本人。與此相比，更
　　　爲複雜的問題是，如若承認日本人和朝鮮人的差異，就不能不去認可
　　　朝鮮人政治、經濟自治的主張，反之，如若否定差異，那麼同化政策
　　　就會處在一個無法獲得正當性的尷尬境地。殖民主體與殖民客體之所
　　　以分別從兩個不同脈絡去理解並使用「內鮮一體」理論，其實與此統
　　　一性與差異之間的困境息息相關。

秩序，尤其是因位階秩序而體系化的人種、階級、性別等差異。

「內鮮一體」，意謂將殖民地朝鮮半島提升到與內地(日本)相同的位置。暫不顧及其實現的可能性，「內鮮一體」論的全面傳播過程，事實上已給朝鮮半島提供了試探變動位階秩序各種可能性的悖論性契機。假如利用南次郎總督爲「內鮮一體」的具體實踐而許諾的總督會面時間，提出東亞青年運動的必要性；或者主張朝鮮社會必須實施而提出如下條款——「第一條，實施行政裁判制度的請求；第二條，增加朝鮮人審判長的請求；第三條，司法部各個長官的門戶開放請求」[38]。從這些請求中，我們可以看到那些瞄準殖民統治理念空隙而作出的——被殖民主體的逆反應。亦即，作爲殖民主體爲維持戰時體制而試圖動員的被動存在者，他們正在尋求支配政策的縫隙，要求「不再作爲被殖民、被壓迫的民族，而是作爲堂堂正正的世界大國國民，尋求更生之道」[39]。如此一來，朝鮮人通過自己的視角而試圖重新領土化時的內鮮一體論，便使殖民主體的意圖發生分裂，將可以面向社會各界、各階層的差別取消論的龜裂支點，淋漓盡致地表露了出來。

此外，需要進一步細緻探討的是，位階秩序的理論不僅存在於日本人和朝鮮人之間，在朝鮮人內部也可以發現。通過位階秩序，我們可以看到以殖民地朝鮮人這個單一定義的藩籬，無法劃歸的另一側面。也就是說，爲了讓位階秩序更加清晰，不得不先承認，殖民地朝鮮人這個框架是由差別化和異質化的存在組建而成的一個複合體。

當然，這裡所謂的「殖民地朝鮮人」這個單一屬性的定義，只是一個在殖民地時期從未被實現的理念性定義而已，對此已毋庸贅言。

---

38 〈總督會見記〉，《三千里》10：5，1938年5月，頁33-34。
39 同上，頁41。

考慮到殖民主體與客體的政治身分問題，需要注意的是，「內鮮一體」所代表的同化政策，其進退維谷的艱難處境導致了悖論性的效果。總之，通過位階秩序而被廣爲傳播的同化理論，一方面證明了「殖民地朝鮮人」這個單一定義的虛構性；另一方面，也爲我們提供了一個新的視角。通過這個視角，我們可以看到那些非常異質化的個別的存在方式，看到那些無法歸屬到「民族」或「階級」之中的剩餘支點，以及構成「殖民地朝鮮人」這一範疇的具體要素。

如此看來，從1939年8月1日到1940年3月3日於《朝鮮日報》上連載，取材於現實的金南天小說《愛的水族館》，試圖捕捉的正是那些讓堅固的位階秩序發生變動的欲望之各種躍動。《愛的水族館》中，表面的敘述似乎只是日常的反覆，都市的風景，以及那些凸顯於沒有民族和階級標籤之地的個人欲望。然而，《愛的水族館》中眞正把握的卻是從整體到個人，從思想到欲望主體的轉換過程。這篇小說的敘述之所以看上去像是以愛情線上的關係圖爲中心進展，原因正在於此。

從個別存在者的觀點出發，那個看上去像是情思之網的關係圖，一方面也是以徹底的位階化秩序爲基礎的。無論是那些通過騙局與陰謀而圖謀立身處世的青年，還是那些只顧努力工作，從一切東西上收斂視線的青年，可以說他們的欲望向量(Vector)正源自他們對自身在位階秩序中所處位置的認識。但同時，這個關係網也揭示了那些試圖維持、擾亂或重新配置位階秩序的欲望向量。從這一個層面來看，這篇小說對技術的強烈欲望，可以理解爲對位階秩序產生的龜裂設法探尋解決方案。可以說，通過這篇小說，我們得以確認的正是上述分析所展示的，戰時這一既定現實所帶來的種種不安的震動及效果。

小說中，因金光浩的關係，而與李京熙成爲情敵的姜賢順，在面對李京熙時突然醒悟到，原來她和李京熙的「身分不同！」由此可

見，人物對「李京熙」所代表的位階秩序最上層存有的欲望，無法成為能改變位階秩序的實行力量，故而接受了這一事實。在那個時代，他們的欲望不過是「迷茫、糊塗、幻想」；最終位階秩序沒有被改變，反而更加穩固。雖然如此，正如試圖捕捉位階化之流動性的《愛的水族館》所展示的，應該說從這一時期小說中所能讀出的，並非只是開啓又被關上的局勢轉換的片段，而是通過其縫隙洩漏而出的各種欲望的行動。而且，這些行動的價值也在於它揭示了那些備受欲望煎熬的眾生，以及達到「某種能動諦見」的「欲望消失」的青年們所共存的瞬間本身。

四、「成爲機器人」的悖論或替代品的現代精神反諷

1941年7月23日，總力聯盟會議邀請一些內地和朝鮮的知名報社雜誌社人士，囑咐他們完成聖戰的任務以及爲「總力運動」而奮鬥，同時文化部也將建立「高度國防國家體制」設爲目標，爲了「清新而健全的國民文化」的綜合發展，制定了以下發展方案：

> 1.期待科學思想的普及；2.期待徹底的國民教化；3.期待藝術娛樂的淨化；4.期待出版文化的刷新；5.期待生活文化的充實；6.期待實踐綱要的具體實現。[40]

從科學思想的普及，對國民教化的強化，以及對風氣的約束重建等內容可以知道，這些方案是爲有效轉變爲戰時體制而建立的抑制欲望的機制。通過這些具體條目，「國民文化」才得以重建，而重建

40　〈情報室，我們社會的諸多事情〉，《三千里》13：9，1941年9月，頁77。

「國民文化」的最終目標，可以說是生產欲望已被消除的機器人。徹底消除個人的欲望，以整體的一部分認識自己，這種人我們可以將之命名為機器人。金南天《愛的水族館》中的金光浩，可以說正是戰時體制所創造出的典型人物。對於社會位階秩序，他從未質疑過，也從未因而苦惱過；作為技術人員，他試圖將某些問題悄然內化，而不是努力改變。從這一脈絡出發，我們可以進一步得知，他與小說中的其他人物，即那些因圖謀身分上升而煩惱，因愛欲而備受煎熬的人物（如宋垠道、銀珠等）完全不同，他與他們處在兩相對峙的位置上。

　　需要記住的一點是，這些判斷和上述我們一直探討的「如何看待變化局面」的問題緊密關聯。也就是說，《愛的水族館》中，金光浩對欲望的消弭，與〈浪費〉中的主人公李冠亨的自主選擇，並沒有什麼不同。李冠亨曾經嚮往「某個遙遠的地方，那裡沒有色彩、沒有刺激、沒有噪音，也沒有青春，沒有娛樂」[41]，這是積極意義上的「選擇」，即他為了背離這個欲望燃燒的空間，主動作出的選擇／拒絕。那麼，在那樣一個就連對電影明星的喜好都迅速變換的時代，他們這種主動消除欲望的行為，到底意味著什麼呢？對此，我們很難予以簡單的論斷。也許在此隱藏著，殖民主體與客體這兩種互為異質的視角差異引起的不均質局面的原因吧！也就是說，對於一個「要求變化的時代」，殖民主體與客體的看法自然不同，因為對於「追隨變化」還是「接受變化」，雙方於彼此的解釋是難以苟同的。由於當時的情勢頗為複雜，有必要將這種消弭了欲望的新型主體的出現放在一個更為複雜的意義網內，進行詳細的考察。因為，消弭了欲望的主體的出現，一方面意味著帝國期望的機器人出現；另一方面，也意味著那些在自我喪失的瘋狂漩渦裡試圖守住自我的「墮落的／抵抗的」存在出

41　金南天，〈浪費〉第3回，《人文評論》7，1940年4月，頁297。

現。雖然，這只是一種艱難(也是非常微弱)的抗拒行為，但是應該說這些「墮落的、抵抗的」不均質存在，一直呈現如下一種悖論，亦即通過消除欲望而堅守自我，或者說通過變成「機器人」而堅守自我。

當然，探求新型主體的出現，或探求成為「機器人」的意義，固然重要；但與此相比更加重要的是，對殖民主體在面對「變局」時的種種反應，無法賦予固定意義及對此一事實的清楚認識。在當時，對於經濟—日常—文化這三者之間產生的縫隙，即通過印刷媒體很難把握的菁英知識分子範疇外邊或者其存在本身，從基於生活世界的正面(positive)意義上加以界定，顯然並非易事[42]。這不只是因為對象的限制，更是因為所謂的縫隙發生／捕捉因殖民主體與被殖民主體視角差異產生的不一致。一個較為明確的事實是，我們有必要重新考察，正如《愛的水族館》中金光浩的所作所為，那些志願當兵的青年也處在一個不均質的意義網內，即一個充滿複雜欲望的機制內。他們以欲望「消除欲望」的方式；或者相反，欲望嚮往「變化的衝動」所象徵的外部欲望的方式——這有時也是生存的渴望或者自暴自棄的絕望，甚至是立身處世的欲望或處世的一環——存在於在「欲望／消除欲望」這一層面上，意義不斷脫節的轉換格局的最邊緣。

Stable fiber社

「sf(stable fiber社)是國策產業」，「沒有純毛」，在強大的戰時宣傳轟炸下，世人皆以為替代品比真品還好。然而，替代品終究還是替代品，如果以使用真品的精神來使用替代

---

42 歷史學界的研究，一向把注意力集中在對所謂的「中間支配層」，即朝鮮知識分子複雜性格的分析上。參見〈特輯：日帝下朝鮮知識分子的社會基礎與身分〉，《歷史與現實》63，2007年3月。

品，那麼襪子可能兩天就破了，西服也會皺成一團，這不能
不令人沮喪。

替代品的現代精神

那麼，如何才能從這種煩惱中解脫出來？首先，必須從熱愛
替代品的格言開始。替代品是20世紀獲得巨大支持後從而產
生的現代性產物，所以，帶著過去那種陳舊的思維方式使用
替代品是不合適的。如果不用新式兵器對付另一種新式兵
器，那自然只能如英國以及法國那樣，以慘敗結束。

就拿襪子來說，木棉經過穿來穿去，或許會拉長；但人總會
說，「好不容易才穿的，那就再小心一點吧」，那麼就會穿
很久。這如果是soup公司的產品，可能就會出現完全不同的
狀況。人總會說，「哎呀，太過分了，磨出洞來吧。」虛弱
的替代品很快就破爛不堪了。人心本就像紙一樣薄，此時再
歎息也沒有用了。這就是現代性產物所特有的個性。[43]

　　以上〈寫給小姐們的話〉之下，設有三個小標題，分別是「風度
的心理學」、「替代品的現代精神」、「現代人中的優秀者」。它刊
登於1940年《摩登日本》朝鮮語版，是一篇介紹戰時體制下現代商品
的文章，筆者引用的只是其中一部分。有趣的是，與強調「女性專用
紙面」（lady fax），具有革新性現代性的〈現代人中的優秀者〉一文
不同，上述引文對商品的介紹，語調非常輕鬆幽默，而且不無嘲弄意
味。權明雅曾經將隱藏在戰時動員體制的統制系統裡的矛盾集合點命

43　〈寫給小姐們的話〉，《摩登日本》11：9，臨時大眾刊本／朝鮮語
　　版，1940年8月。參見洪善永（等譯），《摩登日本與朝鮮1940》（首
　　爾：語文學社，2009），頁214-215。

名爲「麻煩」，並加以強調[44]。我們應該將這些看似鬆散消極的矛盾集合點，放到戰時體制這一大脈絡內，積極加以考察。當然，它們在報刊雜誌等印刷媒體上的位置可能非常不起眼，而且這些異質的矛盾集合點也往往僅停留在語氣的層面上。

〈寫給小姐們的話〉強調替代品是獲得熱烈支持的現代性產物，所以對於替代品，必須用現代性的思考方式去接近；不過上述引用文卻同時指出了替代品的虛妄與現代精神的普遍盲點，因而明顯帶有兩層內涵。當然，這種表達可以看作是一面追隨現代，又一面否定(超克)現代的工作之一環，但從表露「殖民—被殖民」的視角不一致這一層面來看，可看作是將戰時體制期的流動性予以書面化的一個例外支點。

通過這一例外的支點，圍繞著戰時體制得以強化，緊密細緻的統制系統逐步構築成形的1940年代前後時期，在「統制與協作，或者掠奪與抵抗」這一框架內，可以捕捉到一個貫串始終的複雜日常片段。而這種接近戰時體制的方式，或許正如Harootunian所言，是從不均等的、時間性日常社會經驗，同時也是從社會實存被生產出來的條件或方式入手，去接近「後殖民」的一種較爲切實的方法[45]。

44　參見權明雅，《歷史法西斯》(首爾：書世界，2005)，第二章。

45　參見Harry Harootunian(著)，尹英實、徐貞恩(等譯)，《歷史的震動》(首爾：人文學者，2006)。

戰爭與分界：「總力戰」下臺灣・韓國的主體重塑與文化政治

2011年3月初版　　　　　　　　　　　　　　　　定價：新臺幣390元
有著作權・翻印必究
Printed in Taiwan.

主　　　編　柳　書　琴
著　　　者　韓國臺灣比較
　　　　　　文化研究會
發 行 人　林　載　爵

出　版　者　聯經出版事業股份有限公司
地　　　址　台北市基隆路一段180號4樓
編輯部地址　台北市基隆路一段180號4樓
叢書主編電話　(0 2) 8 7 8 7 6 2 4 2 轉 2 1 2
台北忠孝門市：台北市忠孝東路四段561號1樓
電　　　話：(0 2) 2 7 6 8 3 7 0 8
台北新生門市：台北市新生南路三段94號
電　　　話：(0 2) 2 3 6 2 0 3 0 8
台中分公司：台 中 市 健 行 路 3 2 1 號
暨門市電話：(0 4) 2 2 3 7 1 2 3 4 e x t . 5
高雄辦事處：高雄市成功一路363號2樓
電　　　話：(0 7) 2 2 1 1 2 3 4 e x t . 5
郵 政 劃 撥 帳 戶 第 0 1 0 0 5 5 9 - 3 號
郵 撥 電 話：2 7 6 8 3 7 0 8
印　刷　者　世 和 印 製 企 業 有 限 公 司
總　經　銷　聯 合 發 行 股 份 有 限 公 司
發　行　所：台北縣新店市寶橋路235巷6弄6號2樓
電　　　話：(0 2) 2 9 1 7 8 0 2 2

叢書主編　沙　淑　芬
校　　對　林　易　澄
封面設計　李　東　記

行政院新聞局出版事業登記證局版臺業字第0130號

本書內容為獲韓國政府所資助的「韓國研究財團」獎助計畫成果
（KRF-2007-361-AM0005）

國家圖書館出版品預行編目資料

戰爭與分界：「總力戰」下臺灣‧韓國
的主體重塑與文化政治/韓國臺灣比較文化
研究會著．柳書琴主編．初版．臺北市．聯經．
2011年3月（民100年）．336面．14.8×21公分
ISBN　978-957-08-3764-3（平裝）

1.文化史　2.日據時代　3.比較研究　4.文集
5.臺灣　6.韓國

733.409　　　　　　　　　　　　100002130

聯經出版事業公司

信用卡訂購單

信 用 卡 號：□VISA CARD □MASTER CARD □聯合信用卡

訂 購 人 姓 名：_____

訂 購 日 期：_____年_____月_____日　(卡片後三碼)

信 用 卡 號：_____ _____ _____ _____

信 用 卡 簽 名：_____(與信用卡上簽名同)

信用卡有效期限：_____年_____月

聯 絡 電 話：日(O)：_____夜(H)：_____

聯 絡 地 址：□□□_____

_____

訂 購 金 額：新台幣_____元整

（訂購金額 500 元以下，請加付掛號郵資 50 元）

資 訊 來 源：□網路　　□報紙　　□電台　　□DM □朋友介紹
□其他_____

發 票：□二聯式　　　□三聯式

發 票 抬 頭：_____

統 一 編 號：_____

※ 如收件人或收件地址个同時，請填：

收 件 人 姓 名：_____ □先生　□小姐

收 件 人 地 址：_____

收 件 人 電 話：日(O)_____夜(H)_____

※茲訂購下列書種,帳款由本人信用卡帳戶支付

書　　　　　　　名	數量	單價	合　　計
	總　　計		

訂購辦法填妥後

1. 直接傳真 FAX(02)27493734

2. 寄台北市忠孝東路四段 561 號 1 樓

3. 本人親筆簽名並附上卡片後三碼(95 年 8 月 1 日正式實施)

電 話：(02)27627429

聯絡人:王淑蕙小姐(約需 7 個工作天)